基层司法论丛

（第7辑）

邓中文　宋平　房丽　编著

西南财经大学出版社
Southwestern University of Finance & Economics Press

中国·成都

图书在版编目（CIP）数据

基层司法论丛.第 7 辑/邓中文,宋平,房丽编著.—成都:西南财经大学出版社,2024.1

ISBN 978-7-5504-6092-8

Ⅰ.①基… Ⅱ.①邓…②宋…③房… Ⅲ.①司法—工作—中国—文集 Ⅳ.①D926-53

中国国家版本馆 CIP 数据核字（2024）第 009693 号

基层司法论丛（第 7 辑）

JICENG SIFA LUNCONG(DI 7 JI)

邓中文　宋　平　房　丽　编著

策划编辑:肖　翀
责任编辑:肖　翀
责任校对:周晓琬
封面设计:张姗姗
责任印制:朱曼丽

出版发行	西南财经大学出版社（四川省成都市光华村街 55 号）
网　　址	http://cbs.swufe.edu.cn
电子邮件	bookcj@swufe.edu.cn
邮政编码	610074
电　　话	028-87353785
照　　排	四川胜翔数码印务设计有限公司
印　　刷	四川煤田地质制图印务有限责任公司
成品尺寸	170mm×240mm
印　　张	21.25
字　　数	308 千字
版　　次	2024 年 1 月第 1 版
印　　次	2024 年 1 月第 1 次印刷
书　　号	ISBN 978-7-5504-6092-8
定　　价	88.00 元

前　言

　　四川省高等学校人文社会科学重点研究基地"基层司法能力研究中心"（以下简称"中心"）以"立足基层、扎根西部、面向实务"为建设方针，坚持"立足四川、辐射西部、走向全国"的目标定位，以"基层审判制度""基层检察制度"和"司法改革"为主要研究方向。中心是基层司法科研人员开展各类科研活动的重要平台，在高校法学专业人才培养、科学研究、社会服务与创新中发挥着非常重要的作用。中心科研平台建设是促进高等法学本科和研究生教育高质量、内涵式发展的重要内容，是增强法学教育服务地方法治发展的有力抓手。

　　中心自成立以来，定期从每年举办的年会的投稿论文中精选出一部分合成论文集《基层司法论丛》进行出版，将其作为基层司法科研人员和司法实务部门经验的总结与理论探索，目前已出版6辑。本书作为《基层司法论丛》的第7辑，是2023年年会形成的学术成果，涵盖"基层刑事司法问题研究"和"基层民事司法问题研究"两个专题。

　　"基层刑事司法问题研究"部分，既包括近两年来争议较大的热点问题，如"帮信罪"的司法适用问题，收买被拐卖的妇女、儿童罪刑罚适用问题，"反向刷单"行为的刑法规制问题等，又包含刑法原则中的疑难问题，如高空抛物罪的司法适用、胁从犯的认定、侵犯公民信息罪的司法认定等问题。

　　"基层民事司法问题研究"部分，既有从民事诉讼方面对热点问题的讨论，如论民事再审利益、执行异议之诉中对实际施工人的权利保障问题的研究，又有从民事理论方面对前沿问题的探索，如探究经济性裁员中的优先留用条款、二次创作短视频的合理使用认定等问题。

　　本书作为中心年会论文的成果汇编，难免存在疏漏之处，还请读者批评指正。

邓中文　宋平　房丽

2023 年 11 月

目 录 ONTENTS

第一部分　基层刑事司法问题研究

目 录 CONTENTS

第一部分

基层刑事司法问题研究

帮助信息网络犯罪活动罪司法适用问题研究

——以 50 份二审判决书为例

陈红梅　房　丽

摘　要

对 50 份帮助信息网络犯罪活动罪二审改判判决书进行分析可发现，该罪在司法适用中存在网络犯罪帮助行为性质认定不一、与相关犯罪界分不明和主观"明知"认定不明的问题。由于网络犯罪帮助行为具有特殊性、该罪与相关犯罪之间的关系错综复杂、主观"明知"的范围和内容在司法适用中较难把握等因素，因此，应界定网络犯罪帮助行为的性质，界分帮助信息网络犯罪活动罪与相关犯罪的区别，将"明知"解释为"明确知道"并明确其内容。

关键词

帮信罪；司法适用；网络犯罪帮助行为；明知

【作者简介】陈红梅，四川轻化工大学法学院 2022 级法律专业硕士研究生；房丽，四川轻化工大学法学院副教授。

【基金项目】四川轻化工大学研究生创新基金项目"轻罪治理视阈下成年人前科消灭制度构建"（Y2023021）；四川省基层司法能力研究中心一般项目"规制偷拍并传播他人隐私行为研究"（JCSF2023-04）。

一、问题的提出

随着现代互联网技术的飞速发展，网络犯罪已经不再处于仅将网络作为犯罪工具或者犯罪对象的阶段，网络已经成为犯罪的重要空间，诸多现实社会中的犯罪在网络社会中实施。同时，由于网络空间的信息具有传播速度快、传播范围广等特点，因此网络犯罪具有"积量构罪"的新型网络犯罪模式。互联网的交互模式也使得网络空间共同犯罪正犯与共犯的关系更加分散、网络犯罪帮助行为与实行行为关系更加疏远、网络犯罪帮助行为在共同犯罪中的作用更具有决定性[1]。在此背景下，帮助信息网络犯罪活动罪①（以下简称"帮信罪"）得以增设。帮信罪增设之初，由于帮信罪案件数量较少，因此其并未广泛适用。而 2019 年后，受网络犯罪"源头治理"和"全链条治理"的司法政策影响，其司法适用呈现出"井喷式"增长，同时相关司法解释陆续出台。2019 年发布的《最高人民法院、最高人民检察院关于办理非法利用信息网络、帮助信息网

---

① 帮助信息网络犯罪活动罪，是指明知他人利用信息网络实施犯罪，为其犯罪提供互联网接入、服务器托管、网络存储、通信传输等技术支持，或者提供广告推广、支付结算等帮助，情节严重的行为。

络犯罪活动等刑事案件适用法律若干问题的解释》（以下简称《解释》）对帮信罪的"明知""情节严重"等进行了认定。2021 年发布的《最高人民法院、最高人民检察院、公安部关于办理电信网络诈骗等刑事案件适用法律若干问题的意见（二）》（以下简称《意见（二）》）进一步对帮信罪的"帮助行为"、"明知"认定、"其他情节严重情形"等做出了规定。2022 年发布的《关于"断卡"行动中有关法律适用问题的会议纪要》（以下简称《会议纪要》）又对"掩饰"、"隐瞒犯罪所得"、"犯罪所得收益罪"（以下简称"掩隐罪"）与帮信罪做了明确区分。虽然关于帮信罪的法律规定渐趋精细和严密，但通过案例检索与分析可知，帮信罪在实务中还存在诸多问题。具体来说，从二审改判结果看，帮信罪在司法适用时会出现"法律适用错误""量刑畸重""追缴违法所得金额或数量不当"以及"同案不同判"等问题。

有鉴于此，本文尝试以 50 份二审判决书为例，归纳并分析帮信罪在司法适用中存在的问题，剖析出现这些问题的原因，并据此提出相应的建议，以期为司法实务中办理帮信罪案件提供有益参考。

二、帮信罪司法适用现状

在中国裁判文书网以"帮助信息网络犯罪活动罪"为案件名称，以"刑事案件"为案件类型进行检索，结果显示，在 2019 年以前，司法实践中极少适用帮信罪，而 2019 年 11 月 1 日起施行《解释》之后，帮信罪案件数量呈指数级增长（见图 1）。

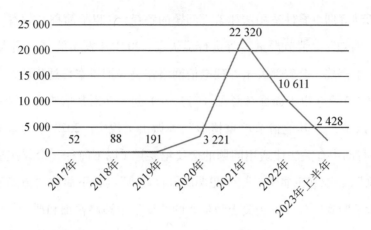

图 1　2017—2023 年上半年帮信罪裁判文书量

虽然帮信罪司法适用数量呈现"井喷式"增长，但其在司法实务中适用时却存在争议。为探究帮信罪在司法适用中存在的问题，本文拟选取帮信罪部分样本进行分析。因二审判决是二审法院针对不服一审法院做出的判决的上诉人或抗诉人做出的终审判决，上诉人或抗诉人对一审法院的法律适用或者案件事实有异议，二审判决更易发现其司法适用中存在的问题，故而本文选取 50 份二审对一审改判的判决书进行分析，梳理其适用中存在的问题。经梳理发现，原审法院在适用帮信罪时存在诸如"量刑错误或不当""法律适用错误"等问题（见图 2），本文将对其原因进行分析。

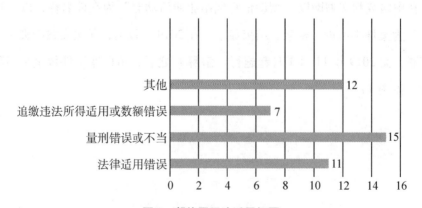

图 2　帮信罪司法适用问题

（一）网络犯罪帮助行为性质认定不一

实务中司法人员关于提供网络犯罪帮助行为的性质认定不一。在张源、谭张羽等非法利用信息网络犯罪案①中，一审法院和二审法院对网络犯罪帮助行为的性质看法不一，二审法院对一审法院以帮信罪认定进行否定，而以非法利用信息网络罪②进行追究。二审法院认为：非法利用信息网络罪是对网络犯罪预备行为独立入罪，实现网络犯罪预备行为的实行化；帮助信息网络犯罪活动罪是对网络犯罪的帮助行为独立入罪，实现网络犯罪帮助行为的正犯化。该案行为人为他人实施诈骗等违法犯罪活动发布信息虽然属于帮信罪情形，但本质上是非法利用信息网络，故二审法院以非法利用信息网络罪对网络犯罪帮助行为进行认定。相似网络犯罪帮助行为在另一案件中却以帮信罪进行追究。被告人桂开超在履行管理职责期间，利用"微导流平台"多次针对不同网址，为他人封装应用名同为"渣打财富管理"的App，后他人利用桂开超于7月15日封装的"渣打财富管理"App对郭某实施电信网络诈骗活动，致其损失人民币233万元③。本案以帮信罪追究桂开超的提供网络犯罪帮助行为。对于网络犯罪帮行为性质看法不一，易导致罪名认定不一，"同案不同判"。

（二）帮信罪与相关犯罪认定不清

50份判决书显示，有11份原审判决书法律适用错误，主要是帮信罪与掩隐罪、诈骗罪等相关犯罪法律适用错误。帮信罪的行为方式是为他人利用信息网络犯罪提供帮助，与掩隐罪、诈骗罪（包括从犯）等的行为方式有一定程度

---

① 参见江苏省宿迁市中级人民法院（2018）苏13刑终203号"张源、谭张羽等非法利用信息网络罪案"。

② 非法利用信息网络罪是指利用信息网络实施下列行为之一，情节严重的行为：（一）设立用于实施诈骗、传授犯罪方法、制作或者销售违禁物品、管制物品等违法犯罪活动的网站、通信群组的；（二）发布有关制作或者销售毒品、枪支、淫秽物品等违禁物品、管制物品或者其他违法犯罪信息的；（三）为实施诈骗等违法犯罪活动发布信息的。

③ 参见北京市顺义区人民法院（2021）京0113刑初79号"桂开超等帮助信息网络犯罪活动罪案"。

上的重合，在区分帮信罪与其他相关犯罪时不免存在争议。

1. 帮信罪与掩隐罪

帮信罪增设以来，实务案件中逐渐显露出其与下游帮助犯罪的认定分歧，尤其是与掩隐罪的认定分歧。以谢光扇案[①]为例：谢光扇明知是在帮助他人实施网络违法犯罪活动接收、转移资金的情况下，将其名下的五张银行卡提供给他人使用，并伙同他人操作银行卡接收、转移资金。对于谢光扇的行为，一审法院认为，谢光扇的行为构成帮信罪，而二审法院则认为谢光扇的行为同时触犯帮信罪与掩隐罪，应择一重罪以掩隐罪定罪处罚。在这一类案件中，对于行为人为网络犯罪者提供信用卡账户、收款码而被其用于接受转账或者代为转账、套现、取现的，应以帮信罪还是掩隐罪进行认定，以及如何区分两罪的界限，是实践中的一大难题。又以沈少东、赵宗源案[②]为例：赵宗源、温荣钢等明知是在帮助信息网络犯罪者接收、转移资金的情况下，采用轮班制度，全天候通过聊天软件 Telegram（纸飞机）接收上游指令，利用团队提供的银行账户完成转账任务。对于沈少东等人的行为，一审法院认为其构成帮信罪，而二审法院则认为其行为构成掩隐罪。

2. 帮信罪与诈骗罪

帮信罪也与诈骗罪存在认定分歧。以余珊珊诈骗罪案[③]为例：余珊珊在何某军的指使下联系到赵某行等，提供大量微信收款码给他人收款、转账从而获取非法利益，赵某行（另案）在支付了被告人余珊珊 2 万元押金之后，提供 29 个微信号给余珊珊，用于他人实施电信网络诈骗活动收款，并按 5 至 8 个点获取非法利益。对于余珊珊的行为，一审法院认为其构成诈骗罪。而二审法院则

---

① 参见广西壮族自治区南宁市中级人民法院（2021）桂 01 刑终 769 号"谢光扇帮助信息网络犯罪活动罪案"。

② 参见广西壮族自治区南宁市中级人民法院（2021）桂 01 刑终 698 号"沈少东、赵宗源等帮助信息网络犯罪活动罪案"。

③ 参见贵州省贵阳市中级人民法院（2021）黔 01 刑终 513 号"余珊珊诈骗罪案"。

认为余珊珊明知他人利用信息网络实施犯罪，将大量的微信收款二维码提供给他人进行支付结算，其行为已构成帮信罪；余珊珊明知系他人违法犯罪所得，通过取现、转卡等方式将他人犯罪所得及其产生的收益予以转移，情节严重，其行为已构成掩隐罪，余珊珊一人犯数罪，应数罪并罚。帮信罪与相关犯罪界分不清会导致行为人所受刑罚与其罪行不相适应，甚至可能影响司法公信力，因此，明晰帮信罪与相关犯罪的区分标准至关重要。

（三）主观"明知"认定不明

实务中对于帮信罪主观方面"明知"存在认定不明的问题。以上诉人的辩护意见为视角，有46%的上诉人上诉理由为对他人犯罪事实不知情或对对方实施的具体犯罪事实（上游犯罪）不知情。裁判文书显示，大部分判决在认定行为人"明知"时一般直接阐述为"明知"而未提供任何事实证据进行支撑，亦未按照司法解释列举的推定"明知"情形进行阐述。以李海水、陈定国帮信罪案[①]为例：李海水和陈定国共同商议通过帮助他人进行资金转账并从中收取费用，在明知他人资金来路不明可能系违法所得的情况下，将他人转入陈定国账号的资金用于购买数字货币，然后再将数字货币转入他人指定的其他账户，对于李海水、陈定国的行为，一审法院认为其构成掩隐罪，而检察院提出抗诉，认为其行为构成帮信罪。检法双方的争议焦点在于：一审法院认为，李海水、陈定国明知涉案资金系违法所得，在他人已经实施犯罪行为后帮助进行赃款转移，应当构成掩隐罪；而检察院认为主观上二被告人明知上游犯罪是利用信息网络实施犯罪，客观上二被告人帮助转账是为上游电信网络诈骗最终取得财物进行帮助，符合帮信罪的客观要件，应当以帮信罪定罪。概而言之，双方对于被告人"明知"的内容存在争议，一审法院直接认定被告人明知所转移金额为犯罪所得，而检察院仅认定被告人明知对方利用信息网络实施犯罪，并不明知

---

① 参见四川省成都市中级人民法院（2021）川 01 刑终 480 号"李海水、陈定国帮助信息网络犯罪活动罪案"。

所涉资金为犯罪所得。帮信罪"明知"认定不明是实务中亟待解决的一大难题。

三、帮信罪司法适用偏差的成因

（一）网络犯罪帮助行为的特殊性

基于信息网络技术的网络犯罪帮助行为的特殊性，具体表现为其与实行行为之间的关系愈发疏远、共同犯罪中正犯与共犯的关系愈发分散、网络犯罪帮助行为在促成犯罪中具有前提性决定作用等；同时，还具有网络信息传播速度快、传播范围广，互联网交互模式等特性。网络犯罪帮助行为突破了传统共犯的"一对一"或"一对多"模式，不再是一个网络犯罪帮助行为人帮助一个或几个犯罪行为人，而更多地表现为"多对多"模式，即多个网络犯罪帮助行为人为多个网络犯罪者提供帮助，呈现出"积量构罪"的特点。网络犯罪帮助行为的上述特殊性使得实务中对其性质认定存在争议。首先，行为人提供支付结算等帮助的行为，促进网络犯罪者实行犯罪，属于帮助犯，因而可能以上游网络犯罪的共犯论处[2]。其次，《中华人民共和国刑法》第二百八十七条之二规定了帮信罪，其行为方式明确表述为提供支付结算等帮助行为，也即可能以帮信罪论处。最后，网络犯罪者实施犯罪后，行为人明知其犯罪情况而以上述方式为他人提供帮助的，可能以下游帮助犯罪定罪处罚，如掩隐罪。简言之，网络犯罪帮助行为可能构成上游犯罪（共犯）、帮信罪以及下游帮助犯罪。厘清三者之间的关系，决定了网络犯罪帮助行为的有效认定。

（二）帮信罪与其他犯罪关系复杂

关于帮信罪的性质，理论上有"量刑规则说""帮助行为正犯化说""累积犯说"三种观点。"量刑规则说"是在共犯从属性理论框架内界定帮信罪，认为帮助犯没有被提升为正犯，只是因为刑法分则条文对其规定了独立的法定刑，而不再适用刑法总则关于帮助犯（从犯）的处罚规定的情形[3]；"帮助行为正犯化说"认为，帮信罪系将原本作为他人（正犯）实施的网络犯罪的帮助行为提升为实行行为（正犯行为），并设立了独立的罪名和法定刑[4]；持"累积犯说"的学者认为，帮助信息网络犯罪活动罪在客观上和刑法立法上都具有独立地位，应按照独立犯罪认定[5]。刑法上的"帮助"并不专指共同犯罪的"帮助犯"，其不仅包含共犯意义上的帮助，也包含非共犯意义上的帮助[6]。

网络犯罪帮助行为的特殊性及帮信罪与相关犯罪复杂的关系，使得帮信罪在适用时与其他犯罪难以界分。如前所述，网络犯罪帮助行为本身具有其特殊性，可能触犯帮信罪，可能触犯上游犯罪，也可能触犯下游帮助犯罪，在某些情况下，该行为甚至可能同时触犯帮信罪、下游帮助犯罪等，这就使得司法机关在办理相关案件时难以清晰界分此罪与彼罪。帮信罪与相关犯罪之间关系复杂，如果没有统一的处理原则，出现偏差就在所难免[7]。

（三）"明知"认定范围和标准不当扩张

帮信罪是故意犯罪，故以帮信罪追究行为人的刑事责任时必须以其主观方面存在"明知"为前提。然而，从样本案例来看，部分司法工作人员对主观"明知"的认定存在误区。一些案件仅以行为人供述自己"认为对方可能从事犯罪活动""感觉对方从事的是违法活动"而认定行为人明知他人利用信息网络实施犯罪，认定的标准较低[8]。在统计的案例中，鲜有一审法院在认定帮信罪时详细阐述行为人供认其"明知"或根据行为人的行为以《解释》《意见（二）》和《会议纪要》中的相关规定推定其"明知"，绝大多数都极为概括地表述行为人"明知对方实施网络犯罪"。

据相关统计数据，2019—2020年和2020—2021年，全国各级法院一审新收帮信罪案件数量分别同比增长3 469.52%和1 716.17%[9]，严厉打击网络犯罪这一政策以及《解释》的出台对帮信罪适用的影响可见一斑。同时，在这一政策的驱动下，帮信罪"明知"的认定标准也逐步降低，司法机关仅根据行为人的行为不合常理、银行卡流水异常等因素就直接推定行为人"明知"，且对"明知"的内容并不作详细说明，显然扩张了"明知"的认定标准。

四、帮信罪司法适用的完善

设置帮信罪是为了应对严峻的信息网络犯罪态势，对网络犯罪帮助行为进行高效、准确的打击，但在实务中出现的帮信罪法律适用错误却制约了设置帮信罪发挥应有的价值，故在帮信罪司法适用案件数量不断增多的背景下，对其存在的问题进行解决势在必行。

（一）界定网络犯罪帮助行为

网络犯罪帮助行为的认定方式有三种，即认定为上游网络犯罪的共犯、下游帮助犯罪以及帮信罪。首先，以上游网络犯罪的共犯进行认定，表明行为人是上游网络犯罪的帮助犯，按照共犯从属性原理，行为人的帮助行为应从属于正犯的实行行为，即上游网络犯罪者只有着手实施了实行行为之后，才被考虑作为帮助犯的网络犯罪帮助行为人[10]。因此，以上游网络犯罪共犯追究行为人的刑事责任，只能在上游网络犯罪正犯的实行行为着手实行后、犯罪既遂前。其次，以下游帮助犯罪进行认定，表明行为人是在他人犯罪后明知他人的犯罪情况而以窝藏、转移他人的犯罪所得、犯罪所得收益等方式提供帮助，这种认定方式需注意行为对象是上游网络犯罪所得及其收益。最后，以帮信罪进行认定，帮信罪是对无法按照总则中共犯规定来处罚，但又有处罚必要性的网络犯罪帮助行为所做的类型化应对[11]。从文义解释角度出发，本罪的成立以上游网络犯罪者实施网络犯罪为前提，但此处的"犯罪"应理解为违法意义上的"犯罪"，即仅需网络犯罪者在客观上实施了侵害法益的构成要件行为即可。

（二）厘清帮信罪和相关犯罪的关系

规范违反，强调的是行为对行为规范的违反[2]，从规范违反角度对帮信罪与相关犯罪的关系进行厘清是一个关键思路。网络犯罪帮助行为一般涉及两个行为，即网络犯罪帮助行为与上游网络犯罪行为。因两个行为介入时间点不同步，故可在介入时间点基础上区分帮信罪与相关犯罪的关系。

1. 帮信罪与掩隐罪

帮信罪与掩隐罪有不同的犯罪构造，通常情况下对两罪的区分并不困难。但在涉及"两卡"网络犯罪产业链中，行为人向网络犯罪者提供银行卡、收款码而被其用于接收账款或代为转账、取现的，应以何罪处罚，在实践中是一大难题。如上文所述，以介入时间点进行区分是关键。以掩隐罪认定，是根据掩隐罪的犯罪构成要件对网络犯罪帮助行为的独立性评价（刑法已规定了掩隐罪的行为方式、行为对象等犯罪构成要件），因此，独立性评价网络犯罪帮助行为的范围是由掩隐罪的构成要件决定的。掩隐罪的帮助行为应发生于上游犯罪既遂后。若网络犯罪帮助行为在上游网络犯罪的事前、事中阶段，则不应以掩隐罪来进行认定。此时考虑以帮信罪进行认定，在事前、事后阶段，只要行为人的帮助行为符合帮信罪的犯罪构成要件，那么就应以帮信罪论处。诚然，在事中阶段提供帮助行为的、可能促进正犯实行犯罪的，可能会与上游网络犯罪的共犯认定发生竞合。

2. 帮信罪与诈骗罪

以诈骗罪共犯对网络犯罪帮助行为进行认定是根据诈骗罪对网络犯罪帮助行为的依附性的评价。之所以处罚帮助犯，是因为帮助行为促进了法益侵害[12]。若网络犯罪帮助行为人在诈骗着手实行之后、既遂之前（事中阶段）提供帮助行为，实质上就促进了诈骗罪的实行，那么应以诈骗罪共犯论处。同时，违反规范的行为构成犯罪要求该行为受到行为人主观意思的支配，因此构成诈骗罪共犯还要求与上游网络犯罪者有意思联络，否则均不应以诈骗罪共犯追究行为人的刑事责任。网络犯罪帮助行为既是诈骗罪共犯行为又符合帮信罪构成要件时，成立想象竞合，可根据想象竞合规则择一重罪处罚。

（三）明确"明知"的内涵及内容

司法机关应从严把握"明知"的内涵，将其解释为"明确知道"，同时还应明确"明知"的内容。首先，学理上对于"明知"有多种观点，有学者认为应将其解释为"明确知道"[13]，也有学者主张"明知"应包含"明确知道"和"应当知道"[14]，还有学者主张"明知"不是对主观方面故意的要求，而是网络黑灰色产业链的本质特征[15]，更有学者认为其内涵为"明确知道"和"可能知道"，如周光权教授认为"可能知道"可以认定为明知[16]。简言之，在学理上对于"明知"内涵范围存在争议。而在司法实务中，如前所述，司法机关直接认定网络犯罪帮助行为人存在明知，未做任何裁判说明。因此，无论在学理上还是司法实务中，对"明知"认定都存在争议。

本文认为对"明知"内涵的认定应采取谨慎的态度，将其解释为"明确知道"，但将其限制解释为"明确知道"并不意味着必须由被告人供述其"明知"。"明知"的认定，应遵循主动供述与综合认定相结合的方法，首先应注重听取被告人的供述，若行为人的供述、辩解无法证明其明知时，再根据行为人是否具有《解释》第11条规定的六种行为来进行明知推定。明知的认定是主客观相结合的综合认定，正如《会议纪要》所提出的，对"明知"的认定应当结合认知能力、既往经历、交易对象、提供技术支持或者帮助的时间和方式，以及行为人的供述等主客观因素予以综合认定。

此外，"明知"的内容也是认定此罪与彼罪的关键因素，应明确"明知"的内容。第一，若以诈骗罪等上游网络犯罪共犯进行认定，要求行为人明知上游网络犯罪的具体犯罪行为。第二，若以帮信罪进行认定，则区分两种情况。一种情况为明知的内容是他人实施信息网络犯罪，但对具体犯罪行为并不明知，即对他人犯罪是一种概括的明知，此时以帮信罪一罪认定。另一种情况明知的内容是他人具体的网络犯罪，若在事中阶段明知的，那么行为人的行为同时触犯电信网络诈骗等上游网络犯罪共犯与帮信罪，想象竞合择一重罪即可——若明知的内容是明知为犯罪所得、犯罪所得收益，且符合掩隐罪犯罪构成的，以掩隐罪论处；若明知是为窝藏、转移犯罪所得而提供帮助的，则是掩隐罪与帮信罪竞合，应择一重罪论处。

五、结束语

近年来，电信网络诈骗及其相关犯罪呈多发态势，污染网络环境，严重影响人民群众的安全。帮信罪更是各类刑事案件中起诉人数排名第三的罪名[17]。为此，厘清网络犯罪帮助行为的性质、界分帮信罪与相关犯罪，对完善帮信罪的适用具有重要现实意义。

参考文献

[1] 黄现清. 正犯化的帮助信息网络犯罪活动罪问题研究 [J]. 法律适用，2022（7）：70-78.

[2] 刘仁文，汪恭政. 网络犯罪帮助行为的刑法认定 [J]. 法治研究，2023（2）：122-136.

[3] 张明楷. 论帮助信息网络犯罪活动罪 [J]. 政治与法律，2016（2）：2-16.

[4] 陈洪兵. 帮助信息网络犯罪活动罪的限缩解释适用 [J]. 辽宁大学学报（哲学社会科学版），2018，46（1）：109-117.

[5] 皮勇. 论新型网络犯罪立法及其适用 [J]. 中国社会科学，2018（10）：126-150，207.

[6] 江溯. 帮助信息网络犯罪活动罪的解释方向 [J]. 中国刑事法杂志, 2020 (5): 76-93.

[7] 魏汉涛, 刘强. 帮助信息网络犯罪活动罪司法适用匡正: 由 75 份二审判决书切入 [J]. 武汉科技大学学报 (社会科学版), 2023, 25 (1): 88-94.

[8] 喻海松. 帮助信息网络犯罪活动罪的司法限定与具体展开 [J]. 国家检察官学院学报, 2022, 30 (6): 101-113.

[9] 孙航. 涉信息网络犯罪案件量逐年上升, 诈骗罪占比最高 [N]. 人民法院报, 2022-08-02 (1).

[10] 王昭武. 共犯最小从属性说之再提倡: 兼论帮助信息网络犯罪活动罪的性质 [J]. 政法论坛, 2021, 39 (2): 165-179.

[11] 钱叶六. 帮助信息网络犯罪活动罪的教义学分析: 共犯从属性原则的坚守 [J]. 中外法学, 2023, 35 (1): 143-161.

[12] 张明楷. 刑法学 [M]. 6 版. 北京: 法律出版社, 2021.

[13] 张雯. 帮助信息网络犯罪活动罪 "明知" 含义廓清及推定适用 [J]. 青少年犯罪问题, 2022 (6): 106-120.

[14] 冀洋. 帮助信息网络犯罪活动罪的证明简化及其限制 [J]. 法学评论, 2022, 40 (4): 94-103.

[15] 刘嘉铮. 帮助信息网络犯罪活动罪的限制解释: 以本罪的立法原意为视角 [A]. 上海市法学会.《上海法学研究》集刊 2022 年第 23 卷: 社会治理法治化研究文集 [C]. 上海市法学会, 2023: 217-226.

[16] 周光权. 明知与刑事推定 [J]. 现代法学, 2009, 31 (2): 115.

[17] 马菲菲, 操余芳, 李英华. 2022 年度十大刑事检察热词 [N]. 检察日报, 2022-12-27 (5).

电信网络诈骗犯罪的刑事司法困境及对策

江凌燕　陈涵琪

摘　要 ··

当前形势下，电信网络诈骗犯罪手段多样，呈现出不断升级的态势，威胁着公众财产安全和社会经济秩序。我国现有法律在电信网络诈骗犯罪方面规定不详细、研究不深入，刑事司法领域存在着现实难题。因此，有必要运用刑法对电信网络诈骗犯罪进行规制，探究数字经济时代下的刑事司法解决路径。

关键词 ··

电信网络诈骗；刑事司法；困境；解决路径

【作者简介】江凌燕，四川轻化工大学法学院副教授；陈涵琪，四川轻化工大学法学院 2022 级法律专业硕士研究生。

【基金项目】四川轻化工大学研究生创新基金项目"电信网络诈骗犯罪的刑法规制"（Y2023016）。

随着移动互联网的迅速发展以及 5G 时代的到来，网络犯罪屡见不鲜，电信网络诈骗犯罪作为其中之一，更是呈现出井喷的态势。根据相关报告可知：2021 年全国已出现 260 多种新的诈骗手段，在这些诈骗手段中，购物刷单、"杀猪盘"、网上贷款、冒充客服或公务人员以及代办信用卡这 5 种诈骗活动发案占比近 80%，成为实践中的高发案件；2022 年各级法院共审结刑事案件125.6 万件、判处罪犯 171.5 万人；2023 年 "10·18" "11·20" 等一批特大跨境电信网络诈骗犯罪案件告破，法院审结电信网络诈骗及关联犯罪案件 22.6 万件[1]。因此，随着互联网技术的发展，电信网络诈骗犯罪已发展为新型的诈骗犯罪，不断增长的案件数量让此类犯罪成为社会各界关注和打击的重点。

为了严厉和深入地打击此类犯罪，我国陆续发布指导意见和案例，出台了《中华人民共和国反电信网络诈骗法》（以下简称《反电信网络诈骗法》）以及相关的司法解释，但囿于电信网络诈骗犯罪的研究起步较晚，无法跟上数字时代的迅猛发展，因此我国法律在电信网络诈骗领域仍不完善。电信网络诈骗犯罪是刑事案件升幅最高、涉案财产损失最大的新型诈骗犯罪，加之国内对该类犯罪研究不充分的现实，如何运用刑法手段对该类犯罪进行准确规制成为现有难题。本文将从现状、问题等角度分析，探究数字经济时代下的刑事司法规制路径。

一、电信网络诈骗犯罪刑法规制现状

据最新出台的《反电信网络诈骗法》可知，我国已对电信网络诈骗行为的概念进行了明确：电信网络诈骗是指行为人以非法占有为目的，利用网络技术等虚拟手段，通过远程、非接触等方式骗取公私财物的行为[2]。信息时代下，犯罪圈得以不断扩张，犯罪手段因科技发展变得多样且难以捉摸。比如，在个人信息大量泄漏的背景下，电信网络诈骗行为人以快递的形式寄出诈骗二维码，利用公众的好奇心或者贪图便宜的心理促使其扫码，进而导致公众的财产被迅速转移，近期大量出现的"蟹卡"就是实例。

电信网络诈骗犯罪当然属于诈骗罪，与传统诈骗犯罪有相似之处，但作为互联网技术迅猛发展下的新兴犯罪形式，其更加强调远程性、非接触性和隐蔽性；且相比于一般的诈骗罪而言，其侵害的法益也更复杂，不限于个人财产，还包括个人隐私和社会公共秩序。除去侵害法益的不同，电信网络诈骗犯罪还不受时间和空间的限制，涉及的公众财产范围更广，危及人数更多，造成的影响更大。因此，电信网络诈骗犯罪日趋成为阻碍社会和谐稳定的一大顽疾。面对这样的现实难题，为了有效预防和严厉打击犯罪，我国顺应信息时代要求，实施了一系列防范电信网络诈骗犯罪的相关政策和措施，已取得显著成效。例如，最高人民法院、最高人民检察院发布《关于办理诈骗刑事案件具体应用法律若干问题的解释》，对诈骗类刑事案件的具体法律适用进行了明确；《中华人民共和国刑法修正案（九）》又增设非法利用信息网络罪、帮助信息网络犯罪活动罪，规制行为人利用网络从事的部分犯罪活动；最高人民法院、最高人民检察院、公安部（以下简称"两高一部"）于 2016 年和 2021 年先后发布《关于办理电信网络诈骗等刑事案件适用法律若干问题的意见》和《关于办理电信网络诈骗等刑事案件适用法律若干问题的意见（二）》，旨在进一步惩治电信网络诈骗犯罪、规制上下游犯罪行为。然而，以上规范文件并未对电信网络诈骗犯罪做出系统规定，相关规定不成体系。鉴于此，全国人大常委会第三十六次会议通过了《反电信网络诈骗法》。《反电信网络诈骗法》作为一部专门性、综合性的法律，加大了对违法犯罪行为的打击和惩治力度。但是，这部法律多强调犯罪行为人的行政责任，仅仅提升行政处罚力度，而非主要利用刑事司法手段对行为人进行有效规制。

法律具有滞后性，无法应对司法实践不断出现的新问题，电信网络诈骗犯罪活动仍然猖獗，呈现升级的趋势。虽然上述规范性文件、指导意见对电信网络诈骗犯罪进行了有益探索，部分解决了这一领域存在的难题，但是，网络信息时代下的犯罪活动层出不穷，仅靠法律进行规制尚不能厘清电信网络诈骗犯罪的本质，更无法解决电信网络诈骗犯罪领域出现的新兴司法问题。因此，有必要进一步规范该领域的刑事司法活动，填补目前的法律漏洞，以期在电信网络诈骗犯罪层面实现精准且全方位的打击。

二、电信网络诈骗犯罪刑事司法存在的困境

电信网络诈骗犯罪是一面反映数字时代技术和数据无序利用的镜子，严重影响着社会秩序，在个人信息泄露的加持下已成为最为突出的犯罪类型之一。电信网络诈骗犯罪在刑事司法领域存在的问题，主要表现为以下三个方面。

（一）罪名认定不统一

《反电信网络诈骗法》对电信网络诈骗犯罪的含义进行了明确，但《中华人民共和国刑法》（以下简称《刑法》）并未规定电信网络诈骗犯罪，实践中对这类犯罪仍然以一般诈骗罪或者相关网络犯罪进行认定。检索中国裁判文书网

后可以发现，目前电信网络诈骗犯罪的罪名认定多样，涉及的罪名主要有诈骗罪、帮助网络信息犯罪活动罪、妨害信用卡管理罪、侵犯公民个人信息罪，以及掩饰、隐瞒犯罪所得、犯罪所得收益罪等[3]，司法实务时常出现同案不同罪名、同案不同判决的情况。刑法对罪名的认定主要是通过侵害法益来进行评价的，但是电信网络诈骗犯罪侵害的法益十分复杂，主要涉及个人财产、个人信息和社会公共秩序，加之电信网络诈骗犯罪独有的特点，其内涵区别于一般的诈骗犯罪，传统诈骗罪及其他罪名并不能完全评价，也无法精准反映出电信网络诈骗罪的本质特征。与此同时，我国虽不断发布司法解释和相关意见对电信网络诈骗犯罪的认定、量刑等要素进行完善，但囿于实践中的诈骗手段多样且易变，法律无法囊括所有诈骗行为，是故，司法机关无法在短时间内统一罪名。例如，实践中存在以虚假恋爱诈骗他人财产的犯罪活动——"杀猪盘"。在"杀猪盘"型电信网络诈骗中，行为人制造恋爱假象，欺骗、"洗脑"被害人，对被害人的意志形成深度控制，在取得财产后销声匿迹，造成被害人财产损失以及严重的精神损害[4]。面对这种情况，刑法没有针对性的解决措施，在罪名认定、量刑情节上并无准确的解释依据，司法机关判决电信网络诈骗犯罪行为的尺度与传统诈骗罪并未区别。因此，电信网络诈骗犯罪在罪名认定层面上正面临着认定不统一、适用混乱的尴尬局面，从而导致"同案不同判"的风险加剧，不利于维护司法的权威与公正。

（二）电子证据固定难度大

电信网络诈骗犯罪不同于一般的诈骗罪，最大的不同是其以网络空间为载体，主要利用虚拟手段实施诈骗，故案件能收集到的书证、物证相对较少，具有直接证明力的证据不常见。证据之间无法相互印证的缺陷使得行为人的犯罪行为难以举证。是故，电信网络诈骗犯罪较为特殊的一点在于：认定案件性质往往依靠电子数据。电子数据作为刑事司法中的法定证据之一，需要借助一定载体，如 U 盘、主机、传真机等设备，司法工作人员能够通过以上载体获取犯罪证据。但是，电子数据具有隐蔽、极易被转移和破坏的特点。实践中，电信网络诈骗犯罪团伙为了逃避法律追究，通常会利用团队中的技术人员，采取一些类似销毁 U 盘或者清理删除手机、电脑里的数据记录的手段使证据灭失，导致公安机关即使使用技术手段也无法恢复数据内容。基于此，司法机关不能快速掌握犯罪记录，电子证据无法得到有效固定。随之而来的难题就是，这类电子数据在案件审理时不能以证据形式被提供。除此之外，资金流水等证据的获取也存在困难。电信网络诈骗犯罪团伙会利用职业跑分洗钱团伙为其转移赃款，赃款会经过多人，同时经历取款、转账等一系列步骤，最后通过多个银行账号被犯罪人收入囊中。这些转移手段不仅延长了司法工作人员调取资金流水的时间，也加大了司法工作人员获取赃款流水信息的难度，特别是当牵涉跨境诈骗以及不同国家、地区的银行或金融机构时，难度更大。

（三）职业取款人的定性困难

职业取款人是指将诈骗赃款取出并转交给电信网络诈骗人，帮助其实现非法占有财产目的的个人或群体。职业取款人的定性存在困难，主要表现为目的不明确和罪名认定不统一。第一，目的不明确。在电信网络诈骗犯罪活动中，组织者、骨干分子以及参加者对自己的行为和目的有着清晰的认识，将其认定为共犯并无争议。而对于职业取款人而言，能否将其认定为共犯争议较大。一方面，其对取款之前是否存在诈骗行为可能只有概括性认识，也并不清楚财产的具体来源；另一方面，对于取款人的主观目的并不能很好地进行认定，证明起来有难度，尤其是涉及取款次数少的个人，在不清楚款项明确来源的前提下，其以出于帮忙的心态去取款在实践中也有个例。第二，罪名认定不统一。学界和实务界对此各执一词。学界持有三种观点：一是按洗钱罪来处理，因为电信网络诈骗涉及的财产金额较大，往往通过其他手段洗白，职业取款人的行为恰好符合洗钱罪的构成要件；二是主张构成诈骗犯罪的共犯，原因在于其参与了诈骗活动；三是认为成立掩饰、隐瞒犯罪所得、犯罪所得收益罪[5]，原因是其行为属于在事后帮助诈骗人隐匿财产。实务中，根据中国裁判文书网，法院一般将职业取款人的帮助取款行为认定为触犯诈骗罪，信用卡诈骗罪，掩饰、隐瞒犯罪所得罪，侵犯公民个人信息罪等。由此看出，职业取款人的罪名认定存在争议。概而言之，职业取款人的目的难以厘清，行为也尚未形成统一认定，导致其存在定性上的争议。

三、电信网络诈骗犯罪刑事司法困境的解决路径

电信网络诈骗犯罪在司法适用上的问题颇多，在案件数量不断增多、危害越发严重的背景下，犯罪形势具有相当的严峻性和复杂性。因此，充分发挥刑法打击犯罪的功能，解决现有司法问题势在必行。

（一）统一罪名认定

一方面，建议设置电信网络诈骗罪。陈兴良教授提出，在电信网络诈骗行为越发严重的持续态势下，十分需要国家对《刑法》当中关于惩治电信网络诈骗犯罪的相关规定加以丰富和完善，定期对现存法律条文进行修改，从而更加有效地阻止电信网络诈骗行为的发生[6]。电信网络诈骗犯罪十分猖獗，威胁公众的财产安全，由于其不同于传统诈骗犯罪的内涵，一般的诈骗罪及网络相关罪名并不能较好地规制和适用。因此，一方面，有必要增设电信网络诈骗罪，区分电信网络诈骗犯罪行为与一般的诈骗行为，从而精准打击和惩治电信网络诈骗犯罪。另一方面，有必要增加入罪因素。对于一般诈骗罪而言，我国采取"以犯罪数额为主，以犯罪情节为辅"的原则，但电信网络诈骗犯罪牵涉的人数多、影响范围广，仅从犯罪数额和犯罪情节两方面不能有效评价，因此有必要增加其他因素，完善电信网络诈骗犯罪的入罪体系。例如，考虑将受害人数和诈骗次数纳入，进一步完善打击电信网络诈骗犯罪的法网。原因在于，电信网络诈骗犯罪超越了时间和空间的限制，受害人数量完全能够体现该犯罪的社

会危害性。此外，行为人诈骗次数也能体现其主观恶性和悔改之意。诈骗次数越多，越能体现诈骗行为人的主观恶行大，越能证明其无悔改之心。因此，将电信网络诈骗犯罪写进《刑法》，统一罪名认定，有利于定分止争，为定罪量刑提供更统一和权威的规范依据。

（二）规范电子证据的提取与固定

电子证据在电信网络诈骗犯罪中具有极其重要的证明作用，完整且证明力高的电子证据有利于准确认定犯罪事实。但是，实践中电子证据极易被清除和销毁的特点会导致法院认定证据存在困难，不利于打击电信网络诈骗犯罪。因此，要采取措施规范电子证据的提取与固定，保障电子证据的有效性和完整性，使其具有较高的证明力。首先，在电子证据的取证范围上，司法工作人员既要遵循比例原则，严格限制取证范围，又要以证据的关联性为标准，保障取证的全面性。其次，在电子证据的收集和保存上，需要在程序合法的前提下保证证据的质量、提高证据提取的效率。在刑事侦查活动中，一旦发现犯罪场地，应当立即保护现场，及时采取查封、切断远程控制等措施封存计算机、传真机等设备，以避免犯罪人员为逃避刑事责任销毁证据。在获取和采集电子数据时，应当指派专门的技术人员负责收集、保存，将计算机上的文件、程序等内容及时进行备份，也应注意对犯罪人员随身携带的电子介质的提取，如手机、上网卡等。最后，提高取证能力，培养专门技术人员。电信网络诈骗犯罪集团会利用技术人员进行反侦查以逃避承担刑事责任，而司法工作人员的取证手段如果过于传统就无法应对新兴犯罪手段，最终会使行为人销毁证据、逃脱法网。面对这样的困境，应当在全国范围组建、培养一批专业技术人员，专门负责收集、保存电子证据，在面临电子证据灭失难题时能有应对手段，也应当在提高自身取证能力的同时保证程序合法。因此，规范电子证据的提取和固定，保障适用的有效性，是解决电信网络诈骗犯罪领域存在的电子证据固定难题的关键。

（三）准确定性职业取款人

准确认定职业取款人的性质，对解决电信网络诈骗犯罪的司法困境有积极的推动作用。具体而言，定性的标准应当考虑职业取款人参与犯罪的时间和主观是否明知。如果是事前通谋或事中加入，根据共犯理论，职业取款人理应为电信网络诈骗犯罪的共犯。如果是事前无通谋、事后提供帮助取款的行为，以参与犯罪的时间为基准，可分为两种情形：第一，取款人明知，只要取款人在主观上明确地认识到取款资金是电信网络诈骗犯罪活动所得，就可以认定其为诈骗犯罪的共犯；第二，取款人主观上未明确认识到款项是电信网络诈骗犯罪所得，此时只能将取款人的行为认定为掩饰、隐瞒犯罪所得、犯罪所得收益罪。需要注意的是，取款人多次为同一电信网络诈骗犯罪团伙取款这一行为的定性问题。如果职业取款人多次为同一电信网络诈骗团伙进行取款，即使事前无通谋，也要认定为共犯。张明楷教授也持这一观点，认为如果事前没有通谋，在诈骗行为实行终了后帮助取款的行为不构成诈骗罪的共犯；如果是反复帮助同一诈骗人进行取款，即使事前未通谋，也能构成诈骗罪的共犯[7]。

四、结束语

网络时代下的犯罪手段愈发多变，这预示着惩治电信网络诈骗犯罪是一项长期且复杂的工程。由于电信网络诈骗犯罪的独特内涵，传统诈骗犯罪无法包含和评价，加上信息技术的冲击和个人信息泄露，法律滞后性的特点被放大，目前的法律及规范文件已无法完全评价和规制涌现的新型诈骗行为。司法实践正面临电信网络诈骗犯罪罪名认定不统一、电子证据固定难度大，以及职业取款人定性争议等问题。基于现实以及从维护社会经济秩序、保护公众的财产安全等角度考虑，有必要慎重审视我国刑事司法领域存在的现实难题，充分运用刑法手段规制电信网络诈骗犯罪，增设电信网络诈骗罪以完善我国刑事法律体系，并采取相应规范手段尽可能填补电信网络诈骗犯罪司法层面的漏洞，以达到打击和预防电信互联网诈骗犯罪的良好效果，更好地把习近平总书记对打击治理电信网络诈骗犯罪工作做出的重要指示落到实处，全力守护好人民群众的"钱袋子"。

参考文献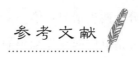

[1] 周强. 最高人民法院工作报告 [R]. 北京：最高人民法院，2023.

[2] 吴加明. "电信网络诈骗"的概念界定与立法运用 [J]. 学海，2021（3）：183-190.

[3] 张启飞，虞纯纯. 论电信网络诈骗犯罪的刑法规制 [J]. 法律适用，2023（8）：74-82.

[4] 朱笑延. 数字治理的刑法介入模式：以电信网络诈骗的治理变革为例 [J]. 华中科技大学学报（社会科学版），2023，37（2）：30-40.

[5] 张弘. 电信网络诈骗犯罪的法律预防研究：以刑法规制为视角 [J]. 东南大学学报（哲学社会科学版），2022，24（S1）：82-88.

[6] 陈兴良. 网络犯罪立法问题思考 [J]. 浙江警察学院学报，2016（6）：8-12.

[7] 张明楷. 电信诈骗取款人的刑事责任 [J]. 政治与法律，2019（3）：35-47.

收买被拐卖的妇女、儿童罪
刑罚适用研究

——基于 170 份刑事判决书的实证分析

刘阳洋　张少会

摘　要••

通过实证分析发现，当前收买被拐卖的妇女、儿童罪在量刑上还存在着诸如刑期较短且集中、缓刑适用率过高、从宽情节认定随意等问题。当前法律对于收买被拐卖的妇女、儿童罪法定刑设置较低，不能充分反映该罪的危害性，过高的缓刑适用率也削弱了刑罚的威慑力。为了解决上述问题，建议通过提高刑罚力度、审慎适用缓刑以及合理认定量刑情节等途径，确保犯罪行为得到妥善惩治，保护被拐卖的妇女、儿童的权益。

关键词••

收买被拐卖的妇女、儿童罪；量刑；实证分析

【作者简介】刘阳洋，四川轻化工大学法学院 2022 级法律专业硕士研究生；张少会，四川轻化工大学法学院副教授。

一、收买被拐卖的妇女、儿童罪刑罚适用现状

本文的数据主要来源于中国裁判文书网。在中国裁判文书网中，笔者将检索条件中的案由设置为"收买被拐卖的妇女、儿童罪"，选取文书类型为"判决书"，裁判年份为 2019 年到 2022 年的共有 190 份，再进一步筛除重复、未公开的判决书，最终得到 170 份有效的判决书。

（一）样本概况

在 170 份有效的判决书中，收买被拐卖的妇女罪判决书共有 71 份。其中，2022 年有 3 份，2021 年有 5 份，2020 年有 37 份，2019 年有 26 份。进一步对 71 份判决书分析发现，收买被拐卖的妇女罪的被告人总共有 122 个。其中，2022 年有 3 个，2021 年有 12 个，2020 年有 74 个，2019 年有 33 个。在 71 份判决书中，存在共同犯罪的判决书为 17 份。其中，2022 年的为 0 份，2021 年的为 2 份，2020 年的为 10 份，2019 年的为 5 份（见表 1）。

表1 收买被拐卖的妇女罪判决书数量、被告人人数及共同犯罪判决书数量统计

年份	2022	2021	2020	2019	共计
判决书数量/份	3	5	37	26	71
被告人人数/个	3	12	74	33	122
存在共同犯罪的判决书数量/份	0	2	10	5	17

如表1所示，与2019年和2020年的判决书数量相比，2021年和2022年的判决书数量大大减少。由于存在共同犯罪的案件，涉及多名被告人，所以判决书数量与被告人人数并不是一一对应的。

在170份有效的判决书中，收买被拐卖的儿童罪判决书共有99份。其中，2022年有1份，2021年有7份，2020年有44份，2019年有47份。进一步对99份判决书分析发现，收买被拐卖的儿童罪的被告人总共有143个。其中，2022年有1个，2021年有13个，2020年有56个，2019年有73个。在99份判决书中，存在共同犯罪的判决书为27份。其中，2022年的为0份，2021年的为4份，2020年的为8份，2019年的为15份（见表2）。

表2 收买被拐卖的儿童罪判决书数量、被告人人数及共同犯罪判决书数量统计

年份	2022	2021	2020	2019	共计
判决书数量/份	1	7	44	47	99
被告人人数/个	1	13	56	73	143
存在共同犯罪的判决书数量/份	0	4	8	15	27

如表2所示，从2019年到2022年，判决书的数量在逐年递减。

总体而言，收买被拐卖的妇女、儿童罪的案件数量从2019年到2022年呈现下降的趋势。通过分析发现，虽然《中华人民共和国刑法》（以下简称《刑法》）第二百四十一条规定了强奸被拐卖的妇女或者非法拘禁被拐卖的妇女、儿童的应当数罪并罚，但在170份判决书中，没有一名被告人因为犯强奸罪或

者非法拘禁罪与收买被拐卖的妇女、儿童罪数罪并罚。

（二）刑期分布情况

通过分析 170 份判决书发现，无论是收买被拐卖的妇女罪还是收买被拐卖的儿童罪，被告人刑期为一年以下有期徒刑的最多。在 170 份有效判决书中，因收买被拐卖的妇女罪被判处有期徒刑的共有 105 人，判处拘役的有 16 人，被免予刑事处罚的有 1 人；因收买被拐卖的儿童罪被判处有期徒刑的共有 111 人，判处拘役的有 27 人，判处管制的有 3 人，免予刑事处罚的有 2 人（见表 3）。

表 3　收买被拐卖的妇女、儿童罪刑期分布人数统计表

刑期	收买被拐卖的妇女罪人数/个	收买被拐卖的儿童罪人数/个
一年以下有期徒刑(含一年)	94	103
一到两年有期徒刑(含两年)	11	8
两到三年有期徒刑	0	0
拘役	16	27
管制	0	3
免予刑事处罚	1	2

如表 3 所示，收买被拐卖的妇女、儿童罪中被告人被判处有期徒刑的居多，并且绝大部分为一年以下有期徒刑（含一年），占有期徒刑的 89.52%。从中可以看出，两罪判处的刑期都较短，说明司法实践中对收买被拐卖的妇女、儿童罪处罚力度比较轻。

（三）缓刑适用情况

通过对 170 份判决书进行分析发现，司法实践中对收买被拐卖的妇女、儿童罪的被告人大都适用了缓刑。在收买被拐卖的妇女罪中，被判处有期徒刑的 105 人中同时宣告缓刑的有 93 人，占比为 88.57%；被判处拘役的 16 人中同时宣告缓刑的有 7 人，占比为 43.75%。在收买被拐卖的儿童罪中，被判处有期徒

刑的 111 人中同时宣告缓刑的有 98 人，占比为 88.29%；被判处拘役的 27 人中
同时宣告缓刑的有 24 人，占比为 88.89%（见图 1）。

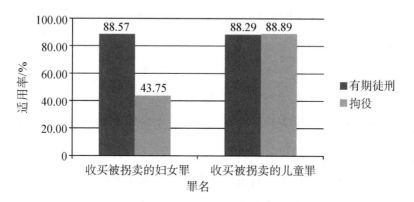

图 1　收买被拐卖的妇女、儿童罪被告人缓刑适用率

如图 1 所示，在收买被拐卖的妇女罪与收买被拐卖的儿童罪中，有期徒刑
的缓刑适用率都在 88% 以上。在收买被拐卖的妇女罪中，拘役的缓刑适用率适
中，在收买被拐卖的儿童罪中，拘役的缓刑适用率同样在 88% 以上。这一情况
说明收买被拐卖的妇女、儿童罪缓刑适用率过高。

二、收买被拐卖的妇女、儿童罪刑罚适用中存在的问题

（一）刑期较短且集中

从上文的数据可以看出，在 170 份判决中，收买被拐卖的妇女、儿童罪的
刑期都集中在一年以下，该刑期在有期徒刑中属于最低一档的法定刑，刑期比
较短。

收买被拐卖的妇女、儿童罪存在刑期较短且集中的问题，主要原因有两个：
法定刑设置不合理；司法实践中数罪并罚操作困难。

一是法定刑设置不合理。刑法中对于收买被拐卖的妇女、儿童罪规定了三
年以下有期徒刑、拘役和管制这三种法定刑。若不对拐卖妇女、儿童罪的对向

犯的收买行为进行严格查处，也就是在变相地放任人口拐卖。现行法律对于收买被拐卖的妇女、儿童罪的法定刑属于刑法上的轻罪，在司法实践中，该罪的实刑率很低，最高三年有期徒刑的法定刑也形同虚设。对收买的处罚力度偏轻，以及实践中"重拐卖轻收买"的现象，会造成社会大众的错误认知，即收买被拐卖的妇女、儿童属于低风险的行为。这又会促使收买成风，导致拐卖犯罪更加猖獗，更不利于打击拐卖犯罪。从我国现行刑法对对向犯的处罚规定来看，处罚力度大体相当。而拐卖妇女、儿童罪与收买被拐卖的妇女、儿童罪这一彼此异罪的对向犯的法定刑规定却相差悬殊。"没有买卖就没有杀害"，没有收买方的存在，也就无所谓拐卖。刑法对拐卖妇女、儿童罪规定了五年以上十年以下的基础刑，并且对于情节特别严重的还可以判处死刑，两罪法定刑之间的差距悬殊说明收买被拐卖的妇女、儿童罪在立法上存在不合理之处。我国现行刑法规定了非法收购国家重点保护的珍贵、濒危野生动物情节特别严重的可处十年以上的有期徒刑，远远高于收买被拐卖的妇女、儿童的三年有期徒刑[1]。正如有学者指出，这体现了一种"人不如物"的立法价值取向，不符合人权保障原则。"重物轻人"或"重拐轻买"都不利于打击拐卖行为。非实刑化与从轻处罚情节的大规模运用，也有放纵违法犯罪的法治风险[2]。

二是司法实践中数罪并罚操作困难。理论上讲，收买被拐卖的妇女、儿童又实施其他犯罪的应当数罪并罚，而在司法实践中数罪并罚却形同虚设。事实上，被拐卖的妇女中有人缺乏性自我防卫能力，在这种情况下，收买人与被收买的妇女发生性行为，应当构成强奸罪。例如梁水堂收买被拐卖的妇女、儿童一案①中，被收买的妇女张某甲患有精神病，没有性自我防卫能力。2022 年 7 月 29 日，被告人梁水堂因涉嫌收买被拐卖的妇女罪、强奸罪被逮捕，却只判处了收买被拐卖的妇女罪。对强奸罪的实证研究也显示，该罪具有隐蔽性与证据单一性的特征，除了被害人陈述和犯罪分子供述外，往往无其他证据直接证明

---

① 参见陕西省眉县人民法院（2022）陕 0326 刑初 69 号刑事判决书。

犯罪事实存在[3]。究其原因，在司法实践中，由于时间过长、证据不好搜集，因此不能认定被告人所犯的其他罪从而进行数罪并罚。所以，数罪并罚在实践中进行操作是比较困难的。

（二）缓刑适用率过高

我国司法实践中缓刑适用率较低且比较稳定，而在收买被拐卖的妇女、儿童罪中缓刑适用率却极高。通过实证分析，在收买被拐卖的妇女罪中缓刑率达82.3%，在收买被拐卖的儿童罪中缓刑率达87.1%，这说明很大部分收买被拐卖的妇女、儿童罪的被告人都没有被判处实刑。

缓刑适用率过高的原因一方面在于缓刑适用标准过于宽松；另一方面，受到"重拐卖轻收买"的观念的影响，司法实践中对于收买被拐卖的妇女、儿童行为更为宽容，因此缓刑的适用就更为普遍、频繁。缓刑的适用需要考虑被告人的犯罪情节、悔罪表现等，然而在实际操作中，一些法官在解释和适用缓刑标准时可能会过于宽松，从而导致缓刑适用率过高。此外，在收买被拐卖的妇女、儿童罪中，受害人为弱势群体。在一些情况下，受害人无法提供足够的证据和证言，司法机关需要进行大量的调查和证据收集工作，这需要耗费大量的人力、物力和财力。然而由于司法机关的能力和资源有限，因此在处理犯罪案件时存在一定的困难和局限，从而影响缓刑适用率的高低。

如果较为普遍地判处实刑，意味着司法对此类行为从严打击；反之，则表明司法有从宽的倾向。刑法具有预防犯罪的目的，随意适用缓刑，削弱了刑罚的震慑力，无法有效阻止这类犯罪的发生，不利于预防犯罪。过高的缓刑适用率，很可能会让犯罪分子知法犯法，因为违法成本太低了，对犯罪分子的处罚没有做到罪刑相适应。过高的缓刑率也表现出国家认为该罪的危害程度并不是很高，因此对其的打击力度不够大。当下，群众对于从严打击收买被拐卖的妇女、儿童行为的呼声日益增加，缓刑适用过多，也会导致公众对司法公正产生怀疑，从而影响公平正义的实现。

三、收买被拐卖的妇女、儿童罪刑罚适用的完善路径

（一）提升量刑幅度

是否提高收买被拐卖的妇女、儿童罪的法定刑在刑法学界一直存在着较大的争议。支持提高法定刑的一方认为，收买被拐卖的妇女、儿童罪属于轻罪，当前法律规定并不能很好地打击收买犯罪[4]。反对提高法定刑的一方认为，根据罪行均衡原则，当前设置的法定刑是合适的。结合《刑法》中收买被拐卖的妇女、儿童罪全部条款，对于收买后又犯其他罪的可以数罪并罚，收买被拐卖的妇女、儿童罪整体上是一个重罪[5]。

在司法实践中发现，收买被拐卖儿童的行为很少伴随其他犯罪行为，而收买被拐卖的妇女却会伴随如非法拘禁、强奸等犯罪行为。但要取得被告人对被拐卖的妇女进行非法拘禁或者强奸的证据十分艰难，所以尽管法律条文中设置了数罪并罚的条款，司法机关想要对收买的后续行为进行追责并不容易。根据统计数据，收买被拐卖的妇女之后又实施其他性质的严重犯罪并且以数罪追究刑事责任的概率很低。在170份判决书中虽然没有出现数罪并罚的情况，但并不意味着不存在收买后又实施其他犯罪的行为。没有出现数罪并罚很大程度是因为司法机关取证困难，所以数罪并罚的可能性就比较小。

正如桑本谦教授所言，如果严惩之下的犯罪都还这么多，那如果不严惩呢？立法上对收买犯罪较低的不法评价，导致了司法宽纵此类罪行[6]。良法是善治之前提，我们有理由相信，当法律的规定更加具体合理时，违法犯罪行为将被更好地打击，人民的权益将得到更好的保障。提升该罪的法定刑，不是要将其提升到与拐卖妇女、儿童罪相同的高度，而是要在罪责刑相适应的原则下确立合理的法定刑幅度，这样才有更好的效果。很多学者表示将该罪有期徒刑的法定刑提升为五年以下有期徒刑。笔者认为这个观点是合理的，从三年以下有期

徒刑提升为五年以下有期徒刑，既表现了对收买行为严加惩治的倾向，也使得法官在对更加恶劣的收买行为进行处罚时有更大的法律裁量空间。例如，在丰县生育八孩女子一案中，董某民没有被判处收买被拐卖的妇女罪也正是因为该案已经超过了五年的追诉时效。对于收买被拐卖的妇女、儿童罪而言，收买行为发生就开始计算追诉时效，所以按照现有的法定最高刑三年计算，追诉时效为五年。而将法定刑提升至五年，则可以将追诉时效延长至十年，这无疑更有利于追诉犯罪。没有收买就没有拐卖，收买被拐卖的妇女、儿童罪作为诱发拐卖犯罪的主要因素，应当被严厉打击。

严加惩治收买被拐卖的妇女、儿童罪还具有刑事政策的导向性。1997年我国刑法确立了收买被拐卖的妇女、儿童犯罪，《中华人民共和国刑法修正案（九）》将该罪的免责条款修改为从宽条款；2021年《国务院办公厅关于印发中国反对拐卖人口行动计划（2021—2030年）的通知》中明确表示"完善法律适用制度，加大对收买被拐卖受害人行为、网络拐卖人口犯罪的打击力度"，也充分显示出我国在打击收买犯罪方面的决心[7]。收买被拐卖的妇女、儿童罪法定刑最高为三年有期徒刑，在实践中又对其进行从轻处罚，导致该罪的违法成本低，这也成为这一行为屡禁不止的原因之一。收买被拐卖的妇女、儿童，作为拐卖犯罪的源头之罪，更要严惩不贷。重视妇女儿童的人身保障，严厉打击拐卖妇女儿童犯罪。

（二）慎重适用缓刑

刑法总则中规定了缓刑的适用条件，但是不应当机械司法、片面应用缓刑适用条件，而应该具体案件具体分析。缓刑适用率过高使得刑罚威慑力不足、对犯罪分子的惩罚力度不够。

缓刑适用分为应当宣告、可以宣告、禁止宣告三种情形。其中，在可以宣告缓刑中，法官的自由裁量权发挥了很大的作用。具体应如何适用缓刑，需要综合当前已经形成的社会关系以及被收买人对于收买人的态度等来考虑。法官在裁量具体案件时要做到"以事实为依据，以法律为准绳"，强化刑罚对犯罪行为的制裁力，不能一味地从轻处罚、放纵犯罪分子。对于其是否具有悔罪表现，不仅要看其在审理过程中是否真诚悔罪，还要看其一贯表现以及对被害人是否积极补偿等。另外，在收买被拐卖的妇女、儿童罪中，收买方的行为对原有家庭关系的破坏、对被收买人权益的侵害是无法消除的。因此，以收买被拐卖的妇女罪为例，如果被收买的妇女一直具有强烈抵抗意愿，在被收买后存在多次逃跑等自救行为，对于这种情况，就不应该判处缓刑。

在适用缓刑时，要考虑被告人的主观恶性和悔罪表现，但这并不是适用缓刑的充分必要条件。收买被拐卖的妇女罪中，收买者以缔结婚姻为目的，收买被拐卖的儿童罪中，收买者以自养为目的，从犯罪动机看并不能算恶劣，但这点最多只能作为量刑因素来考虑。适用缓刑还要考虑适用后对社会秩序的影响。法院应当考虑到：在判处缓刑后，犯罪人是否能够得到有效的改造和教育，降低再犯罪的风险；是否会对社会安全产生负面影响等。

四、结束语

收买被拐卖的妇女、儿童罪的犯罪对象为弱势群体，这一犯罪破坏了家庭、社会的和谐稳定，对于这种犯罪行为必须严厉打击和惩治。虽然近几年收买被拐卖的妇女、儿童罪的案件数量呈现下降的趋势，但要真正保护好妇女、儿童的人身权益，给予妇女、儿童更好的法律保护，还需要对法律进行不断的完善。在立法上提高收买被拐卖的妇女、儿童罪的法定刑，严厉打击收买被拐卖的妇女、儿童的犯罪行为，尽可能地遏制该罪发生；在司法实践中，法院需要合理认定量刑情节，为被拐卖妇女、儿童提供更多的帮助和支持，保障被拐卖的妇女、儿童的合法权益。

参考文献

［1］王志祥，徐嘉崎. 收买被拐卖的妇女、儿童罪法定刑的走向：维持论、买卖同罚论抑或有限提高论［J］. 北京警察学院学报，2022（6）：19-29.

［2］夏伟. 收买被拐卖的妇女、儿童罪定罪量刑规则研究［J］. 西南政法大学学报，2022，24（2）：139-152.

［3］赵姗姗. 收买被拐卖的妇女罪的法益追问与规范再造［J］. 法律科学（西北政法大学学报），2023，41（1）：147-159.

［4］罗翔. 论买卖人口犯罪的立法修正［J］. 社会科学文摘，2022（6）：105-107.

［5］车浩. 立法论与解释论的顺位之争：以收买被拐卖的妇女罪为例［J］. 现代法学，2023，45（2）：175-196.

［6］劳东燕. 买卖人口犯罪的保护法益与不法本质：基于对收买被拐卖妇女罪的立法论审视［J］. 国家检察官学院学报，2022，30（4）：54-73.

［7］郑海，向发佳. 乡村地区拐卖妇女儿童犯罪的整体性治理研究［J］. 青少年犯罪问题，2023（3）：128-142.

权利行使与敲诈勒索罪的界限

罗　浩　陈和芳

摘　要••••••••••••••••••••••••••••••••••••••

实践中经常出现以违法手段来实现自己的合法权利而使权利行使和敲诈勒索罪难以区分的情况。本文着重探讨以恐吓手段取回他人非法占有的自己的财物、以恐吓手段实现合同债权、以恐吓手段实现损害赔偿请求权等情况是否构成敲诈勒索罪来明确权利行使与敲诈勒索罪之间的界限。

关键词••••••••••••••••••••••••••••••••••••••

敲诈勒索；权利行使；界限

【作者简介】罗浩，四川轻化工大学 2022 级法律专业硕士；陈和芳，四川轻化工大学法学院副教授、硕士研究生导师。

权利行使与财产性犯罪的关系，无论是在理论界还是在司法实践中，都是一个值得探讨的问题。在司法实践中，经常出现这样的情况，即权利人通过暴力、胁迫手段使相对人害怕，迫使其归还财产、清偿债务、赔偿损失[1]。这种行为人行使权利过程中威胁、恐吓对方以取得财物的行为便涉及是否构成敲诈勒索罪的问题。

到底是权利行使，还是敲诈勒索？这在实践中处理以下两个类型的问题时难以分辨：一是财物取回类型，指所有权人的财物遭到对方的非法占有，所有权人为了保护合法的财产权益而采用威胁、恐吓手段将自己的财物取回；二是求偿类型，指债权人以胁迫或恐吓的方式实现自己的权利，其中又包含了履行合同义务和履行侵权义务两种类型。

一、将他人非法占有的自己的财物以恐吓方式取回

对侵犯公民财产权的犯罪的法益保护的客体的认识，将会影响所有权人将自己被非法占有的财物取回是否构成犯罪的问题。第一，本权说认为：非法占

有他人的财物不会被民事法律所认可，因此更不会被刑事法律所保护。由于敲诈勒索罪所要保护的法益是公民的财产权利，非法占有他人财物不具有财产权即所有权，因此以恐吓的方式取回被他人非法占有的自己的财物不构成敲诈勒索罪。行为人在民法上具有本权，那么取回被他人非法占有的财物、实现自己本权的行为不可能构成敲诈勒索罪。第二，占有说认为：非法占有人对财物的占有状态也应该得到法律的保护，行为人以符合敲诈勒索罪的客观行为取回这类财物，符合敲诈勒索罪的构成要件，应当以敲诈勒索罪定罪处罚。但是刑事违法性可以被自救行为所阻却。第三，合理占有说和平稳占有说认为：非法占有人以非法手段获取了本人的财物，非法占有人的占有没有合理的根据，非法占有人的占有也不是平稳占有，法律不保护这种形式的占有，本人为维护自己的合法权益，取回财物的行为，不构成敲诈勒索罪。但是他人以非法手段获取财物后，占有了相当长的一段时间，权利人没有及时行使权利取回财物，那么此时他人以非法手段占有的财物就属于平稳的占有，如果权利人此时取回非法占有人占有的财物，就可能成立敲诈勒索罪。即便他人非法平稳占有的是自己享有所有权的财物，但法律不提倡私力救济，因此行为人应当通过民事诉讼或者刑事诉讼的途径取回属于自己的财物，被害人通过自己的行为随意采取措施取回财物是不被允许的。如果不存在刑法上的违法阻却事由，如正当防卫、自救行为等，那么行为人取回被平稳占有的非法取得的财物，就有可能会构成敲诈勒索罪。在司法实践中，被害人取回被非法占有的属于自己的财物，司法机关通常会依据本权说否定其成立敲诈勒索罪[2]。

如何看待被他人非法占有的自己的财物，是财产犯罪保护法益本权说与占有说对立争论的焦点。彻底的占有说是违法多元论的主张，认为刑法不仅保护合法占有也保护他人的非法占有。但是，如果在坚持法秩序统一原理的前提下主张违法一元论（缓和的违法一元论）、违法相对论，由于非法占有人非法占有的财产是行为人在民事法律上享有合法权利的财产，行为人取回非法占有者占有的属于自己的财产，非法占有人权利受到侵害的结论就是不成立的，因为取回自己财物的行为人具有本权，非法占有人没有遭受到财产损失。非法占有人的占有不能对抗合法权利人的所有权，敲诈勒索罪保护的法益是财产权益，即使财产的所有人采取恐吓、胁迫的方式取回自己的财产，也不构成该罪，因为并没有侵犯非法占有人的财产权益。例如，张三盗窃了李四的自行车，李四于几日后发现了停放在张三门口的自行车属于自己，李四以胁迫手段逼迫张三归还自行车，李四不成立敲诈勒索罪。许多学者认为，行为人使用胁迫手段是为了取回自己的财产，非法占有人本就有向行为人归还财产的义务，因此非法占有人并没有实际上的财产损失，行为人的行为不符合敲诈勒索罪的构成要件，不构成敲诈勒索罪[3]。但是，如果张三盗窃的是李四的自行车，而李四采取胁迫的手段获得了张三的摩托车，在此种情况下，李四获得摩托车并没有法律上的权利，若使张三遭受到了财产损失，李四就有可能构成敲诈勒索罪。

二、以恐吓手段实现合同债权

例如，李四借款给张三，借款的履行期限届满，而张三拒不归还借款，李四多次催告未果，采用胁迫的方法迫使张三归还了借款。这种情况在实践中经常发生。在上述案例中，不能因为债务人对债权人负有债务，就认为其对货币的占有是不合法的，货币作为种类物，在货币所有权改变之前，任何人对其的占有都是合法占有。李四通过胁迫行为实现的是自身的合法债权，但是从形式上却符合敲诈勒索罪的构成要件。这样一来，债权人的合法债权与债务人的合法占有便产生了冲突与对立。法律应当衡量二者的价值关系，进行取舍。

对上述冲突与对立的处理，不仅取决于对财产损失的概念的准确理解，还取决于对侵犯财产罪的客体的认识。第一，无罪说的观点：权利人在实现合法权利的过程中使用了胁迫的手段，因为权利人具有本权，所以这种行为不构成犯罪。胁迫行为虽然是违法的，但是通过胁迫手段想要达到的目的是合法的，目的的合法性阻却手段的违法性。敲诈勒索罪保护的法益主要是财产权益，通过胁迫的手段迫使债务人归还借款，债务人并没有财产损失，因为该笔财产本就属于债务人应当减少而未减少的。合法权利的行使会阻却敲诈勒索罪的成立，只要行为人以所有的意思接受交付，即便行为具有违法性也欠缺要件而不能构成敲诈勒索罪。胁迫罪说的观点：财产犯罪是为了对私法的权利义务关系进行调节，在存在债权债务的情况下，债务人基于交付的意思而归还借款，行为人基于债权关系享有接受对方财物的权利，因此，债务人不存在财产损失，也不构成财产犯罪。但是，行为人采取超过法律容忍限度的方式来行使自己的权利，成立胁迫罪。只要具体的个别的财物受到了侵犯，便有财产损失，而不应当从整体上对财产损失进行认定。敲诈勒索罪是一个整体，不应当将行为与目的分开评价，这是一些学者对这一理论的批判。敲诈勒索罪说的观点：行为人的胁迫手段使相对人产生恐惧心理，相对人基于恐惧的心理而交付财物，这时相对人对相应财物的所有权受到了侵害，相对人遭受了财产损失，因此能够认定为敲诈勒索罪。法律限制私力救济，行为人通过胁迫手段而不是合法途径使他人交付财物，应当认定为敲诈勒索罪。要将胁迫手段认定为行使合法权利的行为，就必须要求胁迫手段与履行债务具有相当性，应将胁迫这种非法行为与财物取得进行一体化评价，认定为敲诈勒索。

以恐吓、胁迫方式行使权利的行为是无罪的，因为没有造成财产损失，而我国刑法中没有胁迫罪，对于手段的违法不能用刑法进行规制。因此，债权人为了实现债权而采取胁迫的方式要求债务人按照约定履行债务的行为不构成敲诈勒索罪。在实际的案件处理中，债权人通过恐吓、胁迫的手段要求对方履行的债务没有严重超出债务人应当返还的债权的额度，而债权人具有本权，一般不会认为构成敲诈勒索罪。比如，李四向张三借款 200 万元，约定一年后偿还，没有约定利息，一年期限届满之后，李四以各种借口推脱，张三胁迫李四归还210 万元，这一般不构成敲诈勒索罪。

我国无罪说在学界是主流，如果行使权利的范围没有超出权利本身，行为人采用胁迫等手段有必要性，同时胁迫等手段也不构成刑法的其他罪，从而应当认定不成立犯罪。将以胁迫等非法手段索取债务的行为规定为犯罪，会助长欠债不还的不正当风气，助长更多"老赖"的出现，这是不合理的[4]。但是，其中有一些问题值得注意，债务人如果拥有期限利益、清算利益等值得保护的利益，或者债权本身存在争议，债务人在民事诉讼中具有正当抗辩的权利，此时债权人以非法的胁迫取得债务人的财物，或者要求债务人交付的财产大大超出债权额度，则仍然有被认定为敲诈勒索罪的可能[2]。

行为人主张权利的方式不符合社会一般公众的一般观念，而其主张的债权本身存在一定的疑问，则有可能成立敲诈勒索罪。在审判阶段，法院在认定敲诈勒索罪的时候，一般考虑以下几个因素：第一，是否有不正当行为在债权设定时存在，债权本身是否合法，行为人是否剥夺了对方的履行期限，行为人所要的财物是否超出被害人承诺的明显必要的范围；第二，行使权利的方法是否为社会秩序所容忍，胁迫手段是否触犯其他的罪名，是否存在相当的现实的危险性；第三，债权人是否在债务没有到期的时候，以暴力、胁迫手段要求对方提前履行该债务。综上所述，在认定索债的行为是否构成敲诈勒索罪时，需要从分析债权是否合法存在，索债的行为是否必要、相当，索取债务的行为是否能够被刑法规范所容忍等方面来综合判断。

三、以恐吓手段实现损害赔偿请求权

典型的以恐吓、胁迫手段主张损害赔偿的是郭利案①。基本案情是，郭利的女儿是施恩公司生产的三聚氰胺奶粉的受害者，郭利多次与施恩公司进行协商索赔。2009 年 6 月 13 日，郭利与施恩公司达成和解协议，施恩公司赔偿郭利40 万元，郭利不再对此事进行追究。2009 年 6 月 25 日，郭利反映的施恩公司生产含有三聚氰胺的奶粉的事件被北京电视台曝出，施恩公司再次主动联系到郭利，郭利主张额外的 300 万元作为赔偿，施恩公司以敲诈勒索的名义报警。

---

① 参见广东省潮安区人民法院（2009）安刑初字第 492 号"郭利敲诈勒索罪案"。

一审法院判决郭利犯敲诈勒索罪，处五年有期徒刑。郭利不服，提起上诉，二审法院维持一审原判。2017年4月7日，广东省高级人民法院对郭利案进行再审，郭利被无罪释放[5]。

在夏某拆迁案①中，尽管夏某提出了巨额索赔，但夏某不是以非法占有为目的，双方存在的争议属于民事争议，其对数额的争议不应当认定为敲诈勒索罪。夏某扬言举报开发商的行为不构成敲诈勒索罪中的威胁、恐吓手段，而只是实现争议民事权利的一种方法[6]。再比如，消费者从购买的食品中吃出异物，而与生产者、销售者协商索要赔偿的情况经常发生。消费者的力量比较薄弱，即使其以向媒体曝光、向有关部门举报相要挟，或者其主张的赔偿款在一般公众看来非常不合理，远远超出合理的要求范围，此类情况也不应当被认定为敲诈勒索罪。行为人以上述手段相要挟的目的是维护自己的民事权益，手段具备社会相当性，而赔偿数额的多少则属于双方协商的内容。

还有以上访相要挟的案件。不少人习惯性地认为政府不可能成为敲诈勒索罪的对象，因为政府不可能产生恐惧心理。这种说法混淆了被恐吓者与被害人的区别，政府不可能成为被恐吓者，但政府可以成为敲诈勒索的被害人。行为人可以对政府的相关领导实施胁迫或者恐吓，要求相关领导处分政府的财产。对于这类案件，首先要考虑行为人是否有合理诉求，或者说是否享有要求政府补偿、赔偿等民事权利，如果得出肯定结论，就不得将其认定为敲诈勒索罪，如果没有任何权利基础以上访相要挟，则可能构成敲诈勒索罪。

针对事出有因而在外在表现形式上符合敲诈勒索罪要件的案件，司法实践中一般会将其认定为不构成敲诈勒索罪。这主要是因为敲诈勒索罪是侵害财产犯罪，侵害的是他人所有的财产权，而针对"事出有因的案件"，行为人采取威胁恐吓的方式逼迫对方交付财物，由于这些财物是行为人本就可能获得的赔偿，交付财物是对方应尽的赔偿义务，因此对方并没有实质上的财产损失。

---

① 参见《刑事审判参考》2008年第5集（总第64集），指导案例第509号。

四、法秩序统一原理下敲诈勒索罪认定的基本规则

所有权人的所有权能够对抗非法占有人的占有权，所以行为人以恐吓的方式取回被他人非法占有的财物，不会构成敲诈勒索罪，这一点在理论和实务上是没有多少争议的。有争议的是，采用威胁恐吓手段来实现民事上的债权时，是否构成敲诈勒索罪。这就需要以民法上的合法行为作为刑法中的违法阻却事由。可以从以下几点来区分敲诈勒索罪与正当权利行使行为。

一是是否有正当的债权产生。有无法律上的根据是衡量债权是否正当的一个重要标准。合法的债权是具备法律根据的债权，权利行使行为必须以合法的有法律根据的债权为依据。敲诈勒索罪规制的是侵犯公民财产权益的犯罪，只有公民遭受财产损失时，才有该罪的适用条件。当事人具有正当的债权，债务人存在履行相应债务的义务，债务人不存在财产损失，这是债务人本该减少而未减少的财产部分，不属于债务人的财产损失。

二是索要的财物有无超出债权范围。超过债权范围要求对方交付额外的财物，不属于正当行使权利的范围，只有在债权额度内索要财物，才属于正当行使权利。要判断有无超出债权范围索要财物，债权的内容是否确定是一个重要的因素。若债权内容明确、唯一，行为人主张的财物超过债权的范围，就不属于正当行使权利的范围。倘若债权内容具有很大的不确定性，债权人对债务人的主张是与债权相关的，则不管实际主张的数额大小，都应被看作是在正当行使权利。敲诈勒索罪主观以非法占有为目的，如果债权内容确定，行为人索要的债权数额明显超过债权范围，便可以认定行为人具有非法占有的目的。而如果债权内容不确定，如侵犯人身权利时的损害赔偿，双方对于债权数额的确定存在着较大的争议，双方对自己提出的债权履行数额都有各自的理由与立场，无论数额多少都是双方协商的一个结果，那就不存在非法占有的目的。

三是手段是否必要且相当。现代法律鼓励公力救济，而对于私力救济则给

予了较严格的条件限制。行使权利的行为属于私力救济，因此手段必须符合必要性与相当性。必要性是指行为人为了实现自己的债权，所采取的手段是必要的。相当性是指行为人为了实现自己的债权，所采取的手段程度是合理的。行为人只有在符合必要性与相当性的条件时，才能被认为行使权利的手段是恰当的；否则，如果人人都通过私力救济实现自己的利益，就会造成法律秩序的混乱。

在不少情况下，行为人为了行使自己的民事权利而使用胁迫手段，应当认为，行使民事权利的行为阻却敲诈勒索罪的违法性。这里的民事权利，是法定的民事权利，或者说具有民法根据的民事权利，而不是行为人自己主张的道德权利。如男女双方分手后一方向对方索要所谓的"青春损失费"，而在法律上，所谓的"青春损失费"的请求权基础是不存在的，在法律上得不到相应的支持，这只是一种在道德上的观念。如果行为人以自己所主张的道德上的权利为基础，就不能认为是正当行使权利。行为人以道德上的权利为基础，使用了威胁、恐吓等违法手段以实现道德上的权利，是没有正当的权利根据的，因此相应的行为有可能构成敲诈勒索罪。判断行为人的行为是否是行使权利的行为，首先要判断行为人是否具有相应的权利。是否享有相应权利的判断应当从客观上进行，而不能从主观上进行。从行为人主观上判断是否具有权利没有统一的标准，会造成法律秩序的混乱。行为人主观上认为自己具有权利，认为自己的行为是在行使权利，但实际上并不存在相应的权利，这并不妨碍敲诈勒索罪的构成，但是可以从犯罪构成的主观方面进行违法责任的阻却。行为人自以为有民事权利，但事实上并不享有民事权利的，不能阻却违法，但可能阻却责任，或者导致责任减少。例如，甲女与乙男恋爱并共同生活，后来乙男与甲女分手，甲女纠集多人对乙男实施恐吓行为，要求乙男补偿"青春损失费"的，并不阻却违法性。应当根据甲女是否具有正当化事由的认识错误等事实，判断其是否具有责任。只有将敲诈勒索与权力行使进行界定，才能准确适用刑法，做到罪行法定，避免敲诈勒索的打击范围过广，也避免应当被处以刑事处罚的行为被遗漏，从而有利于实现打击犯罪与人权保障的目的。

五、结束语

综上所述，不能孤立地看到所谓的"被害人"形式上具有财产损失，并且债权人的手段具有违法性，就认定债权人构成敲诈勒索罪。在区分敲诈勒索罪与正当权力行使行为时，要考虑行为人是否具有正当的本权，行为人索要的债权数额是否明显超过债权范围，行为人的手段是否被社会一般公众所接受、是否有相当性，从而准确区分罪与非罪，更好地惩罚犯罪与保障人权。

参考文献

[1] 王昭武. 法秩序统一性视野下违法判断的相对性 [J]. 中外法学, 2015 (1): 170-197.

[2] 周光权. 刑法各论 [M]. 北京：中国人民大学出版社, 2021.

[3] 刘明祥. 财产罪比较研究 [M]. 北京：中国政法大学出版社, 2001.

[4] 张明楷. 侵犯人身罪与侵犯财产罪 [M]. 北京：北京大学出版社, 2021.

[5] 柏浪涛, 谷翔. 敲诈勒索与行使权利的界限 [J]. 法律适用, 2010 (10): 76-79.

[6] 最高人民法院刑事审判庭. 中国刑事审判指导案例：第4卷 [M]. 北京：法律出版社, 2017.

"反向刷单"行为的刑法规制
及路径研究

叶紫航　房　丽

摘　要 ·········

　　"反向刷单"行为利用了当前网络信用评价体系的不完善，恶意破坏并损害竞争商家的正常经营与商业信誉。然而对该行为的惩治，学界与实务界存在罪与非罪、罪与彼罪以及规制路径的争议。在肯定"反向刷单"行为入刑具有现实紧迫性与理论正当性的同时，更应该通过将其认定为损害商业信誉、商品声誉罪并完善规制路径，有效处置此类犯罪，从而更好地维护网络经济有序发展的健康环境。

关键词 ·········

　　反向刷单；破坏生产经营罪；损害商业信誉、商品声誉罪

【作者简介】叶紫航，四川轻化工大学法学院2022级法律专业硕士研究生；房丽，四川轻化工大学法学院副教授。

【基金项目】四川轻化工大学研究生创新基金项目"家庭教育令在未成年人犯罪案件中的适用问题研究"（Y2023028）；四川省基层司法能力研究中心一般项目"规制偷拍并传播他人隐私行为研究"（JCSF2023-04）。

一、问题概述

根据第 52 次《中国互联网络发展状况统计报告》，截至 2023 年 6 月，我国网民规模为 10.79 亿人，网络购物用户规模达 8.84 亿人。值得注意的是，网络信息爆炸、网购市场膨胀以及行业竞争加剧，滋生了诸多具有商业性质的新型网络犯罪行为。其中，"刷单炒信"现象便不容忽视。

随着科技的进步，刷单方式也不断迭代进化，相较于简单刷好评的正向刷单行为，反向刷单为刑法学界与司法实务提出了新的课题。虽然刑事司法实践中出现了一些反向刷单的典型案例，如 2015 年"南京反向刷单第一案"的董某、谢某以破坏生产经营案入刑①，2017 年"浙江省首例反向刷单案"的钟某某以破坏生产经营案入刑②，但司法机关通过扩大解释将其入刑的做法在现行刑法框架下是否具有合理性引起了较大争议。

---

① 参见南京市雨花台区人民法院（2015）雨刑二初字第 29 号判决书。
② 参见浙江省金华市中级人民法院（2018）浙 07 刑终 602 号判决书。

二、争议所在

随着司法实践将反向刷单入刑，学界也对该行为的刑法规制展开了积极研究。但该领域还未有系统化、成熟化的定论出现，学者研究多散见于期刊、会议文件、报纸等刊物之上，以专著为载体的较少。由此可见，这一领域的研究仍有待深耕。总体而言，目前学界研究主要集中在以下三大方面。

（一）罪与非罪之争

有罪论认为有必要以刑法手段严厉规制反向刷单行为。如张明楷认为，当前我国应重视网络刷单炒信这一网络领域的违法犯罪行为，积极推进其犯罪化[1]。同时，阴建峰、刘雪丹明确指出网络刷单炒信这一违法行为的危害性极大，仅凭借软性法律难以进行有效治理，必须动用刑法手段对其予以严厉惩处[2]。

非罪论认为反向刷单产生的问题完全可用民事法、行政法等前置法予以解决。如卢代富、林慰曾便认为可以用《网络交易管理办法》《中华人民共和国反不正当竞争法》和《中华人民共和国消费者权益保护法》进行规制[3]。吴琼认为可以从民法如侵权和违约责任等方面进行法律规制[4]。崔磊则从电子商务管理办法的角度展开探析[5]。叶良芳更指出将刷单炒信行为定义为犯罪是一种司法犯罪化，有违刑法的谦抑性原则[6]。

（二）此罪与彼罪之争

在肯定反向刷单应入罪的前提之下，学界在罪名适用上又存在争议。争议主要集中在这一行为到底构成破坏生产经营罪，还是构成损害商业信誉、商品声誉罪之上。

持前一主张的学者主要通过扩张解释的方式来认定该行为。如李世阳认为，在对"生产经营"与"破坏"做扩张解释的基础之上，反向刷单便构成该罪[7]。聂春博持同样观点，其认为反向刷单的危害行为、危害后果以及因果关系符合破坏生产经营罪的构成要件，但同时还指出对于该罪所言的"生产经营"与"其他方法"应当通过司法解释予以进一步明确[8]。

针对前一主张，不少学者对扩张解释的做法进行了严厉批评。如王恩海遵循传统的刑罚法解释立场，认为反向刷单行为所侵害的对象与破坏生产经营罪不一致[9]。江兴炜也认为反向刷单与破坏生产经营罪的行为构成要件不一致[10]。继而，有学者便提出反向刷单应构成损害商业信誉、商品声誉罪。如曹波、陈娟认为，该行为的本质在于通过恶意降低商家信誉的方式来损害正常的市场竞争秩序，应当认定为损害商业信誉、商品声誉罪[11]。

（三）入罪路径

在明确适用罪名之后，应如何适用刑法进行规制，学界又存在以下三种模式的探讨。

其一为"扩张论"，也就是通过对现行刑法文义进行合理扩张使其能够有效规制反向刷单。如前文所提及的那些主张以破坏生产经营罪论罪的学者们便认为可以对该罪的罪名进行扩大解释。此外，吕绳建议对损害商誉罪的法益、行为主体、行为模式进行更新解释，以此将反向刷单行为纳入刑法规制[12]。

其二为"修改论"，也就是通过对《刑法》条文进行合理修改，使反向刷单行为入刑更具有合理性。如孙道萃主张通过调整破坏生产经营罪的章节以明确其保护法益、简明罪状、扩大"生产经营"范畴等方式来破解该罪适用在法理上存在的困局[13]。

其三为"立法论"，也就是以创设新罪的形式来弥补现有刑法的规制不足。如张明楷提出引进日本刑法中的妨害业务罪以填补相关案件的业务空白[14]。周光权提出两种方案，增设妨害业务罪或利用信息网络妨害业务罪（狭义的妨害业务罪）[15]。徐虹在分析刷单行为具有刑法上的可罚性的基础上，建议结合我国国情设立破坏网络市场信用评价罪[16]。

当下，反向刷单的行为对保障消费者权益以及构建公平市场而言颇有损害。在行业规制与行政处罚均未有效抑制这一不法行为的现状之下，完善反向刷单行为的刑法规制具有紧迫性与合理性。基于此，有必要在解读反向刷单行为基本理论的基础之上，充分论证其入刑的正当性，在回应学界争议的同时明确该行为的刑法定性，并构建切实有效的规制路径。

三、反向刷单行为入刑的正当性论证

（一）具有严重的社会危害性

犯罪行为的一个根本且显著的特征就是具有严重的社会危害性。换言之，若某一违法行为与犯罪的本质特征相契合，那便应当受到刑法的约束。

首先，反向刷单不仅有损消费者知情权与公平交易权等法律权利，还容易给受害方带来实际的财产损失。如 2015 年"南京反向刷单第一案"，经江苏省某会计师事务所审计，受害公司因此损失的订单交易额为 15.98 万余元。又如 2017 年宁波破获的"网络炒信第一大案"① 涉案企业 216 家，涉案金额更是高达 502.85 万元。可见，反向刷单行为具有较强的社会危害性，如果不加以严厉制约、明确法律红线，那么类似行为所涉及的商业竞争带来的损失将会越来越大。即，通过刑法对该行为进行规制具有现实紧迫性[7]。

其次，反向刷单损害同行竞争者合法权益。无论是恶意好评型还是恶意差评型刷单行为都严重影响了外界对商家的看法，不仅使商家因此接受平台的惩罚，还降低了消费者的消费可能性。这一行为无疑给那些正常经营的商家的商业信誉以及经济收益带来了严重的损害。

---

① 红商网，宁波破获刷单第一大案：涉案企业 216 家 金额超 500，2017 年 7 月 25 日，http：//www. redsh. com/pinpai/20170725/125612. shtml。

再次，反向刷单破坏网络市场经济秩序。市场的良性竞争应当是一种自由且有序的竞争。反向刷单这一非正常手段使得信用可以被伪造，使得网络市场恶意竞争现象肆虐。最终，原本为了保护消费者而创设的信用评价系统因刷单造假而丧失基本职能，这样看来，反向刷单所侵蚀的是整个电子商务的根基[17]。

最后，反响刷单催生黑灰产业与下游犯罪。刷单需求增大，自然催生各种刷单团体和中介组织，继而形成一条完整的黑灰产业链。此外，该行为还衍生出了各种下游犯罪行为，如诈骗、敲诈勒索等，容易使社会处于失序状态。

（二）非刑事法律规制不足

目前，对于反向刷单的法律规制散见于民事法以及行政法之中，规制力度不足。一方面，民事维权诉讼存在困境。刷单行为下的虚假订单量繁多且欺骗性极强，使得数据监测难度极大，损失金额计算也存在困难，在"谁主张，谁举证"的规则之下，无论是哪方主体都将陷入取证难的困境。另一方面，行政处置力度不大。现有行政法规尽管都提到虚构交易、编造评价属于不正当竞争行为，应按照虚假宣传进行处罚，但均未明确界定刷单行为①。2019 年 7 月 10日发布的《严重违法失信名单管理办法》（修订草案征求意见稿）从结果上对刷单炒信进行了一定的界定②，但实际上其性质仍模糊不清。同时，目前对该行为最高处罚金额仅为 200 万元，与其所带来的巨额利润相比简直微不足道。与此同时，网络监管体系的不健全也使得行政执法难度大大提升，继而使得行政处罚无法实现对该行为的有效约束。

基于此，在非刑事法律无法发挥实际效用时，刑法作为最后的底线应当发挥其价值，以强硬的态度对其进行定罪评价，这样才能真正对反向刷单起到遏

---

① 《中华人民共和国反不正当竞争法》第八条、第二十条，《中华人民共和国电子商务法》第十七条。

② 《严重违法失信名单管理办法》（修订草案征求意见稿）第二十二条。

制作用。

（三）不违反刑法谦抑性原则

具体而言，刑法的谦抑性包括三方面内容：刑法的补充性、刑法的片段性、刑法的宽容性[18]。换言之，在判断以刑法规制某一违法行为是否契合谦抑性原则之时，需从这三个方面进行判断。首先，目前非刑事法律与行业自治手段对反向刷单规制不足，因此将其入刑符合补充性要求。其次，"刷手"众多、数量巨大，对于单个刷单行为一般不予规制，仅当其达到一定危害程度时才会进行规制，符合片段性要求。最后，刑法只处罚危害较大的刷单行为，这符合宽容性要求。就此而言，反向刷单入刑不但未违反刑法的谦抑性原则，反而是网络时代下谦抑性原则注入新活力的诠释[5]。

四、反向刷单行为所涉罪名分析

（一）不构成破坏生产经营罪

笔者认为，将反向刷单行为认定为破坏生产经营罪值得商榷。就"肯定说"的观点而言，其核心主张在于对此罪进行文义扩张。但此种扩张究竟构成合理的扩大解释，还是属于刑法所禁止的不当类推，仍有待推敲。

1. 行为方式：反向刷单的行为方式不是"其他方法"

根据刑法解释的基本方法，应当采取同类解释对破坏生产经营罪的"其他方法"进行限定，将其理解为与"毁坏机器设备、残害耕畜"相当的方法，即对生产工具、生产资料造成实际破坏的行为方法。而在反向刷单中，该行为并未对商家的运营设备产生现实性、物理性损害，不满足"其他方法"的要求[9]。

2. 行为对象：反向刷单的行为对象不是"机器设备、耕畜"

刑法分则在对破坏生产经营罪的罪名表述中强调，该罪所侵害的对象是

"机器设备、耕畜"。对这一表述进行文义解释，不难看出其指的是实际存在的、实物化的、属于生产资料一部分的财产。从体系解释来看，破坏生产经营罪之所以归属于财产类犯罪，其原因就在于该行为侵害的对象是财产，是"物质"。尽管互联网时代的生产资料逐渐突破了实物形态的限制，呈现出虚拟化、多元化的样态，但破坏生产经营罪系属财产类犯罪之本质是不容置疑的，该罪的行为对象必须具备财产属性。在反向刷单行为中，行为人所侵害的对象是"商业信誉"，不属于所销售的商品本身的任何一种形态，不具备财产属性。由此可见，反向刷单对象与该罪的要求并不一致。

3. 损害结果：反向刷单带来的损害结果并非财产类损失

从损害后果看，由于破坏生产经营罪属于财产类犯罪，其直接后果必定是财产类损失。另外，从该罪的立案标准可以看出，损害后果的确定性对该罪的成立而言至关重要。但反向刷单所造成的损害后果难以以现实性的财产损失进行衡量，其对商家造成的损害仅是一种可能的交易量的期待型利益。因此，反向刷单的损害后果与破坏生产经营罪的要求不符，且若以破坏生产经营罪对该行为予以定性，在司法实践中也必将面临未达入罪标准的难题。

综上，笔者认为对破坏生产经营罪表述的扩张是一种不当类推。反向刷单的行为方式、行为对象、损害后果与破坏生产经营罪的并不相符，而企图以"其他方法"这一兜底条款将其囊括不仅存在将该条罪名口袋化的倾向，而且不符合罪刑法定的要求。因此，反向刷单行为不应构成破坏生产经营罪。

（二）构成损害商业信誉、商品声誉罪

相较于强行扩张破坏生产经营罪的罪状，对反向刷单以损害商业信誉、商品声誉罪论处更为恰当。在此，笔者将结合犯罪构成的三阶层理论分析反向刷单行为的罪名适用。

1. 危害行为：反向刷单故意捏造并散布虚伪事实

根据《刑法》第二百二十一条，损害商业信誉、商品声誉罪的行为方式是

"捏造并散布虚伪事实"[19]。由此可知,该罪的危害行为是行为人在无事实依据的前提下将胡编乱造的虚假事实进行分散传播并使他人知悉的行为。虽然现实中常见的是行为人故意制造谣言在公众中散播,但对该行为的理解不应局限于言语行为,还应包括那些以实际行动创造虚假事件并使人知悉的行为。无论何种类型的反向刷单,均是捏造并散布虚假事实的行为,包括捏造虚假的购买行为、虚假的商家信息,发布虚假的评价,使消费者对该商品、商家产生误解。而现阶段反向刷单行为与传统型的损害商业信誉、商品声誉罪的唯一本质区别就是,反向刷单通过网络技术手段将虚假评价信息散播出去,成本更低,传播效率更高[20]。就此而言,反向刷单与损害商业信誉、商品声誉罪的危害行为一致。

2. 犯罪对象:商业信誉、商品声誉

从损害商业信誉、商品声誉罪的罪状中可以看出,该罪的犯罪对象是"商家的商业信誉、商品声誉"。恶意好评型反向刷单行为是行为人采取必要手段触发电商平台惩戒规则,间接损坏被害商家信誉与商品剩余;而恶意差评型反向刷单则是行为人冒充消费者恶意给出虚假差评,使得商家在电商平台的信誉评价系统之中处于不利地位,直接破坏商家评分及商品在潜在消费者心中的形象。由此可见,无论何种形式的反向刷单都与损害商业信誉、商品声誉罪的犯罪对象一致。

3. 危害结果:反向刷单扰乱网络市场秩序并给商家造成经济损失

损害商业信誉、商品声誉罪在刑法分则中所处的位置是第三章"破坏社会主义市场经济秩序罪"和第八节"扰乱市场秩序罪",可见其保护的法益主要是对市场秩序的保护。反向刷单通过非法竞争手段破坏了电商平台信用秩序与竞争秩序,正是对该罪所保护法益的严重侵害。再从该罪的罪状来看,其所防止的危害结果是因商家信誉、商品声誉受损而给他人造成重大损失或其他严重情节的行为。反向刷单通过对网络市场的信用秩序与竞争秩序进行破坏,使得被害商家在与诸多商家的竞争之中居于劣势，继而丧失诸多可期待的交易机会，本质上遭受了大量的经济损失。所以，该行为造成了损害商业信誉、商品声誉罪所要求的危害结果。

五、反向刷单行为的规制路径

（一）选择"解释论"的入罪路径

一方面，"立法论"的路径与刑法基本原理不符。首先，尽管创设"妨害业务罪"将保护的范围拓展到网络领域，但其本质上仍是对生产经营秩序的保护，只是在特定历史条件下对保护法益与行为模式进行了扩张，因此没有增设的必要。倘若真的基于特定形式的需要增设了这一罪名，那么其所保护的"生产经营秩序"法益也势必随着经济的发展、产业形式的拓展而得到无限扩张，继而形成继寻衅滋事罪以及非法经营罪之后的又一口袋罪。其次，创设"破坏网络市场信用评价罪"的主张也存在同样问题。这一主张的灵感源于欧美国家的"信用诈骗罪"。目前，我国创设该罪的条件尚不成熟，尤其是在电商平台数量众多、电商信用评分规则不一的情况下，无法形成统一、权威、高效的电商信用评价体系。

另一方面，选择"解释论"与我国当前法治建设的需求相契合。在解释论下进一步完善对反向刷单的罪名的认定，既是当下的应急之策，又是实现电商领域法治化进程的权宜之策。结合电子商务发展的世界历史进程与我国当下与今后的态势来看，对电商信用规范体系进行专门性刑事立法是法治化进程的必经阶段[4]。因此，从完善民事、行政以及行业自治等领域的前置性规范开始，推进电子商务的刑事专门立法，不仅是在"信用体系社会"来临前这一缓冲期内实现刑事治理的需要，更是逐步构建电子商务领域的法治体系、实现法治现代化的要求。

（二）推动网络市场信用体系的建设

为了消除反向刷单之乱象，有必要推动网络市场信用体系的建设，为我国网络经济犯罪立法体系的构建做好准备。

一方面，发挥政府主导作用，把握信用体系的命脉。国家企业信用信息公示系统掌控着权威的官方信用数据，在处理信用信息公开和保护问题上具有安全性和可靠性。与此同时，针对目前行政执法中存在的因监测难度大而执法力度不足的困境，政府在完善相应政策与强化部门分工的同时，也应完善监管部门对信用数据的获取途径，使信用数据发挥实效。

另一方面，引入第三方信用评价机构，凝聚社会共治之力。由于政府信用数据平台无法完全向社会公开，且不同电商平台的信用评价规则不一、相互独立，这就使得现有的信用数据无法服务于所有的市场主体。基于此，应引入第三方信用评价机构。专业信用评价机构在市场机制调节的支撑下，可以有效实现对不同电商平台、不同商家的公开、统一评价，根据不同的商品分别制订门类统一的消费评价规则与信用计算规则，使评价结果具有公正性、统一性，充分调动市场主体的积极性，使其能够主动地获取、使用与提供信用信息，继而推动形成良性循环的社会信用体系。

六、结束语

近年来，网络经济的飞速发展极大地推动了刑法理念的变革，也促使我国刑法规范得到发展，以解决新型网络犯罪所带来的司法困境。针对反向刷单这一行为，用刑法予以规制具有现实紧迫性与理论正当性。但在其刑法定性之上，需充分结合犯罪构成的基本理论选择合适的罪名。在具体规制路径的考量上，选择"解释论"的入罪路径作为先行之举，能够推动网络市场信用体系的建设，为将来构建针对网络经济犯罪的专门性刑事立法体系做好铺垫。

参 考 文 献

[1] 张明楷. 网络时代的刑法理念：以刑法的谦抑性为中心 [J]. 人民检察，2014（9）：6-12.

[2] 阴建峰，刘雪丹. 网络刷单行为的刑法规制研究 [A]. 赵秉志. 刑事法治发展研究报告（2016—2017年卷）[C]. 中国刑法学研究会，2018：121-130.

[3] 卢代富，林慰曾. 网络刷单及其法律责任 [J]. 重庆邮电大学学报（社会科学版），2017，29（5）：26-33.

[4] 吴琼. 淘宝网上刷单行为的法律规制研究 [D]. 长春：吉林大学，2017.

[5] 崔磊. 我国B2B电子商务信用管理问题研究 [J]. 科技经济市场，2011（4）：73-75.

[6] 叶良芳. 刷单炒信行为的规范分析及其治理路径 [J]. 法学，2018（3）：177-191.

[7] 李世阳. 互联网时代破坏生产经营罪的新解释：以南京"反向炒信案"为素材 [J]. 华东政法大学学报，2018，21（1）：50-57.

[8] 聂春博. 恶意反向刷单案分析 [D]. 锦州：渤海大学，2019.

[9] 王恩海. 反向刷单难构成破坏生产经营罪 [N]. 上海法治报，2019（B06）.

[10] 江兴炜. 网络刷单行为的刑法规制研究 [D]. 泉州：华侨大学，2019.

[11] 曹波、陈娟. 反向刷单炒信刑法规制新解 [J]. 时代法学，2019，17

(6): 34-42.

[12] 吕绳. 电商时代商业信誉、商品声誉的刑法保护 [D]. 北京: 中国政法大学, 2018.

[13] 孙道萃. 破坏生产经营罪的网络化动向与应对 [J]. 中国人民公安大学学报 (社会科学版), 2016, 32 (1): 85-93.

[14] 张明楷. 妨害业务行为的刑法规制 [J]. 法学杂志, 2014, 35 (7): 1-10.

[15] 周光权. 刑法软性解释的限制与增设妨害业务罪 [J]. 中外法学, 2019, 31 (4): 951-966.

[16] 徐虹. 网络交易中虚假信用评价的刑法规制 [D]. 杭州: 浙江大学, 2019.

[17] 王华伟. 刷单炒信的刑法适用与解释理念 [J]. 中国刑事法杂志, 2018 (6): 95-111.

[18] 马克昌. 我国刑法也应以谦抑为原则 [J]. 云南大学学报 (法学版), 2008 (5): 1-5.

[19] 李永升. 刑法总论 [M]. 北京: 法律出版社, 2011.

[20] 孙道萃. 可增设破坏网络市场信用评价罪规制刷单行为 [N]. 检察日报, 2017-09-06 (3).

新型网络犯罪下刑法解释的路径变化

王 帅 周健宇

摘 要••

随着新型网络犯罪的高发，刑法在解释适用的过程中出现了
很多变化，尤以扩张解释为主。但有的解释过于僵硬地理解立法
的原意，忽略了刑法在适用时与社会发展之间的联系。刑法解释
的变化在案例当中多出现在盗窃罪、寻衅滋事罪等常见罪名当
中。而更新的刑法解释虽然会对犯罪进行及时抑制，但往往也会
形成罪与罪之间界限模糊等的负面影响。我们从社会发展的角度
出发，应当通过确立指导性案例、减少空白罪状的立法、明确网
络犯罪之间的界限来减少不适当的刑法解释，从而达到抑制犯罪
和稳定社会秩序的双赢。

关键词••

新型网络犯罪；刑法解释；罪刑法定

【作者简介】王帅，四川轻化工大学法学院 2022 级法律专业硕士研究生；周健宇，四川轻化工大学
法学院副教授、硕士研究生导师。

一、新型网络犯罪下刑法解释变化的渊源

近年来，信息产业迅猛发展。从实践中可以感知到，人工智能、直播带货等产业如雨后春笋，而这些产业的发展都是基于网络的发展。在信息产业迅速发展的同时，新型的网络犯罪也日益猖獗。中国裁判文书网中的数据显示，网络犯罪已然成为我国排名靠前的犯罪类型之一。以帮助信息网络犯罪活动罪为例，在 2020 年以前最多只有 600 多件案件，在 2014 年之前更是只有几十件案件。然而，自 2021 年以来，该类案件数量剧增，增长速度迅猛。其原因在于，随着科技的发展和互联网的普及，网络犯罪分子可以利用先进的技术工具和软件来实施犯罪活动。同时，传统的法律规定与这些新型犯罪之间存在规范与具体犯罪行为之间不匹配的情况。

司法实践中为保持法律规定与实际案件之间的适应性，将一些罪名规定的范围加以适当扩张，通过扩张解释的方式将特定的网络危害行为纳入传统罪名的规制范围，以此来对这些新型犯罪进行规制。司法实践中，部分司法部门直接适用刑法理论中的观点来应对实际案件的需要。从积极方面看，这种做法对

于打击犯罪起到了很好的作用，有利于保障公民的权益，提高刑事的司法权威；从消极方面看，这一做法忽略了法律赋予公民的权利，对于被告人或犯罪嫌疑人来说是不公平的。这对罪刑法定原则造成了一定的冲击[1]。因此在解释的过程中，应该注重刑法的谦抑性与规制新型犯罪之间的问题。

二、变化倾向在实际案例中的体现

随着网络在社会生活当中的普及，网络空间已经成为公民社会生活的主要活动领域之一。同时，违法犯罪行为也在向网络空间逐渐迁移，具体表现为手段的电子化、行为的多样化、受害主体的普遍化等。由于存在空间和时间上的差异性，立法者在立法时很难预测科技水平的发展速度，当然更难预测网络空间也会被用于实施犯罪，因此法律在规制新型网络犯罪时难免会存在一些滞后性和不适当性。与网络犯罪相关的罪名主要包括寻衅滋事罪，盗窃罪，侮辱诽谤罪，侵害英雄烈士名誉、荣誉罪，非法获取计算机信息系统数据罪，帮助信息网络犯罪活动罪等。下面笔者主要以寻衅滋事罪，侮辱诽谤罪，侵害英雄烈士名誉、荣誉罪，盗窃罪为例，对刑法解释在实际定罪处罚中的适用做具体阐释。

（一）寻衅滋事罪

本罪主要是基于对犯罪空间扩张的论证。根据《中华人民共和国刑法》第二百九十三条①，寻衅滋事的行为表现形式是现实型的寻衅滋事；而通过在中国裁判文书网上检索案例发现，从 2013 年起判处的寻衅滋事罪大部分都是网络

---

① 《中华人民共和国刑法》第二百九十三条规定："有下列寻衅滋事行为之一，破坏社会秩序的，处五年以下有期徒刑、拘役或者管制：（一）随意殴打他人，情节恶劣的；（二）追逐、拦截、辱骂、恐吓他人，情节恶劣的；（三）强拿硬要或任意损毁、占用公私财物，情节严重的；（四）在公共场所起哄闹事，造成公共场所秩序严重混乱的。纠集他人多次实施前款行为，严重破坏社会秩序的，处五年以上十年以下有期徒刑，可以并处罚金。"

型的寻衅滋事，其形式主要表现为在微博、朋友圈、快手等网络媒体平台上发布不正当的言论。《网络诽谤解释》规定，在网络空间散布虚假信息造成公共秩序混乱的以寻衅滋事罪论处。但如果按照传统的刑法规定，这些行为不一定能构成寻衅滋事罪。区别的关键在于网络空间是否属于刑法上规定的公共场所。如何判断网络空间是否属于公共场所，在判断标准上是饱含争议的。有的学者认为，以对外开放的程度为标准来判断：如果一个空间任何人都可以自由访问和使用，那么就可以认为这个空间属于公共场所。还有的学者认为，以该网络空间的目的为标准来判断：如果是为了满足公共利益的需求和利益，那么这个空间就有可能被认为是公共场所。而本文认为，判断是否属于公共场所，主要看是否会影响公共秩序。《关于办理寻衅滋事刑事案件使用法律若干问题的解释》对公共场所的范围进行了明确的界定，即公共场所为医院、商场、机场等现实场所。而相比《网络诽谤解释》的规定，在虚拟空间中发布不正当言论，从而造成公共秩序混乱的行为就构成寻衅滋事罪的做法属于对公共场所进行了扩张解释。

（二）侮辱诽谤罪，侵害英雄烈士名誉、荣誉罪

2021年，仇某在新浪微博上发文歪曲卫国成边官兵的英雄事迹、诋毁他们的英雄精神，该论述在网络上迅速传播，引起了大众的强烈愤慨。最后，仇某以侵害英雄烈士名誉、荣誉罪被判处有期徒刑八个月。根据《中华人民共和国刑法》第二百四十六条①，侵害英雄烈士名誉、荣誉罪保护的法益主要是已经牺牲的英雄烈士的名誉、荣誉。根据《中华人民共和国刑法》第二百四十六条②，侮辱、诽谤罪侵犯的是健在的英雄人物的名誉、荣誉。对该案进一步提

---

① 参见《中华人民共和国刑法》第二百九十九条之一规定："侮辱、诽谤或者以其他方式侵害英雄烈士的名誉、荣誉，损害社会公共利益，情节严重的，处三年以下有期徒刑、拘役、管制或者剥夺政治权利。"

② 参见《中华人民共和国刑法》第二百四十六条规定："以暴力或者其他方法公然侮辱他人或者捏造事实诽谤他人，情节严重的，处三年以下有期徒刑、拘役、管制或者剥夺政治权利。"

出疑问，如果行为人侵犯的既有牺牲英雄人物的权益，又有健在英雄人物的权益，该如何处理？

对此可以进行综合分析。首先，文义解释是解释的开始，对于处理犯罪行为起到帮助理解的作用，但不具有决定性。就本案而言，从文义解释的角度来说，各学者对于"英雄"的定义各执己见，从而对最终所要定的罪名产生众多的争议。此时我们可以结合其他的解释方法，从公共秩序的统一性上进行考虑解释并运用。其次，周光权等学者们认为对于侵害健在的英雄的人格的行为，应该从全面保护法益的角度来分析，应当以侵害英雄烈士名誉、荣誉罪论处，这样才能准确评价行为的法益侵害性[2]，从而达到震慑犯罪的效果。概而言之，在实际案件中，如果存在既侵害健在英雄名誉的行为又侵害英雄烈士的名誉、荣誉的行为，应当以侵害烈士名誉、荣誉罪论处。这样才能切实维护社会主义核心价值观，充分全面地保护法益。

（三）盗窃罪

众所周知，传统盗窃罪的犯罪对象仅限于有形的财物。但随着网络水平的不断提高，无形的具有财产性利益的财物逐渐进入我们的生活，比如信用卡、虚拟货币、具有一定价值的游戏装备等。犯罪对象从有形转变为无形。犯罪对象和犯罪行为认定的变化一定程度上也是对传统刑法理论的冲击[3]。

笔者通过中国裁判文书网以"盗窃罪""网络犯罪"为关键词进行检索，发现从 2013 年开始至今，经过裁判的案件由最初一年的 460 件逐年上升为 2020 年的 24 314 件。就司法实践当中的实际案例而言，最具代表性的为许霆案，对于该案至今仍然存在很多不同的观点。学者们主要认为其构成盗窃罪、信用卡诈骗罪、侵占罪、诈骗罪或无罪等。法院最终判决盗窃罪，理由是认为其利用系统故障非法获取他人财产。此外，对于利用网络系统的漏洞非法取走虚拟货币的行为的定罪也有很多不同的意见，其中主要以盗窃罪和诈骗罪争议尤为激烈。这些现象都属于网络时代背景下盗窃罪的扩张。而笔者认为，存在上述分歧的原因主要还是对于犯罪对象的理解有所差异。对于虚拟货币来说，犯罪行为一般都是侵入他人账户进行盗取。对于此行为，有的人认为其构成非法获取、控制计算机信息系统罪，有的直接认为其构成盗窃罪。司法实践中对"财物"的扩张解释使得盗窃罪在对网络虚拟空间犯罪的判决中广泛适用。

三、刑法解释变化的影响

在这个科技飞速发展的时代，人与人之间的关系越来越紧密，我们在享受科技带来的便利的同时，一些变幻莫测的风险也接踵而至。新型网络犯罪正不知不觉地进入我们的日常生活，并且出现得愈发频繁。为了更好地规制这些新型违法犯罪行为，刑法规定的解释出现了一些变化，尤以刑法的扩张解释为主。同时刑法解释的变化随之也会带来一些其他的问题。笔者主要以消极影响为主、积极影响为辅来对刑法解释变化的影响进行阐述。

（一）容易混淆相关犯罪之间的界限

通过上述案例我们可以发现，按照传统的刑法理论规定，原本可以为两个不同的犯罪行为划分出清晰的界限，予以合适的罪名定罪处罚。但是自从新型网络犯罪出现之后，在一些罪名的认定上就开始出现了不同观点。笔者以盗窃罪和诈骗罪为例。按照刑法的规定，盗窃罪是指行为人有非法占有目的，秘密或者公开窃取公私财物的行为；诈骗罪是指行为人有非法占有目的，利用虚构的事实或者隐瞒真相的方法骗取行为人或者公司财物的行为。一个是取得型犯罪，一个是交付型犯罪，在之前是不会在二者的认定上存在其他分歧的。但是在网络空间中，行为人窃取他人的网络密码，在他人没有充分意识时将财产主动转移，这使传统的盗窃和诈骗的认定存在了困难。学界中出现两种观点，都是在构成竞合的情形下区分：一种是按盗窃罪定罪处罚，一种是按诈骗罪定罪处罚。笔者认为，到底是想象竞合还是法条竞合，应当有一个实际的判定标准。

因为盗窃罪和诈骗罪在量刑上是存在差异的，如果模糊认定两者之间的界限就会引起社会公众的不满，也会加大司法办案的难度，不利于司法效率的提高。

（二）容易削弱刑法规定的司法权威

法律对于社会公众来说是具有权威性的，其作为最低标准的道德被社会公众一致认为是不可触碰的红线。而刑法是法律体系中最具有惩罚性的法律，是司法工作者惩罚犯罪、保护公民权利与利益的重要武器。一旦社会中出现乱象，公众都会呼吁利用刑法来惩罚违法犯罪行为，因此刑法在社会当中具有很强的公信力。新型网络犯罪的出现，给社会公众带来不安全感。同时，传统的刑法规定又不能准确对新型网络犯罪行为定罪处罚，因此只有通过扩张解释等方式来使法律规定与现实的犯罪行为达成临时性"契合"。以寻衅滋事罪为例，根据刑法规定，在现实生活中只有破坏社会秩序的行为才有可能以寻衅滋事罪定罪处罚，但是以寻衅滋事罪对网络中破坏网络秩序的行为予以定罪，就会使得犯罪嫌疑人或者被告人因罪刑法定原则对判决产生疑问。此种情况的累积会减少公众对社会治理机制的依赖，从而削弱司法的权威性。

（三）有利于更好地应对实际案例的变化

应该用辩证的眼光去看待问题，刑法解释也是如此。从上述论证来看，一方面，刑法解释的变化会产生削弱司法权威的可能性；另一方面，刑法解释的变化主要是为了适时应对形式多变的网络犯罪，以此来保护公民的合法权益，维护正常的社会秩序。刑法的解释不仅包括扩张解释，也包括文义解释、体系解释、目的解释等多种解释方法。准确地将各种解释方法相结合，能够更好地诠释一些规定，从而得到良好的解释效果。因为众多的解释都基于最初的规定，但是仅仅基于文义解释所划定的范围不能够概括所有的可能性。就新型网络犯罪而言，文义解释不具有前瞻性，所以很容易致使刑法的规定存在一些瑕疵。因此，在灵活运用各种解释方法却仍不能够得到准确的解释结果时，就可以运用主观目的解释或者体系解释来对文义解释进行适当的补充。以破坏计算机信息系统罪为例，其中的数据不应该广泛地指一切计算机信息系统中存储的数据，而应该限缩为对其进行改变后，原计算机信息系统功能本身可以正常运行的数据。这就是在主观目的解释与体系解释的结合下完成的[4]。

四、对于刑法解释变化的合理规制

（一）确立指导性案例明确方向

以上文论述的关于盗窃罪与诈骗罪之间的界限认定为例。为了防止相同类型的网络犯罪案件出现不同的裁判结果，此时可以通过最高人民检察院或者最高人民法院在把握罪与非罪、此罪与彼罪的基础上，结合所审查、审判的案件确立各种新型犯罪的指导性案例，针对不常见的网络犯罪能够做到以统一的标准来确定定罪量刑标准。比如上述仇某在微博上诋毁卫国戍边官兵的英雄精神，最终以侵害英雄烈士名誉、荣誉罪被判处有期徒刑八个月并被责令通过国内主要网站以及全国性媒体公开赔礼道歉，消除影响。之后，学界就该行为应该构成侵害英雄烈士名誉、荣誉罪还是侮辱诽谤罪产生了争议。周光权教授也对此做出解释，现实中的英雄，尤其是获得过国家和军队最高荣誉的英雄，他们为了国家和人民做出了巨大的牺牲，他们用自己的行为践行了社会主义核心价值观，他们是国家和民族的英雄。根据《中华人民共和国英雄烈士保护法》《中华人民共和国民法典》《中华人民共和国国家勋章和国家荣誉称号法》等法律，应该将他们的法益规定在侵害英雄烈士名誉、荣誉罪的保护范围内[2]。所以为了减少争议，可以通过实际的案例来总结司法经验以减少立法的空白，从而减少不适当的刑法解释；同时，从侧面也可以反映出刑法的谦抑性。

（二）减少空白罪状对网络犯罪的立法

刑法解释的本质不仅仅是解释一个问题，而是论证一个问题，需要一个公开公正的论证过程并最终达到一个统一的标准。随着新兴技术的不断发展，人工智能、ChatGpt、云计算等新技术的产生，可能会使得网络犯罪的形式不断变化。我国现与网络犯罪相关的罪名有八个，其中四个罪名的规定都属于空白罪状。空白罪状是指法律条文没有直接规定某一犯罪构成的特征，这种规定对于目前形式不断变化的犯罪有着适应性强、维护法律的稳定性等作用。但如果严格按照刑法罪刑法定原则的要求，行为是否构成犯罪是需要法律明文规定的，而空白罪状的规定在此方面就显得有些欠缺了。由此可见，空白罪状好像与罪刑法定原则之间存在着一定的矛盾。所以如果想尽量避免扩张解释与罪刑法定原则之间产生冲突，在立法中就可以合理减少对空白罪状的运用。

（三）确定新型网络犯罪的解释方向

从构成上来说，网络犯罪的构成和传统犯罪的构成是类似的，同样可以根据不同的行为类型将其进行划分归类。网络犯罪大致分为两种：一种是通过网络实施，但实际上侵犯的是传统法益的犯罪；另一种是针对计算机和网络信息系统安全的犯罪。随着网络技术的发展，有一部分原来只具有现实意义的词现在已具有虚拟含义。比如，盗窃罪中的财产，之前我们会将其理解为金钱等现实存在的有一定价值的财物，而现在也包括支付宝、微信等的信息资料[5]，"金钱"已被电子化。而通过网络侵犯传统法益的犯罪事实上和传统的犯罪主要的区别就在于是否通过电子化的途径实施，它们并没有本质的区别。这种概念一般通过文义解释即可理解，所以没有必要进行扩张解释。而对于针对计算机和网络信息系统的犯罪，刑法解释要在传统规定中存在空白的方面着重考量，在明确此行为机制的基础上，对类似行为进行法律适用。另外也不能以偏概全，将所有具有危害性的网络行为都解释为犯罪行为，应该重视其与网络技术之间的关系，比如有的网络行为虽然具有危害性，但只是由于技术问题才将其定义为是具有危害性的行为，所以要加强对相关技术手段的应用，可以用技术手段进行保护的，就不要动用刑法的严厉手段进行干涉。通过技术手段解决，往往会比运用法律手段更加方便高效，同时也有利于网络科技的发展[6]。

五、结束语

社会在不断发生变化，网络也在持续更迭换代，网络犯罪的形式也会随之变化。因此，为了社会秩序的稳定，相关的法律规定也应该随之更新。法律规定更新之后，不仅需要法律工作者理解运用，更需要人民大众去理解遵循，所以这就离不开刑法的解释，解释是对法律规定的补充。有学者会认为刑法规定只是对现存的犯罪现象进行规制，但是社会发展太快，需要我们的立法者在立法的同时具有一定的前瞻性，让规则在遇到新型犯罪时可以利用刑法解释适时对犯罪行为进行准确规制。同时，在立足我国国情的基础上，寻求与新型网络犯罪相对称的"新型刑法"。我们应该客观看待新型网络犯罪对刑法理论的影响和刑法解释对此的运用。在解释的同时，将符合社会主义核心价值观的理念纳入，运用文义解释进行初级理解，运用主观目的解释简化规范的立法目的，明确规范要实现的保护目的和社会价值，运用扩张解释进行兜底。要充分发挥刑法解释的作用，提高刑法对社会变化的适应性。

参 考 文 献

[1] 涂龙科，周兰曲. 网络刑法解释扩张的路径、原因及其合理限制 [J]. 警学研究，2023（3）：42-50.

[2] 周光权. 法秩序统一性的含义与刑法体系解释：以侵害英雄烈士名誉、荣誉罪为例 [J]. 华东政法大学学报，2022，25（2）：6-19.

［3］涂龙科. 网络支付环境下盗窃罪适用扩张的路径、弊端及其限制研究：基于司法裁判实践的分析［J］. 法学杂志，2017，38（6）：44-53.

［4］陆一敏. 网络时代刑法客观解释路径［J］. 国家检察官学院学报，2022，30（2）：101-120.

［5］张明楷. 侵犯人身罪与侵犯财产罪［M］. 北京：北京大学出版社，2021.

［6］舒登维. 网络犯罪刑法解释立场抉择及边界研究［J］. 政法学刊，2022，39（1）：19-28.

高空抛物罪司法适用的观察与思考

鲜继红　杨　成

摘　要 ·······································

《中华人民共和国刑法修正案（十一）》为高空抛物行为增设单独的罪名，体现了刑事立法对社会公众需要的及时回应，也是匡正以往在司法实践中对高空抛物行为不当定罪的契机。通过研究《中华人民共和国刑法修正案（十一）》生效后高空抛物刑事案件的判决书，以及阅读相关文献，发现司法实践中对于高空抛物行为的处理还存在以下问题：一是对于高空抛物罪与以危险方法危害公共安全罪的区分仍有争议；二是在司法实践中存在着入罪标准不一、同案不同判和罪责与量刑不均衡的问题。应当列明几种构成"情节严重"的常见情形，并规定一个其他情节严重的行为为兜底性条款；并将高空抛物行为造成实际损害后果和造成恶劣影响的情形规定为加重情节，从重处罚，这样才能更好地实现罪责刑相适应。

关键词 ·······································

高空抛物罪；以危险方法危害公共安全罪；司法适用

【作者简介】鲜继红，四川轻化工大学法学院 2022 级法律专业硕士研究生，主要从事基层司法实务研究；杨成，四川轻化工大学法学院硕士研究生导师，主要从事刑法学、犯罪学研究。

一、问题的提出

近年来，随着城市化进程不断推进，大量人口涌入城市，城市的住宅楼层越建越高，高空抛物案件频发，使得人们"头顶上的安全"受到威胁[1]，从而引发广泛的社会关注，用刑罚手段惩治高空抛物行为受到社会舆论的支持[2]。为保护公众"头顶上的安全"，2019 年最高人民法院发布《关于依法妥善审理高空抛物、坠物案件的意见》（以下简称《意见》），为高空抛物行为的定罪量刑提供依据。受此影响，实践中高空抛物行为的犯罪化、以危险方法危害公共安全罪的适用均呈现上升趋势。《意见》施行前后的高空抛物案件以危险方法危害公共安全罪的适用率分别为 32.26% 和 89.47%，足以说明这一问题[3]。高空抛物案件中以危险方法危害公共安全罪的泛化适用问题显著。为更加妥善地治理高空抛物行为，2020 年 12 月，《中华人民共和国刑法修正案（十一）》（以下简称《刑法修正案（十一）》）增设高空抛物罪于"妨害社会管理秩序"一章，法定刑为"一年以下有期徒刑、拘役或管制、并处或单处罚金"，这体现出高空抛物犯罪轻罪化的立法目的，对纠正以往将轻罪予以重判的现象具有重要作用。

"根据犯罪分层理论，纯正的轻罪处于整个犯罪层级的底部，因而处在罪与非罪之间，它所主要面对的是犯罪化与非犯罪化的问题。"[4] 高空抛物罪属于典型意义上的轻罪，它主要面对的也是犯罪化与非犯罪化的问题。囿于高空抛物罪的入罪标准中"情节严重"的规定存在模糊性，以至于司法实践中广泛运用此罪对高空抛物行为进行处罚，不当扩大了刑法的打击面，甚至有些案件将一般的违法行为处以高空抛物罪。通过分析《刑法修正案（十一）》生效后的高空抛物刑事案件的判决书可以发现，在司法实践中此罪的适用还存在以下问题：与以危险方法危害公共安全罪的区分仍存在争议、入罪标准不一、同案不同判和罪责与量刑不均衡等。因此，本文将基于对高空抛物罪司法实践现状的分析，通过具有显著争议性的案件，探寻问题成因，并结合实际提出相应的建议，促进该罪在司法实践中的规范化适用。

二、高空抛物罪的司法适用现状

笔者在中国裁判文书网以"高空抛物"和"刑事案件"为条件进行检索，收集了 2015 年到 2023 年上半年涉高空抛物的刑事案件的裁判文书（见图 1）。

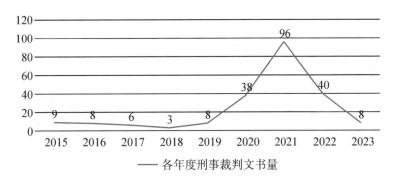

图 1　2015 年至 2023 年上半年高空抛物案件裁判文书量

2019 年《意见》发布之前，司法实践中涉高空抛物的刑事案件数量较少，公布在裁判文书网的总共有 22 例，其中 8 例被认定为以危险方法危害公共安全罪。《意见》发布后，高空抛物案件数量呈倍数增长，2020 年达 38 例，其中 3 例被认定为其他犯罪，其余 35 例均被认定为以危险方法危害公共安全罪。2021 年有 96 例高空抛物案件，其中 5 例被认定为以危险方法危害公共安全罪［其中 2 件在《刑法修正案（十一）》正式生效之前判决］。2022 年高空抛物案件共 40 例，除 2 例故意毁坏财物犯罪外，其余均被认定为高空抛物罪。2023 年上半年仅有 8 例高空抛物案件。

在《刑法修正案（十一）》正式生效之后，2021 年高空抛物相关刑事案件数量急速增长，且案件基本上都适用高空抛物罪进行处罚，这在一定程度上纠正了以危险方法危害公共安全罪泛化适用的现象，但仍有个别案件被认定为以危险方法危害公共安全罪，引起了较大的争议。2022 年的高空抛物刑事判决书数量在 2021 年的基础上大幅下降至 40 例，这意味着增设高空抛物罪的目的得以实现，在预防犯罪方面取得显著成效。

三、司法适用中存在的问题及思考

《刑法修正案（十一）》生效之后，个别案例仍将高空抛物行为认定为以危险方法危害公共安全罪，而不以高空抛物罪论处，引起较大争议，只有明确两罪界限，才能更加合理地对高空抛物行为定罪量刑。同时，由于对"情节严重"规定不甚明确，所以在司法实践中对不同案件中"情节严重"的认定标准不一，甚至存在较大的差异，使得同案不同判以及量刑不一的问题较为突出。

（一）以危险方法危害公共安全罪与高空抛物罪的界限不明

高空抛物罪入刑后，高空抛物案件中以危险方法危害公共安全罪的泛化适用得到有效缓解，大多数的高空抛物案件均能依据高空抛物罪进行处罚。但是，个别案件中关于适用罪名的分歧仍然存在，其中李进忠案引起了较大的争议。

案例一：被告人李进忠因心情不畅在 33 层楼顶平台上饮酒后，将多个"中国劲酒"空酒瓶抛下，砸伤马某头部，砸中停放在楼下的李某的小面包车的前挡风玻璃，造成马某轻伤一级、李某车受损的后果①。原审法院认为李进忠的行为虽然未造成严重后果，但足以威胁到不特定多数人的生命健康和财产安全，其行为已经构成以危险方法危害公共安全罪。辩护人则主张，因案件审理时《刑法修正案（十一）》已经生效，应当以高空抛物罪处罚。最终，李进忠仍被判处以危险方法危害公共安全罪，二审维持原判。

判断高空抛物行为是否符合以危险方法危害公共安全罪的客观要件，需要符合两个要求：其一是犯罪行为"危害公共安全"；其二是犯罪行为属于"与放火、爆炸、决水和投放危险物质危险程度相当的危险方法"。关于是否危及公共安全，根据"危险不特定扩大说"，在人员密集的场所实施的高空抛物行为，虽然可能侵犯多数人的生命、身体，但由于不具有危险不特定扩大的特点，因此不应该认定为以危险方法危害公共安全罪[5]。李进忠从 33 层往下扔下多个空酒瓶的行为，虽然可能危及不特定多数人的生命、身体和财产安全，但是其引起的危险不会在行为实施终了之后继续不特定扩大，所以不足以危害公共安全。退一步说，即使根据传统理论，只要行为有危及不特定多数人的可能性，就属于危及公共安全，李进忠的高空抛物行为也不必然构成以危险方法危害公共安全罪。因为成立以危险方法危害公共安全罪，还需要满足另一构成要件，即犯罪行为是与放火、爆炸、决水和投放危险物质相当的危险方法。显然，此案中被告的高空抛物行为与这几种危险方法的危害性存在实质性的差异。放火、爆炸、决水和投放危险物质这几种危险方法都具有以下特点：一旦发生就无法控制结果且行为终了之后结果范围还会扩大。而本案中李进忠的抛物行为不具有这些特点。综上，李进忠的行为不应当被认定为危及公共安全，从而不应当构

---

① 参见陕西省西安市中级人民法院（2021）陕 01 刑终 561 号刑事判决书。

成以危险方法危害公共安全罪。

案例二：被告人冯某元因个人原因，在住处阳台扔下家里的四个啤酒瓶，砸穿附近雨棚，被抛掷的物品落在居民日常出入口，未造成人员伤亡①。冯某元最终被判处高空抛物罪。冯某元与李进忠的犯罪行为均为从高处抛下多个物品，物品的危险性相当，主观恶性也基本相当，唯一不同的就是李进忠的行为造成了危害后果，而冯某元未造成实害结果，若是以此原因而导致定罪的不同，恐怕难以服众。这体现出一种倾向，也就是高空抛物行为若是造成了实害结果就能够被认定为以危险方法危害公共安全罪，这显然是不恰当的。

综上所述，通过观察高空抛物案件数量的变化可知，高空抛物罪的设立对于高空抛物乱象的预防和治理有着积极的作用，同时减少了以往司法实践中将高空抛物罪重刑化的现象。但是，还存在着此罪与彼罪的界限不清的问题；同时，一些法官还保有之前《意见》中对于高空抛物行为定罪的思维路径，惯性地认为高空抛物行为会危害公共安全，因此在2021年之后的判决中仍会出现"被告实施某高空抛物行为，危及公共安全，情节严重，构成高空抛物罪"这类判决词。在《刑法修正案（十一）》中，高空抛物罪是妨害社会秩序类犯罪，而不是危害公共安全类犯罪，若是认为案件中的高空抛物行为危及公共安全，就应该加以解释说理。"司法裁判的规范化对于司法公信力提升与审判权的恰当行使都具有重要的意义。"[6]正确适用和解释法律、促进司法裁判的规范化，是提升司法公信力与恰当行使审判权的必然要求。

（二）"情节严重"的认定标准不同

"情节严重"是高空抛物行为犯罪化的唯一通道，因此若是对于"情节严重"的判断标准不一，则会产生一系列的问题阻碍本罪立法目的实现，更有甚者可能会将轻微违法行为纳入刑法的规制范围，不当扩大刑法的打击范围。

---

① 参见广东省深圳市福田区人民法院（2021）粤0304刑初901号刑事判决书。

　　"情节"是定量因素，高空抛物罪的成立，不仅要具有高空抛物行为，同时该行为还应当具有造成严重社会危害性的"强度"[7]。通过分析已有案例可以发现，部分案例能够结合行为人的主观恶性、抛物行为的严重性、抛物地点和物品的危险性，以及是否造成实害后果等因素综合考虑犯罪情节，判定高空抛物行为是一般的违法行为还是构成高空抛物罪。但某些案件在处理中对"情节严重"的认定仍存在误区。

　　案例三：被告人因向窗外丢弃 12 枚未熄灭的烟头而被指控为高空抛物罪，并且得到了法院支持，其被判处六个月有期徒刑且不适用缓刑①。在此案例中，法院对于"情节严重"的认定与大部分司法实践中的标准大相径庭，以至于将一个普通的违法行为甚至是一个不道德的行为纳入刑法的惩罚范围之内。被告人虽然实施了高空抛物行为，但是未达到造成严重社会危害性的"强度"，对人身、财产或社会公共秩序没有造成现实紧迫的危险，因此对其予以刑事处罚不甚合理。

　　对"情节严重"的认定，可以借鉴寻衅滋事罪司法解释②的相关规定，并结合《意见》中的相关规定，尽快出台高空抛物罪的相关司法解释，给司法工作人员提供明确的指引，进一步统一入罪标准。总结实践经验、列明构成高空抛物罪的常见情形应当是其中的重要内容。常见情形有：①故意从高空抛危险性高的物品；②多次抛物，或经劝阻仍然实施抛物行为；③在人员密集处抛物，扰乱社会秩序；④因高空抛物受过刑事处罚或行政处罚后再次实施的，并规定其他情节严重的高空抛物行为为兜底性条款。同时，将造成人身损害、财产损失，以及造成其他恶劣影响严重扰乱社会公共秩序的规定为加重情节。比如，恶意连续多次高空抛掷危险性高的物品，即使未造成实际损失和人身损害也应当加重处罚。进一步明确"情节严重"的判断标准有益于避免将不至于处以刑罚处罚的一般性违法行为认定为高空抛物罪，以及避免不当扩大刑法的打击范

---

① 参见北京市西城区人民法院（2022）京 0102 刑初 263 号刑事判决书。
② 参见《关于办理寻衅滋事刑事案件适用法律若干问题的解释》第 4 条的规定。

围，规定加重情节也有益于实现罪刑责相适应。

（三）罪责与量刑不均衡

罪责与量刑不均衡主要体现在两个方面。

其一，量刑与高空抛物行为的危害后果对应不足。虽然高空抛物罪是情节犯，属于具体危险犯，是否造成实害后果不是判断高空抛物罪成立与否的主要因素。但是高空抛物的行为造成的后果严重程度应当在量刑之中得到体现，这是由刑法的罪刑责相适应原则所决定的。并且应当明确统一的量刑规则、科学的刑罚适用体系，尽量做到同案同判、异案异判。从 2022 年的高空抛物案件来看，其中：7 例造成了楼下行人的人身损害；11 例造成了不同程度的物损；2 例造成了楼下人群的恐慌，严重扰乱了社会公共秩序；其余 18 例未造成实际损失。此 18 例与 2022 年的其他高空抛物案件体现出两种不同程度的危害结果，却未在量刑上呈现出应有的区分，许多未造成实际损害的案件最终判决的刑罚比造成了实际损失或人身损害的案件更重。

其二，实刑和缓刑的判定标准不明确。缓刑会影响刑罚实现形态，不同的刑罚形态造成的权利负担是不同的，也就是给被告人带来的法律利益是不同的。与实刑相比，缓刑往往以较轻的方式实现刑罚。因为缓刑不需要到监狱去服刑，只需通过社区矫正进行惩罚，社区矫正对象可以相对正常地工作、学习和生活。因此缓刑会影响刑罚的轻重。根据已有的案例可知，2022 年有 24 例高空抛物案件适用缓刑，占同年高空抛物案件的 60%，而 2021 年的缓刑适用率仅有 37.5%。这意味着实践中对高空抛物行为倾向于轻判，与此同时更要注意适用缓刑的准确性，要根据犯罪情节的轻重，合理适用缓刑，这样才能更好地实现刑罚的目的、体现缓刑制度的效果。通过分析判决书中记载的案件情况可以发现，实践中存在犯罪情节的严重程度与缓刑的适用不对称的问题。

案例 4：被告人为发泄不满情绪推倒麻将机使得机上盖板和麻将牌掉落，

随后又将麻将机其他零部件扔下去，最终对其判决拘役 4 个月缓刑 6 个月①。从此案例中被告人的行为可以看出，他的行为危险性以及主观恶性都非常大，但是最后判处的刑期却很短，且适用缓刑。犯罪情节不仅反映犯罪行为的客观危害大小，而且也反映犯罪人主观恶性程度的高低。在高空抛物类案件中，行为人的犯罪情节是判断是否适用缓刑的主要因素，犯罪人主观恶性应是判断是否适用缓刑的重要因素。犯罪动机是彰显行为人的主观恶性有无及大小的重要因素之一。通过分析可知，高空抛物案件中行为人主要存在以下两类犯罪动机：一是发泄情绪，尤其在酒后该类情况偏多；二是贪图便利。前者的主观恶性相对较大，不应当轻易适用缓刑，否则会造成罪责与刑罚的不均衡。当然主观恶性不是唯一的判断标准，还需要以行为人的犯罪情节的客观危害大小为主进行综合判断。

对于罪责与量刑不均衡的问题，应当构建合理的刑罚层次，指引司法机关对高空抛物罪的定罪量刑制订相对统一的标准。其一，若是满足前文所列的高空抛物罪的常见情形，可根据具体案件中犯罪情节的差异判处管制、拘役、单处或者并处罚金。其二，若是高空抛物行为造成了人身损害和财产损失，或其他严重后果以至于严重扰乱社会公共秩序，应根据实际情况适用 1 年以下的有期徒刑；若是在构成高空抛物罪的基础上同时触犯其他法律，择一重罪处罚。其三，对于缓刑的适用，应当结合行为人犯罪情节的客观危害与主观恶性进行判断。

四、结束语

高空抛物罪的设立体现了积极的刑法观，以及对社会公众需要的重视，其为社会发展中出现的新问题提出了新的解决方案，为惩治高空抛物行为提供了法律依据。高空抛物罪是立法机关在总结以往的司法实践经验之后，为一部分

---

① 参见珠海市香洲区人民法院（2022）粤 0402 刑初 10 号刑事判决书。

无法由现有罪名和法律规定处罚的高空抛物行为所设定的一项轻罪，为惩治高空抛物行为提供了重要的指引，但是其同样不能解决所有类似问题。"大部分的法律都是经过不断的司法裁判过程才具体化，才获得最后清晰的形象，然后才能适用于个案，许多法条事实上是借裁判成为现行法的一部分。"[8]因为社会关系是复杂多样的，一个法律条文不可能涵盖所有的情况，因此高空抛物罪还需要在实践中不断完善。只有不断从实践中总结错误经验和解决疑难问题，才能为高空抛物罪的进一步完善提供可靠的依据。

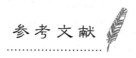

参考文献

［1］何泽，赵青航.＂高空抛物入刑＂保护＂头顶上的安全＂［N］.人民政协报，2019-11-26（12）.

［2］史洪举.以刑罚手段遏止高空抛物这一社会公害［N］.检察日报，2020-07-01（6）.

［3］俞小海.高空抛物犯罪的实践反思与司法判断规则［J］.法学，2021（12）：81-103.

［4］陈兴良.轻罪治理的理论思考［J］.中国刑事法杂志，2023（3）：1-16.

［5］张明楷.高空抛物案的刑法学分析［J］.法学评论，2020（3）：12-26.

［6］雷磊.从＂看得见的正义＂到＂说得出的正义＂：基于最高人民法院《关于加强和规范裁判文书释法说理的指导意见》的解读与反思［J］.法学，2019（1）：173-184.

［7］王煜东.孙国月.实质解释立场下高空抛物罪的限缩适用［J］.河北法学，2022（9）：185-200.

［8］拉伦茨.法学方法论［M］.陈爱娥，译.北京：商务印书馆，2003.

论胁从犯的认定及其刑事责任

丁春燕　熊德禄

摘　要

胁从犯的认定主要包括两方面：定性和定量。定性包括被胁迫的含义——被胁和被迫，受胁迫的对象，并非被胁迫者自身引起且无法摆脱，胁迫发生在参加犯罪前并至少持续到被胁迫者开始犯罪之后，被胁迫的内容与犯罪行为存在直接联系，被胁迫者实施了共同犯罪行为；定量主要是指胁迫程度。我国刑法中对胁从犯的刑事责任规定看似过于严厉，且未区分胁迫的严重程度，但实际上其在鼓励民众维护自己的自由意志和尊重无辜第三人的自我决定权方面发挥了积极作用。

关键词

胁从犯；认定；刑事责任

【作者简介】丁春燕，四川轻化工大学法学院 2022 级法律专业硕士研究生；熊德禄，四川轻化工大学法学院副教授。

一、问题的提出

2022 年 11 月 30 日，江西省高级人民法院对劳荣枝二审宣判：驳回上诉，维持原一审判决——死刑，立即执行。该法院认为，劳荣枝及其辩护律师提出的劳荣枝系胁从犯等上诉理由与二审查明的事实不符，于法无据，依法不予采纳。随后有其他律师指出，在犯罪事实基本认定的情况下，抓住胁从犯这一点进行深挖是劳荣枝的唯一生机，只是劳荣枝的辩护律师没有成功。胁从犯为何能够成为劳荣枝杀害数人后的免死金牌？如何认定胁从犯及其刑事责任？笔者试图针对以上问题进行分析。

二、前提廓清——胁从犯从宽处罚的根据

第一，刑事政策原因。一言以蔽之，胁从犯从宽处罚是"首恶必办，胁从不问"的刑事政策在我国刑法中的积淀。1947 年，《中国人民解放军宣言》中提到"首恶必办，胁从不问"。1963 年，全国人大常委会颁布了影响深远的

《中华人民共和国刑法草案》第 33 稿，将共同犯罪人分为四类，即主犯、从犯、胁从犯和教唆犯。至此，胁从犯正式成为一种独立的共同犯罪人种类。1979 年的《中华人民共和国刑法》（我国的首部《刑法》）采用前述分类方法，并于第二十五条规定："对于被胁迫、被诱骗参加犯罪的，应当按照他的犯罪情节，比照从犯减轻处罚或者免除处罚。"1997 年的《中华人民共和国刑法》（我国沿用至今的版本）最终将胁从犯的规定修改为："对于被胁迫参加犯罪的，应当按照他的犯罪情节减轻处罚或者免除处罚。"

第二，法理依据。一方面，被胁迫人意志自由受限。刑法中的危害行为是表现人的意志自由，客观上危害社会并为刑法所禁止的身体动静[1]。这也契合当今学界承担刑事责任的通说，即刑事责任的根据是行为人具有相对的自由意志。被胁迫参加犯罪的人主观上没有选择的余地，没有时间和机会去维护其自由意志，因此就算客观上实施了危害社会、侵害他人法益的行为，也不存在道义上的可谴责性，是一种可得宽恕行为。在英国[2]和印度[3]的刑法规定中，被胁迫参加犯罪的，在满足相关条件下，甚至不构成犯罪。在我国刑法将一切被胁迫的行为规定为犯罪的背景下，减轻或者免除被胁迫者的刑事责任则是应有之义。另一方面，期待可能性较低。他行为可能性是期待可能性的基础[4]。张明楷教授指出，如果行为人能够回避符合构成要件的违法行为且实施其他行为，行为人便具有他行为可能性[5]。在被胁迫参加犯罪的背景下，如果是面对即刻实现的死伤胁迫，大多数普通人只能听从胁迫者的犯罪命令，且均可以被看作是完全丧失了他行为可能性。对于有一定程度意志自由的被胁迫者，虽然存在他行为可能性，但其程度也有所降低，对行为人不实施胁迫者的犯罪指令的期待可能性也必须相应降低。正如现今的刑法理论认为的一样，期待可能性不仅存在有无的问题（是否阻却责任），而且还存在程度问题（是否减轻责任）。从另一个角度来看，社会中大部分的人在相同情境下都会采取的行为，不能规定为犯罪，或者规定为犯罪但应当有所宽恕，法不责众的道理即是如此，这也是刑法谦抑性的体现[6]。

三、胁从犯的认定

胁从犯的认定从两个维度出发：定性和定量。定性包括六个方面，定量只有一个方面，接下来分别论述。

（一）定性要件

1. 被胁迫的含义

对于"被胁迫"的含义，我国刑法学界主要有两种观点。第一种观点认为，胁从犯中的被胁迫，是指精神上受到一定程度的强制或威胁。在这种情况下，行为人并没有完全丧失意志自由，因而仍应对其所参与的共同犯罪承担刑事责任[7]。第二种观点认为，胁从犯中的被胁迫，是指犯罪人受到"他人的暴力强制或者精神威逼"，"犯罪人虽有一定程度的选择余地，但并非自愿"[8]。两种观点有共同点，即精神上受到强制是被胁迫的一种，并且这种精神强制没有使得被胁迫人完全丧失意志自由，而是有选择的空间或余地；两种观点的不同点在于暴力强制是否可以被囊括在"被胁迫"的范畴之内。

必须承认，暴力通常作为一种威胁的手段。比如抢劫罪和强奸罪均包含以暴力威胁受害人，使之不敢反抗，继而听从行为人的命令或者不采取任何行动的行为。但是必须明确的是，暴力必须作为构成威胁的一种手段，其自身不是终点。在抢劫罪中，行为人采取殴打等手段的同时，不管是通过口头还是书面，或者仅仅是眼神，都完整而清楚地表达了行为人劫取财物的目的；在强奸罪中，行为人实施捆绑伤害等行为，也都伴随着表露其最终目的的动作，如撕开受害人的衣物等。因此，暴力强制要作为被胁迫的一个要件，必须在暴力动作前后附加清楚表露行为人意愿的言语或动作表示，而且该意愿或信号还要让被胁迫者明确接收到。这样，被胁迫者采取的行为才符合此处的"被胁迫"含义。设想一下，甲殴打乙，然后转身进一家商店进行抢劫，这个过程中甲一句话不说或者不做任何带有指示性的动作。如果乙加入甲的抢劫行动，这时可以说乙是被胁迫参加抢劫的吗？

可以得到结论，"被胁迫"有双层含义：一是"被胁"，即"被威胁"，也就是受到了精神上的强制；二是"被迫"，即"被逼迫"从事某种活动。二者缺一，则不能认定为"被胁迫"[9]。换言之，被胁迫就是通过暴力等手段使人在精神上受到一定程度的强制，胁迫必须达到能够抑制精神自由的程度，但是排除意志自由的完全丧失。

2. 受胁迫的对象

概括来说，受胁迫的对象的范围须被限制。一方面，一般情况下与受胁迫者的利益存在高度关联的对象，或者是情感精神方面存在高度牵连和依赖的对象可以被看作是受胁迫的对象，比如行为人本人所有或者所控制的大额财产或行为人本人、父母子女等其他与行为人有特殊亲密关系的人。同时要注意特殊情况，比如有的行为人心理状况不同于一般人，不在乎自己的财产毁损或者不在意其亲属等与自己存在高度牵连或依赖的人的安全、自由和名誉，在这种情况下就不能认为其受胁迫，否则与刑法的立法精神和立法原则相背离。另一方面，胁迫者以前述所列的对象之外的人或物来进行威胁，比如宇宙的毁灭、路人、小猫小狗等，常规情况下被威胁人不能被看作受胁迫的对象。同样，也要注意特殊问题特殊处理，例如在职务上、业务上有特殊规定的人。总的来说，应当在一般社会常理的基础上，结合被胁迫者的个人情况来进行考量。

3. 并非被胁迫者自身引起且无法摆脱

第一，并非被胁迫者自身引起。这里强调的是被胁迫情况的真实性。必须排除以下两种情况：一种是被胁迫者与胁迫者事前通谋，胁迫只是两人合谋后的表演；另一种是被胁迫者在接收到胁迫的信号后，发现胁迫的内容与自己的犯罪故意相一致，于是顺水推舟，参加犯罪活动。这两种情况均不得被认为是

"被胁迫参加犯罪"。若被教唆的人在教唆之前已经实施所教唆罪的决意，则认为教唆犯的教唆行为与被教唆的人实施的犯罪之间没有因果关系[10]，这个结论与第二种情况不能被看作真实的胁迫具有相同的逻辑。

第二，被胁迫者无法摆脱。对于威胁能否摆脱，以下将分为两种情况进行论述。一是，对于即时会实现的威胁，从胁迫者与被胁迫者的双方身体条件（物理力量对比）、双方人数的多少、胁迫发生的环境偏僻程度（出现援救者的概率）、胁迫者使用的工具等方面进行考量。二是，对于未来才会实现的威胁，从胁迫者的隐蔽程度、被胁迫者所能利用的化解威胁的资源和途径等方面进行衡量。

4. 胁迫发生在参加犯罪前并至少持续到被胁迫者开始犯罪之后

胁迫作为被胁迫者参加犯罪的原因，发生在参加犯罪之前，这点是毋庸置疑的。如果是在犯罪过程中才出现的胁迫或参加犯罪前就已经结束的胁迫不属于此文讨论的范围。很多情况下，胁迫并不是一直持续到犯罪行为完成的，那么，在犯罪开始后犯罪完成前终结的胁迫，是不是仍然可以归结到胁从犯所内含的胁迫中呢？有学者认为，在此种背景下，胁迫在行为人形成犯罪决意、实施犯罪行为中仍然起了直接作用，所以答案是肯定的[11]。笔者认为，除了继续犯和持续犯，大多数的犯罪实行过程比较短暂，要区分胁迫持续到开始犯罪之后和持续到犯罪完成比较困难，只要确认犯罪开始后胁迫还是客观存在，就足以绑定胁迫与被胁迫者的犯罪行为之间的联系；另外，犯罪已经完成，胁迫也就没有了存在的意义，自然与犯罪行为一起终结，所以无须讨论胁迫是否持续到犯罪结束之后。综上，笔者的讨论与某学者的讨论殊途同归，答案都是肯定的。

5. 被胁迫的内容与犯罪行为存在直接联系

刑法规定，被教唆者没有犯被教唆的罪，对教唆者可以从轻或减轻处罚。此处的讨论与该条规定类似。教唆者在此种情况下从轻或减轻处罚的缘由是教唆行为与被教唆者的犯罪行为之间的联系被割裂了。犯罪行为实施的动力更多的是被教唆者自己的犯罪决意和对犯罪结果的独立追求。同理，在胁迫的讨论背景下，被胁迫者实施的犯罪行为如果与被胁迫的内容不存在直接联系，则其主观故意的起因不再是刑法所认可的减轻或者免除处罚的事由，也就不成立胁从犯。

6. 被胁迫者实施了共同犯罪行为

被胁迫者实施了共同犯罪行为是胁从犯成立的客观条件和基础要求。被胁迫者参与犯罪活动的时间点可以是在犯罪预备阶段，也可以是在犯罪实行阶段；犯罪行为的实施方式可以是完全受胁迫者指令，也可以是被胁迫者自行创造。犯罪行为一定是发生在胁迫者的犯罪目的之下的，而且在犯罪结果实现的原因力中不可或缺，尽管其所起作用较小。

（二）定量要件

被胁迫的定量实际是指被胁迫的程度。胁从犯的成立对被胁迫的程度有何要求？有论者认为，受胁迫参加犯罪是胁从犯的主观特征，至于他人采用何种方法进行威胁、威胁程度如何，对胁从犯的成立没有影响[12]。也有论者认为，"若某一种胁迫手段还没有达到足以使人去犯罪的程度，就不能认定为胁从犯。对于以揭露被胁迫人的隐私、劣迹，损毁其名誉、人格，以及利用从属关系和求助关系进行的胁迫，原则上就不应当认定为胁从犯"[13]。笔者认为，这两种观点都存在瑕疵。第一种观点对胁迫外延范围规定得太过宽泛，以至于某些细枝末节、微不足道的玩笑话或者假动作都可以被纳入胁迫的范围。后果便是犯罪分子拥有了可大可小的盾牌对抗刑罚，同时也会增加社会矛盾的发生概率。因此，胁迫只有达到能够轻度抑制行为人意志自由的程度，才能被纳入胁从犯的要件。第二种观点则是对胁迫的范围规定得过于狭窄。此前的论述提到，威胁的存在、严重程度和紧迫程度都是以被胁迫者的主观认识标准为基础，以普通人的认识标准为修正补充。不能排除社会中的某一部分人群对于个人隐私、名誉等一般人看来很轻微的胁迫格外重视，因此将此等程度的胁迫直接排除，不利于实现我国刑法保护法益、保障人权的目的。总结来看，胁从犯成立所需要的胁迫程度以胁迫对胁迫对象产生损害的严重性和紧迫性来区分，包括揭露隐私等轻度胁迫、侵害大量财产等中度胁迫和致重伤死亡等重度胁迫。

四、胁从犯的刑事责任

对于与被胁迫参与犯罪类似的被迫行为，国外的刑法有两种规定。第一种是不阻却犯罪的成立，但是不承担刑事责任。如加拿大《刑法典》第十七条：当场受他人以即刻处死或人身伤害相威胁而强迫犯罪之人，如其系相信威胁即将实施而犯罪，并且也未参与预谋或结伙，应免予刑事责任[14]。第二种则是直接宣布为无罪。如英国《刑法汇编》第四十二条：若犯罪者为多人，或因受其他犯罪者之威胁立时有生命危险者，其行为亦得为无罪[15]。

我国刑法规定，被胁迫参与犯罪的，依照犯罪情节减轻或者免除处罚。相较于前述两种对于被迫行为的规定，我国刑法似乎对胁从犯的规定更为严厉。笔者认为，这样的规定是从我国的刑法传统出发并与我国司法现状相适应的，有其合理性。理由如下。

首先，胁从犯中的胁迫与国外立法中规定的被迫行为内涵不尽相同。国外的被迫行为中的胁迫都是指即刻实现的重伤死亡，相当于我国的重度胁迫[16]。被迫行为被直接宣告为无罪或者不承担刑事责任与我国紧急避险的规定类似，但又有不同。对于来自人的重度胁迫——即刻实现的重伤死亡，行为人选择牺牲第三人的生命的行为直接被规定为无罪或者不负刑事责任，是否合理？保护的是生命法益，牺牲的也是生命法益，无法衡量孰轻孰重。这便是与紧急避险的不同之处。有学者指出，人的死亡威胁不同于自然灾害的威胁，因为前者是双向的，存在沟通的可能，而后者是单向的[17]。也就是说面对重度胁迫，直接转嫁危险，剥夺他人生命的行为是有被谴责空间的。我国对于胁从犯的规定看似过于严厉和不区分胁迫的严重程度，但其在鼓励民众维护自己的自由意志和尊重无辜第三人的自我决定权方面发挥了积极作用。

其次，发挥法的规范作用。在被胁迫参与犯罪的背景下，行为人的主观恶性和人身危险性都极小，对社会的危害性也不大，对行为人施加刑罚或者稍重的刑罚似乎不符合罪责刑相适应原则。某种行为被规定为犯罪后，如果把随之而来的行为人的名誉受损、心理负荷加重、个人履历背景上的"黑历史"等无形的影响视作制裁的一种，也能够对犯罪人本人产生指引和强制作用，对其他一般人起到教育和指引作用。

最后，维护我国刑法规定的各类刑事责任平衡。一方面，在我国刑法中，胁从犯的社会危害性与防卫过当特别是避险过当极其相似，而防卫过当、避险过当都应负刑事责任。为保证刑法公正，对胁从犯也应追究刑事责任[18]。另一方面，《中华人民共和国刑法》第二十七条规定，对于从犯，应当从轻、减轻处罚或者免除处罚。那么对于作为与主犯从犯相并列的独立共犯人——胁从犯，就不能直接规定成无罪或者成立犯罪但是不负刑事责任。

五、结束语

胁从犯是我国刑法理论界的独创，尽管面对很多质疑，但是在我国当前的刑法发展阶段和刑事司法环境中，仍然有其必要性和合理性。对于胁从犯的认定和刑事责任，本文提出了一些见解，疏漏之处还望后来的论者补充和完善。

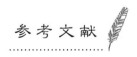

参考文献

[1] 贾宇等. 刑法学 [M]. 北京：高等教育出版社，2019.

［2］萧榕. 世界著名法典选编（刑法卷）［M］. 北京：中国民主法制出版社，1998.

［3］赵炳寿等. 印度刑法典［M］. 成都：四川大学出版社，1998.

［4］山口厚. 刑法総論（補訂版）［M］. 有斐閣，2005.

［5］张明楷. 期待可能性理论的梳理［J］. 法学研究，2009（1）：60-77.

［6］李立众. 略论被迫行为及其借鉴意义［J］. 政法论丛，1999（5）：25-27.

［7］黎宏. 刑法学总论［M］. 2版. 北京：法律出版社，2016.

［8］阮齐林，耿佳宁. 中国刑法总论［M］. 北京：中国政法大学出版社，2019.

［9］刘明祥. 论胁从犯及其被胁迫的要素［J］. 当代法学，2020（34）：94-103.

［10］贾宇等. 刑法学［M］. 北京：高等教育出版社，2019.

［11］刘晓军. 论胁从犯的几个问题［J］. 中国刑事法杂志，2000（4）：23-28.

［12］姜伟. 犯罪形态通论［M］. 北京：法律出版社，1994.

［13］陈忠槐. 略论胁从犯［J］. 法学研究，1986（5）：26-29.

［14］卞建林等. 加拿大刑事法典［M］. 北京：中国政法大学出版社，1999.

［15］萧榕. 世界著名法典选编：刑法卷［M］. 北京：中国民主法制出版社，1998.

［16］刘明祥. 论胁从犯及其被胁迫的要素［J］. 当代法学，2020（34）：94-103.

［17］柏浪涛. 三阶层犯罪论体系下受胁迫行为的体系性分析［J］. 政治与法律，2011（2）：82-90.

［18］刘晓军. 论胁从犯的几个问题［J］. 中国刑事法杂志，2000（4）：23-28.

论现有侦查监督与协作机制中
警检协作办案中的问题与完善
——以江苏省侦协办为切入点

唐 果 缪 锌

摘 要 ···

《关于健全完善侦查监督与协作配合机制的意见》这一文件，明确要求检察机关要在公安机关设立侦查监督与协作配合办公室（以下简称"侦协办"），这标志着检察机关对侦查的监督在诉讼过程中得以常态化地提前进行，并且侦协办的设立得以让本院捕诉机关的工作效率和职权行使公正性得到进一步提升，有利于更进一步构造警检一体的大控方诉讼体系。目前，侦协办已经实质化试点运行于我国个别地区的司法实践中，如四川省、江苏省、河北省等，但是因为法律规定不到位，以及因侦协办初设，相关人员对职责理解不到位等问题，在司法实践中侦协办与公安机关的监督与协作关系尚未达到法律预期效果，尤其是在信息共享不到位、办案理念不通、侦协办职能行使混乱这几个普遍性的痛点难点问题上尤为突出，极大影响了警检之间的办案协作关系，以及侦协办预期法律效果的达成。本文以目前江苏省检察机关的侦协办建设为切入点，在此基础上通过对上述痛点难点问题进行分析，针对性地给出相应的解决对策，以促进现有格局下侦协办的建设。

关键词 ···

侦协办；侦查监督；警检协作

【作者简介】唐果，四川轻化工大学法学院 2022 级法律专业硕士研究生；缪锌，四川轻化工大学法学院副教授。

一、绪论

侦协办的成立标志着在侦查阶段检察院对于侦查活动可以常态化地提前介入，便于对侦查全过程行使监督权，极大改变了之前检察机关在刑事案件中大多只能通过侦查阶段形成的卷宗来被动接收信息进而对案件进行分析研判的局面，并且这也标志着在侦查阶段公安机关和检察院在诉讼流程里的监督制约关系、配合协作关系等办案中的组织和办案职权配置模式在某些方面发生了新的变化。随着新的警检协作办案机制因侦协办的产生而出现，法律规定不明以及相关人员对职责理解不到位等问题也随之而来，这使得在实践中，侦协办在此关系下的职权行使、协作配合等问题不断。而是否能对这些新产生的矛盾、问题进行行之有效的解决，则直接关系到阶段性司法改革中警检协作能否发挥出更大合力，并进一步形成检控共同体的格局。

所以本文着重基于侦协办这一角度，以江苏省检察机关的侦协办建设为切入点，通过分析其侦协办建设的现有经验及相关实践案例，并结合现有的关于侦协办建设分析的相关调研成果，着重针对侦协办设立后，侦协办与公安机关在新产生的侦监协作体制下的突出问题及其深层次的原因进行分析论证，进而给出合适的解决方案。

二、现有侦监协作体制下警检协作办案中存在的问题

（一）因信息共享不畅而导致流程衔接效率低下

其一，目前，检察院和公安机关对于办案中的各种案件信息以及证据信息均设独立的内部专网进行储存，但目前在大部分地方，公安机关和检察机关之间的内网信息互不相通，无法做到信息直接共享[1]。以江苏省为例，虽然从方便办公办案、利于规范安全的角度来看，公安刑侦、预审、法制和侦协办检察官能在同一办公区"背靠背"式合署办公，但是检察机关要调取卷宗之外的其他信息则必须通过线下审批借用公安机关渠道从公安机关的专网上进行信息查询，并且侦协办在进行案件查询后仍然需要再将公安内网的信息同步到自己的内网，以便捕诉部门后续决策，由此一来效率十分低下。虽然江苏省针对性地推出了特定的公检案件信息共享平台，如刑事案件快速办理中心，加强了信息共享的力度，但是总体来说案件信息共享量和细致度仍然不足，即使部分缓解了案件信息流转中共享不畅的问题，但是对于捕诉检察官在面临批捕和变更强制措施时所需要参考的如社会危险性、变更强制措施的现实条件等其他的案件，以及嫌疑人的更深层次信息的共享而言却依然不足。信息共享不畅，轻则造成强制措施使用和变更不及时，重则造成误判进而错误使用强制措施，导致当事人权利受损，更不利于"少捕慎诉慎押"理念的实现。

其二，目前，大多数侦协办尚未与公安和捕诉部门建立常态化的多边沟通机制，而这会让侦查到审查的起诉流程中的信息沟通出现大量纰漏[2]。目前检察院侦协办不仅是检察监督的常态化前移，而且也在一定程度上充当了警检沟通的桥梁，无论是第一时间对侦查进行纠错与协助，还是为捕诉部门后续工作

的开展进行辅助，都需要及时全面了解案件信息，而在无常态化沟通机制的情况下，侦协办往往只会成为被动的信息接收方，进而无法主动全面地收集信息并在第一时间发现问题的同时进行纠错。此外，即使如江苏省实行了侦协办常驻人员办公，并形成"一检一站二局七所"协同联动体系，但是若没有一个内部常态化的沟通渠道，检察机关依然只能在案卷形成前被动接收信息，进而无法形成预期的闭环式无缝监督与案件衔接，使得诉讼流程被过分拖累[3]。

（二）职能行使划分不清晰导致职能重合与局限

在目前的司法实践中，以检察监督为主的外部监督对侦查起了主导的监督作用。但是随着侦协办的建立，公安机关所面临的检察监督不仅有来自侦协办的，更有来自其对接检察院捕诉部门的，而正因如此，侦协办和院捕诉部门在职权属性上存在着天然的竞合，再加上在此领域尚无具体法律法规来细致规定两者职权范围边界，进而在司法实践中，侦协办和捕诉部门职能相互重合与挤压的现象时有发生[4]。

此外从江苏省的实践情况来看，侦协办人员安排主要是采取"专职常驻"或"常驻加轮值"两种方式，从捕诉部门抽调一定数量的检察官直接常驻于公安一线办案机关的办案驻所，而正因为目前尚未有全国性质的侦协办工作细则来明确权力边界，且同时囿于传统捕诉部门监督理念，侦协办的监督活动依然主要局限于在侦查阶段对案件进行研讨、决定立案与否、对简易案件进行繁简分流、进行证据核查等为协助公安侦查和捕诉部门后续工作的辅助性工作。而这也导致了侦协办的工作在事实上处于轻监督、重协作的模式，对于侦查并未做到监督与协作并重。

（三）办案理念不通导致协作效率低下

检察机关和公安机关虽然同属检控职能共同体，但是在案件办理中的办案理念上却存在诸多不同，公安机关身为刑事侦查机关，其主要是通过侦查手段去认识、分析案情并收集证据，需要经常使用强制手段来解决案件侦查中的问题，理念上强调快准狠打击犯罪，行为暴力性较强。检察机关则侧重证据审查与法律适用，强调无罪推定，疑罪从轻。其突出保障人权的导向较为明显。也正因如此，双方往往会在侦查中的一些重要环节产生严重分歧。例如在一些地区，公安机关会将立案数以及立案后的撤案率作为考核指标，而这会导致在案件研判中公安机关在进行立案研判时往往倾向于立案，并且对于检察机关撤案的相关建议也往往不愿意采纳，而这也就导致警检在办案协作中不能有效形成共识和合力[5]。

在刑事侦查过程中，检察机关作为法律监督机关，在侦查实务上其专业性往往不如公安机关，特别是对于公安机关的侦查思路、预审模式、证据甄别等侦查专业性工作熟悉程度不高。而正是因为此情况，检察人员在监督和协作侦查时的工作理念有时会使得侦监协作活动无法在不影响侦查效率的情况下展开。

三、现有侦监协作体制下警检协作办案中的问题的分析

（一）现有信息共享和沟通机制问题之分析

随着对以审判为中心的诉讼格局构造的不断深化，警检双方的联系日益密切，所以双方是有着共同的诉讼目的的大控方共同体。正因如此，要在新合作背景下提高办案效率，警检之间拥有常态化的案件信息沟通平台的重要性则不言而喻。且目前警检信息共享与案件信息交流共享最大的阻碍就是平台不通，这导致了信息共享能力低下，以及侦协办、公安机关、捕诉部门之间的多边常态化沟通机制的缺失[6]。

如在江苏省发生的某非法采砂案中，侦协办及时派员介入监督协作，其检察人员虽然通过梳理分析讯问笔录、通信聊天记录、记账单、银行流水等证据材料，针对涉案海砂批次、成分、数量和价值、涉案人员范围以及与采砂方是

否存在事前通谋等焦点问题提出了具体的检察建议，但此案件中与上述信息相关的第一手直接证据和电子数据早已被公安机关加以固定和封存。而也正因为警检案件信息共享平台的缺失，侦协办人员只能在 2021 年 10 月 16 日、2022 年 4 月 22 日两次通过公安机关的渠道进行证据调取并给出补充侦查意见，耗费时间长，严重影响了诉讼效率。

针对本案中两大疑难争议点——一是核实其他运输船出资人是否参与非法采砂；二是核实船员是否只单纯提供劳务，是否参与利润分成或者领取高额固定工资——侦协办多是以检察建议和补充侦查意见等被动接收信息而后反馈的方式来进行监督反馈交流，而并非以和公安机关通过常态化联席会议的方式主动进行意见交换，并在会议中听取公安的意见的同时给予指导[7]。

就警检双方信息平台信息不通之问题而言，因为公安机关的内部执法办案信息平台属于一站式平台，包含信息众多，信息范围广泛，不仅有刑事案件信息，更有其他诸如行政、治安等刑事范围外的信息，并且其中不少信息甚至是关系到个人隐私的等重大信息，不宜过多进行系统外分享；再加上公安机关处于侦查主导地位，对前期案卷的构建起到了绝对主导作用，所以其对其他机关介入具有天然的排斥性，进而公安机关对其他机关主动进行信息共享的意愿较弱。

而同样，侦协办、公安机关、捕诉部门之间的多边常态化沟通机制缺失，原因主要是在目前司法实践中，检察机关依然缺乏一定的主动监督意识以及主动介入侦查进行监督的渠道，导致检察机关在大多数情况下缺少对案件办理时进行主动审查以及事后跟踪监督的意识，再加上信息共享不畅，双方的信息沟通意愿也随之下降[8]。

（二）侦协办职能行使划分不清晰问题之分析

正如前文所说，目前侦协办人员配置大多数还是以捕诉部门检察人员抽调组成，所以这就造成捕诉部门的工作经历导致其依然存在工作理念惯性，以侦监检察官身份行捕诉职能之实。再加上如江苏省一些地区的侦协办能直接先行对一些侦查关键事项如立案撤案做出先行决定，进而其职权行使会与捕诉部门原有的常规职权产生进一步冲突。而正是职能不清再加上存在工作理念惯性，导致侦协办的职权行使往往普遍局限于在侦查阶段引导侦查取证、强制措施预先审查等捕诉部门的常规监督协作活动，侦协办在某些时候实质上成为"捕诉部门分部"，即一个单纯的派出辅助机构[9]。

　　例如在江苏省发生的一起网络"隔空猥亵"儿童案中，区检察院侦协办虽然主动进行了立案监督，并引导侦查，但其几乎是根据捕诉部门的指示来开展这一系列引导侦查与监督活动的，其活动重点亦是放在了针对公安机关证据收集进行指导、对案件性质认定进行指导等传统工作领域；并且在此案中，公安机关对犯罪嫌疑人使用的手机进行扣押、进行电子数据勘验等侦查行为，亦主要是在捕诉机关的直接指导下展开的。而这也是侦协办在司法实践中有时仅仅只是捕诉部门职能前移的一个从属性辅助角色的典型表现，并未切实体现出自身独立的监督与协作并重的职权特色，以及独立充当警检协作间的"桥梁"的作用[10]。

　　（三）警检办案理念不通问题之分析

　　尽管公安机关和检察机关在以审判为中心的格局中是检控职能共同体，但是由于它们隶属不同的机关类别，具体的权力功能以及权力行使环境大不相同，这造就了它们不同的办案理念。公安机关强调从严打击犯罪的理念，所以在办案中会天然地存在证据获取优位的理念，进而在人权保障和证据合法性上会产生忽视情况。而这与检察机关"少捕慎诉慎押"和保障人权的理念产生了严重冲突，使得二者在后续办案中产生分歧。例如，针对立案撤案、证据搜集方式，双方有时会互不相让、争执不休，而这不仅会让警检关系进一步紧张，还会过分降低诉讼效率并直接影响侦查过程[11]。

　　因为检察机关的职责是行使法律监督职能，所以其在过往的司法实践中对于侦查活动也多是行使如对侦查行为、证据收集的合法性进行审查，以及对案件定性提供法律建议等法制审查和协助职能，而这也造成了检察机关在案件中对公安机关的具体侦查实务及其相关侦查理念的不通，进而造成检察人员机械适用法律规范、不顾具体现状而强加己方的办案理念等问题。最终，侦监协作活动有时会在影响侦查效率的情况下开展。

四、现有侦监协作体制下警检协作办案中问题的解决

（一）加快警检刑事案件信息共享平台建设，完善信息共享机制

第一，若要提升警检信息共享的效率，就必须在警检之间设立一个全国范围内通用的刑事案件信息共享平台，只有这样，才能保证双方之间的信息即时互通；但是，若该共享平台只能主要进行案件速裁、繁简分流以及卷宗信息流转，则亦不能在根本上解决问题。所以，公安机关应将所办理刑事案件的所有信息材料、证据以及案件相应的处理状态发布到该共享平台上，将刑事案件从受案、立案、侦查到最后的撤案或移交审查起诉等处理状态，以及案件全过程中的相关材料进行实时更新并全方位上传。

第二，若要加强警检沟通，则应根据实地条件，建立起相应的常态化的公安、侦协办、捕诉部门的多边常态联席会议制度，警检双方便可及时对侦查过程中的分歧进行全面商讨进而及时有效处理问题，从而避免因意见信息不通而造成长时间互相推诿的情况。对于重大疑难案件，也应设立公安机关强制听取侦协办意见的制度，即对重大疑难案件，公安机关应先就立案与否、侦查取证方向、强制措施种类与适用等关键事项征求侦协办意见，并且在案件侦查中，对于所遇见的疑难问题也应及时向侦协办报告并听取侦协办的意见，侦协办应第一时间做出研判，以保证办案的公正性以及效率。

（二）明确侦协办的具体职权划分

侦协办的设立使得在侦查阶段公安机关的检察监督在实质上一分为二，再加上双方现有的职权范围边界的规定尚不明确，所以双方职能行使互相竞合与挤压。要厘清侦协办与捕诉部门各自的权力界限，必须首先明确侦协办的职能定位。在笔者看来，侦协办的存在意义即是检察机关对侦查的监督行为的延伸，通过常态化的提前介入式的监督来补足捕诉部门的信息收集不足，在捕诉部门职能未覆盖的范围内行使检察监督，并与公安机关就案件侦破展开协作。也就是说，侦协办在对侦查进行常态化提前监督与协助的同时，充当警检交流沟通的桥梁。

所以，对侦协办较为合理的职能规定应是：在侦查阶段全过程对办理案件进行法制监督并详细了解案情，着重对侦查中证据收集、预审、强制措施适用等侦查行为的合法性进行审查，并及时向公安机关提出纠正意见或检察建议；同时在侦查过程中对公安机关展开类案指导，提供法治建议和咨询，对已提出的补充侦查意见进行完善，对检察建议的执行情况进行事后监督审查；在案件流转至捕诉机关时，为捕诉机关的强制措施的变更与批准、起诉与否提供相关意见，以供其做决策时参考。

（三）加强警检办案理念沟通，统一侦协办协作理念

可以从三个方面在根源上解决警检办案理念不通的问题。

首先，警检双方应多开展线下业务学习交流活动，多通过线下调研、走访、业务交流、互派人员学习等方式来提升公安人员对法庭调查、证据合法性认定等证据规则的认知以及打击犯罪与保障人权并重的司法理念的认知，同时促进检察人员了解公安机关现有的侦查实务状况。在对警检相关人员进行岗前培训时可进行同堂合训，进而在警检之间形成初步的办案共识。

其次，在实践办案中，警检双方应多通过常态化联席会议进行商讨、交换

意见，进而在客观上创造出能进一步强化警检双方合作关系的条件。

最后，侦协办作为检察机关在侦查阶段职能的延伸，其亦负担着对公安机关提供法治帮助并协助本院捕诉部门开展后续工作的职能，所以侦协办的协作理念应主要围绕着这一事项展开，即通过常态化的联席会议以及重大疑难案件问题报告制度及时为公安机关在行为性质认定、侦查取证方向、强制措施适用等重要环节提供法律意见。因此，侦协办在案件进入审查起诉阶段时，能有充分的案件了解度来为捕诉部门的补充侦查与否，起诉与否以及起诉罪名认定、刑期长短建议等重点事项的决策提供充分的参考信息[12]。

五、结束语

侦查与监督协作办公室是阶段性司法改革里的重要一步，目前已在部分地区试点运行，其设立对于进一步构建以审判为中心的诉讼体系至关重要，所以本文以江苏省侦协办建设与职能行使现状为切入点，结合相应的实践案例来对警检沟通不畅、职权划分不清晰、警检工作理念不通、监督协作理念不通这四个目前侦协办工作中的痛点、难点问题进行剖析，并给出相应解决方案，以促进侦协办的进一步建设。

同样，除了上述问题，在现有侦监协作体制下，在如何进一步保证刑事辩护全覆盖、保证律师辩护权得以更充分行使等问题上，亦需要有关部门针对现有体制出台政策和法律规定，以维护现有刑事诉讼体系改革的成果。

此外，在侦协办设立后，要使侦协办的现有优势与公安机关的内部监督形成合力，从而更有效地对侦查过程中的执法办案问题进行预防和及时纠错，更是需要在立法上再下苦功。

参考文献

[1] 王德胜，章静，黄钰. 浅议侦查监督与协作配合机制 [J]. 中国检察官，2023（5）：33-37.

[2] 薛正俭. 推进侦查监督与协作配合办公室有效运行的路径 [J]. 人民检察，2022（18）：49-52.

[3] 姜昕，苗生明，李玉华等. 侦查监督与协作配合机制的准确理解与有效运行 [J]. 人民检察，2022（15）：37-44.

[4] 刘晓涛. 侦查监督与协作配合机制运行难题及对策 [J]. 人民检察，2022（17）：62-64.

[5] 周标龙. 警检配合与侦查监督 [J]. 衡阳师范学院学报，2012，33（4）：44-48.

[6] 刘铭. 司法改革新语境下再论警检关系 [J]. 警学研究，2019（1）：113-122.

[7] 徐日丹. 依法精准打击涉海砂违法犯罪 提升侦查监督与协作配合质效 [N]. 检察日报，2023-06-09（1）.

[8] 刘潇雨. 新时代警检关系的反思与重构 [J]. 广西警察学院学报，2023，36（1）：60-67.

[9] 李光奇，张登银，刘文慧. 推动侦查监督与协作配合办公室有效运行的实践与思考 [J]. 中国检察官，2023（16）：34-37.

[10] 林喜芬. 公检侦查监督与协作配合机制改革与前瞻 [J]. 国家检察官学院学报，2023，31（5）：58-76.

［11］王方林，柳慧敏，钱诚等侦查监督与协作配合机制的健全与完善
［J］. 人民检察，2023（14）：22-25.

［12］薛应军. 扎实推进侦监协作办公室规范化实质化长效化运行［N］. 民
主与法制时报，2022-09-14（1）.

检察+公证：轻微刑事案件赔偿保证金提存制度探析

魏鑫鹏 缪 锌

摘 要

司法实践中，赔偿保证金提存制度在轻微刑事案件中被各地检察院高频率适用。作为协商性司法之补充，这一"检察+公证"的新模式具有其合理性与必要性。结合四省份司法机关对于该制度的规定及相关的司法实践来看，在司法实务中适用赔偿保证金提存制度仍然面临着一些阻碍。对此，本文建议通过对赔偿保证金提存的适用案件范围进行统一、明确提存的数额标准，并建立高效运行机制等措施，促进该制度的进一步发展。

关键词

赔偿保证金；轻微刑事案件；刑事和解；恢复性司法

【作者简介】魏鑫鹏，四川轻化工大学法学院 2023 级法律专业硕士研究生；缪锌，四川轻化工大学法学院副教授。

一、问题的提出

恢复性司法（restorative justice）是指在特定刑事犯罪案件中，在社区等第三方参与下充分运用对话协商机制，通过犯罪人主动承担赔偿责任的方式来获得被害人谅解，进而免除犯罪人的刑罚，使得社会关系得以修复的一种替代性司法活动[1]。赔偿保证金提存制度具体指在轻微刑事案件中，因被害人一方不合理的赔偿诉求或无法与被害人取得联系等原因，双方无法达成和解协议时，犯罪嫌疑人主动向检察机关表明其赔偿意愿并向公证机关缴存一定数额的保证金后，可以认定其具有自愿赔偿的意愿和认罚表现，从而依法对其适用非羁押强制措施或者在审查起诉时予以酌情从轻考虑[2]。多地检察机关对推行赔偿保证金提存制度进行了广泛而深入的试点。司法实践中对"赔偿保证金提存"一直存在较大的质疑，因此仍然需要理论的研究阐释。本文从轻微刑事案件赔偿保证金提存制度的合理性及必要性出发，探究该种诉讼保障制度在司法实践中日益发展的成因，在此基础上分析试点工作中的困境，最后提出相应建议，以期为赔偿保证金提存制度的合理适用提供参考。

二、"赔偿保证金提存"在轻微刑事案件中适用的合理性分析

（一）体现恢复性司法的理念

恢复性司法不同于传统的"报应性司法"，恢复性司法是对犯罪行为所做出的系统性反应，其突出作用在于恢复因犯罪行为而给被害人及社会所带来的伤害，主要包括恢复性过程及恢复性结果两部分[3]。与传统刑罚理论主要通过国家对犯罪人施加一定刑罚来实现正义相比，恢复性司法理念更加注重对受损的社会关系的恢复，其作为一种新的犯罪处遇模式，弥补了现行报应性司法的不足[4]。在赔偿保证金提存制度中，预先将赔偿款进行提存的最终目的就在于及时弥补被害人及其家属等受到的损害，以恢复受损的社会关系。所以，赔偿保证金提存制度也可以被视为是在恢复性司法理念指导下的恢复性司法程序。

（二）符合认罪认罚从宽的要求

早在我国刑事和解制度的试点时期，指导犯罪嫌疑人主动缴纳赔偿保证金在司法实务中已经成为很多检察院的"惯常做法"，但这种做法始终缺少明确的法律依据。在2018年《中华人民共和国刑事诉讼法》首次将认罪认罚从宽制度纳入法律规定后，赔偿保证金提存便可以通过"认罚"的自愿性来增加正当性方面的依据。一方面，犯罪嫌疑人的悔罪态度和表现是司法机关考察犯罪嫌疑人是否"认罚"的重点，应当将退赃退赔、赔偿损失等因素进行综合考量。因此在无法达成和解的前提下，可以将赔偿保证金提存看作犯罪嫌疑人的悔罪表现，符合"认罚"的要求。另一方面，"从宽"不仅包括量刑上的从轻，也包含强制措施的从轻，对已经提存保证金的嫌疑人不予逮捕或变更强制措施，符合"从宽"的要求。

（三）彰显"宽严相济"的刑事司法政策

司法政策的制定和出台应顺应社会发展趋势，推动和指引司法活动的进行。

宽严相济的刑事司法政策是我国司法机关在长期刑事司法活动中形成并发展起来的一项基本政策，具有指导我国刑事立法与司法的重要作用，对于检察机关在处理轻微刑事案件中更加合理地运用裁量权具有重要意义。根据《最高人民检察院关于在检察工作中贯彻宽严相济刑事司法政策若干意见》第七条之规定，各级检察机关在办理案件过程中，必须严格依法掌握逮捕条件，充分考虑逮捕的必要性，对于可捕可不捕的案件做出不予逮捕处理。应当说，宽严相济政策为赔偿保证金提存制度提供了坚实的政策基础，而赔偿保证金提存制度也是贯彻落实宽严相济政策的新型刑事案件解决机制[5]。

三、"赔偿保证金提存"在轻微刑事案件中适用的必要性分析

（一）破解刑事和解瓶颈的必然需要

追根溯源，轻微刑事案件赔偿保证金提存制度的产生发展与刑事和解制度息息相关。在我国刑事诉讼中，与被害人达成和解是司法机关对犯罪嫌疑人、被告人变更羁押性强制措施、酌定从轻处罚的重要判断依据。其本意是通过被害人和加害人的协商和解，强化被害人在刑事诉讼中的地位、及时弥补被害人损失，有助于犯罪人真诚改过自新、早日回归社会。一直以来，法律监督机关出于其定位，以及检察机关对当事人和解普遍采取谨慎态度，其一般情况下不会介入。然而，现行法律对刑事案件中和解的赔偿问题并没有做出详细的规定，缺乏明确、细化的赔偿标准，致使司法实践中出现受害人"漫天要价""借罪谋财"的异象，导致矛盾纠纷久拖不决、刑事和解率下降、刑事和解制度无法发挥化解矛盾的作用。在此情形下，为最大限度保障当事人合法权益，避免出现"两败俱伤"的局面，部分检察机关积极探索折中处理的新路径，刑事案件赔偿保证金提存的思路应运而生[6]。

（二）减少审前羁押的必然选择

经过几十年的发展，我国刑事案件发生显著变化，重罪比例不断降低。在此背景下，"小案"成为检察机关的重中之重。2022年全国检察长（扩大）会议提出"用心用情办好小案"的要求，要求各级检察机关重视化解矛盾，提高轻微刑事案件的办理质量。这就明确表明，轻微刑事案件办案检察官绝不能轻易批准逮捕、起诉，要充分关注此类案件的症结所在，积极调解，促进双方矛盾化解，做到案结事了人和。司法实务中，这些典型"小案"的案件办理质量普遍不高，以轻伤害案件为例，诉前羁押率从2018年54.9%降至2022年26.7%，不捕率从22.1%升至43.4%①，不批捕比率仍然较低，捕后轻缓刑比重较大。在司法实务中，犯罪嫌疑人与被害人就赔偿数额无法达成一致意见、矛盾纠纷得不到实质性化解时，承办检察官往往面临上访及事后追责的风险，因此极少能够直接做出不捕决定，普遍将不和解、不赔偿作为主要羁押事实[7]。将赔偿保证金提存制度引入轻微刑事案件领域后，检察机关利用犯罪嫌疑人向公证处提存保证金的事实，对其认罪认罚、寻求和解的态度进行记录，全面衡量其社会危险性，为准确适用强制措施或准确判处刑罚提供参考，从而减少不必要的审前羁押。

（三）落实"少捕慎诉慎押"刑事司法政策的必要途径

2021年4月，"少捕慎诉慎押"从刑事司法理念上升为刑事司法政策，并被列入年度工作要点。按照"少捕慎诉慎押"的要求，各级检察机关应当尽量准确把握犯罪嫌疑人的社会危险性和羁押必要性，减少不必要的逮捕，谨慎采取羁押措施[8]。然而，在司法实践中，检察机关在减少逮捕和羁押时面临很多阻碍，最为重要的就是如何保证被害人及其家属能够获得合理赔偿这一问题。

---

① 参见最高人民检察院检察长张军2023年3月7日在第十四届全国人民代表大会第一次会议上所作的《最高人民检察院工作报告》。

将赔偿保证金提存制度引入轻微刑事案件领域，使得检察机关能够更加全面地衡量犯罪嫌疑人的社会危险性和羁押必要性，促进"少捕慎诉慎押"刑事司法政策的贯彻落实。

四、轻微刑事案件中"赔偿保证金提存"适用的实践检视

轻微刑事案件赔偿保证金发轫于我国基层检察院的司法实践。在刑事和解制度的试点时期，部分检察机关便已经开始进行相关尝试。2008年8月，南京市玄武区人民检察院在对一起交通肇事案件犯罪嫌疑人进行审查批捕时，由于被害人的高额索赔导致始终无法和解，犯罪嫌疑人缴纳10万元赔偿保证金后，检察机关做出了不批捕决定。此后，有多个省、市、县级检察机关积极效仿。例如，2017年5月，台州市椒江区检察院联合法院、司法局共同出台《关于在侦查、审查逮捕、审查起诉过程中实行损害赔偿保证金制度的规定（试行）》，之后两年间，一共有29件轻微刑事案件30名犯罪嫌疑人适用该制度，共计缴纳赔偿保证金206.5万元，案件和解率、不起诉和缓刑的比例高达95.5%。长期以来，刑事赔偿保证金虽然遭受了很多质疑，理由大多与"可能导致逮捕功能的异化""架空刑事和解"等有关，并具有"花钱买刑"的嫌疑[9]，但不可否认的是，随着"少捕慎诉慎押"理念的内化，该项制度已在各地检察机关掀起了更加广泛深入的探索和适用的浪潮。目前，我国已有多个省份的司法行政机关以通知或会议纪要的形式，出台了在轻微刑事案件领域适用赔偿保证金提存制度的具体规定或细则（见表1）。

表 1　四省份司法机关关于赔偿保证金提存的具体规定

省份	关于赔偿保证金提存的具体规定
浙江省①	适用范围：可能判处三年以下有期徒刑、拘役的案件［主要包括故意伤害（轻伤）案、一般过失犯罪案件等］ 提存金额：参照该类案件民事赔偿标准计算确定，但超过部分不得高于依法应予赔偿费用的 30%
重庆市②	适用范围：造成被害人人身、财产损失的轻微刑事案件。但严重危害国家安全、政治安全、公共安全，社会影响大、群众反映强烈的案件除外 提存金额：由申请人在提存申请中明确金额、计算标准并附相关依据；确因客观原因无法准确计算数额的，可参照同类案件民事赔偿标准估算确定
河南省③	适用范围：符合刑事和解条件的轻微刑事案件。但涉嫌危害国家安全、恐怖活动、黑社会性质组织犯罪的；在缓刑、假释、附条件不起诉考验期内或者暂予监外执行期间重新故意犯罪的；具有累犯、惯犯等情节，主观恶性深、人身危险性大的；社会影响恶劣的案件除外 提存金额： ①赔偿费用<1 万元，提存数额不低于赔偿费用的 2 倍；②1 万元≤赔偿费用<5 万元，提存数额不低于赔偿费用的 1.5 倍；③5 万元≤赔偿费用<10 万元，提存数额不低于赔偿费用的 1.3 倍；④10 万元≤赔偿费用<50 万元，提存数额不低于赔偿费用的 1.2 倍；⑤赔偿费用≥50 万元，提存数额不低于赔偿费用的 1.1 倍
山东省④	适用范围：所犯罪行较轻，可能判处有期徒刑、拘役、管制或者单处罚金，被害人有权提起附带民事诉讼的案件。但严重危害国家安全、公共安全犯罪案件，严重暴力犯罪案件，有组织犯罪案件等应当慎重适用 提存金额：参照该类案件民事赔偿标准计算，保证金提存数额一般应适当高于依法应予赔偿费用，具体数额由办案机关提出建议，当事人自愿决定

---

① 参见浙江省高级人民法院、浙江省人民检察院、浙江省公安厅、浙江省司法厅于 2018 年 8 月 1 日联合制发的《轻微刑事案件赔偿保证金制度》。

② 参见重庆市人民检察院、重庆市高级人民法院、重庆市公安局、重庆市司法局于 2022 年 12 月 26 日联合印发的《刑事案件赔偿保证金提存制度实施办法（试行）》。

③ 参见河南省人民检察院、河南省司法厅于 2023 年 7 月 25 日联合印发的《轻微刑事案件赔偿保证金制度（试行）》。

④ 参见山东省高级人民法院、山东省人民检察院、山东省公安厅、山东省司法厅于 2023 年 1 月 6 日联合印发的《刑事案件赔偿保证金提存制度实施意见（试行）》。

五、完善轻微刑事案件适用"赔偿保证金提存"的对策

由于缺少顶层的统一设计，各地检察机关的赔偿保证金提存工作虽然互有借鉴，但仍存在很多差异，在实践运行中暴露出诸多问题，需要进一步完善。

（一）统一赔偿保证金提存案件的适用范围

受人力、物力、案源等多种因素的制约，各试点检察机关虽然都将赔偿保证金提存的适用范围限制在"轻微刑事案件"这一总体框架之下，但具体的案件范围却并不一致。例如，表1中浙江省《轻微刑事案件赔偿保证金制度》明确规定"可能判处三年以下有期徒刑、拘役的故意伤害（轻伤）以及一般过失犯罪等案件"可以适用赔偿保证金提存制度。而安徽省安庆市检察院、中级人民法院等联合制定的《轻微刑事案件赔偿保证金提存制度（试行）》① 将案件范围限制在可能判处三年以下有期徒刑、拘役的因婚姻家庭、邻里纠纷等民间矛盾激化引起的轻伤害案件。山西省应县检察院与应县司法局联合制定的《关于轻微刑事案件赔偿保证金提存的实施意见（试行）》② 则将适用范围扩大至"对造成被害人人身、财产损失，可能判处五年以下有期徒刑、拘役、管制等刑罚，犯罪嫌疑人认罪认罚，主观恶性小且愿意缴纳赔偿保证金的案件"。

通过对比以上试点工作可以发现，当前阶段各地检察机关对于该项制度适用范围缺乏统一界限，具体适用时容易发生无序、混乱的现象。基于此，必须要统一赔偿保证金提存案件的适用范围。

第一，为避免某些办案机关将赔偿保证金提存作为消化证据不足、事实不

---

① 参见安徽省安庆市人民检察院、安庆市中级人民法院于 2022 年 5 月 20 日联合印发的《轻微刑事案件赔偿保证金提存制度（试行）》。

② 参见山西省应县人民检察院、应县司法局于 2022 年 3 月 4 日联合印发的《关于轻微刑事案件赔偿保证金提存的实施意见（试行）》。

清的瑕疵案件的手段，法律必须明确规定适用赔偿保证金制度的案件的前提应当是案件事实清楚明晰、相关证据真实充分，犯罪嫌疑人主动认罪认罚且具有强烈的赔偿意愿。第二，为了加强对司法实践的操作指引，需要从积极、消极两方面明确适用和不适用的类型。积极范围包括：故意伤害及其他致人伤害的刑事案件；交通肇事等过失犯罪案件；未成年人、在校学生、70周岁以上老年人及残疾人犯罪案件；涉及民营企业案件以及其他符合法律规定的刑事案件[10]。消极范围则包括：犯罪嫌疑人不认罪、不悔罪的案件；曾经故意犯罪，违反缓刑、假释考验规定以及社会影响恶劣、群众反映强烈的刑事案件或其他不宜适用的刑事案件。

（二）明确赔偿保证金提存的具体标准

根据表1中所列举的赔偿保证金提存规定条款可以发现，目前各地均要求办案机关参照该类案件民事赔偿标准计算确定犯罪嫌疑人一方应当向公证机关提存的保证金数额，且需要适当上浮，但对于上浮幅度还存在分歧。实务中不同地方检察机关对嫌疑人应当提存的赔偿保证金标准看法不一，但都呈现出"求稳"的特点，均要求高于法院刑事附带民事诉讼应当判决的金额，但对于最高限额的规定存在明显差异。一部分检察院出于限制高额赔偿的考虑，要求赔偿保证金数额超过部分不得高于应予赔偿数额的30%；而另一部分检察院则希望为刑事和解留下充足空间，将保证金数额放宽1~2倍。显然，赔偿保证金的上浮幅度是赔偿保证金提存制度能否顺利推行的一个关键问题，如果将幅度设置过宽，不仅无法遏制部分被害人盲目攀高索赔数额的势头，还可能导致实质意义上的不公平，有悖于制度设立的初衷。如果设置得明显过窄，则无法为之后的当事人和解提供协商空间，也不利于法院刑事附带民事赔偿的执行[11]。因此，赔偿保证金提存的上浮幅度需要保持"适度性"。笔者认为，河南省检察院根据赔偿数额大小分段确定赔偿保证金比例的做法值得借鉴。具体来说就是以1万元、5万元、10万元、50万元为标准，在相应范围内确定保证金提存比例。在赔偿数额较小的案件中，将提存数额设置为不低于赔偿费用的 1.5~2 倍，可以为后续刑事和解留下充足空间，保障被害人的权益，为实质性和解的达成提供物质保障；而在赔偿数额较大的案件中，通过降低赔偿保证金提存的数额，仅将其设置为不低于赔偿费用的 1.1 倍，可以有效减轻加害人经济压力，推动和解协议的达成。

（三）建立赔偿保证金提存的高效机制

现阶段该制度的适用程序并不完善。以启动机制为例，大多数试点地区规定赔偿保证金提存程序主要依当事人申请启动和依职权启动两种形式。在办案机关自行决定适用时，虽然经过了犯罪嫌疑人的同意且由其指定近亲属办理，但此时被害人的态度仍然不明朗，不仅为后续案件处理埋下了"隐患"，还容易使被害人产生检察机关包庇袒护犯罪嫌疑人的印象。另外，虽然犯罪嫌疑人有主动表明其赔偿意愿、积极向公证机关提存赔偿保证金的行为，但这仅能够体现犯罪嫌疑人的悔过和修复意愿，只能作为判断其社会危险性的标准之一，还应结合其他方面综合评判。如果办案人员机械适用，将缴纳赔偿保证金作为唯一的判断标准，则必然导致经济能力较弱的犯罪嫌疑人因无力缴纳赔偿保证金而面临不利后果，违背制度设立的初衷[12]。这就要求必须要建立一套科学周密的赔偿保证金提存制度运行机制。第一，规范管理赔偿保证金的缴存、保管和使用[2]。部分检察院曾规定由犯罪嫌疑人或其家属在银行开立账户并缴存一定数额的保证金，并将存折交检察院保管。这种做法看似简便、易于操作，但隐含着犯罪嫌疑人或其家属以户主名义将存折挂失后取走保证金的巨大风险。基于此，笔者认为应由专门机构来负责管理保证金。而基于公证机关的权威性和安全性，由公证处来负责赔偿保证金的收取和保管是最为便利和安全的方式。第二，建立全面的审查评估体系。对于被害人明确表示不接受和解、调解，强烈要求对犯罪嫌疑人、被告人从严惩处的案件应当尊重被害人意见，谨慎适用赔偿保证金提存机制，充分保证被害人刑事和解的自愿性[13]。而检察机关在对已经办理赔偿保证金提存手续的犯罪嫌疑人，在提出从轻量刑建议或适用非羁押强制措施前，必须对犯罪嫌疑人的各种情况进行综合考察，如是否进行赔礼道歉、是否与被害人进行沟通协商、是否对个性及行为进行改进等，使经济赔偿更好地体现悔过和修复的作用。第三，尊重辩护律师的权利，充分发挥辩护律师的作用。为了确保当事人双方能够准确掌握赔偿保证金提存制度的作用和要求，避免当事人双方因理解不清而产生误解，承办检察官对于是否适用赔偿保证金、保证金提存数额大小均应当听取辩护律师的意见，对于犯罪嫌疑人没有聘请辩护律师的案件，在必要时应当及时提供法律援助。

六、结束语

近年来，办好"小案"成为检察机关的工作重点之一，赔偿保证金提存制度的适用，成为检察机关办好"小案"的助推点。统一赔偿保证金提存案件的适用范围，明确赔偿保证金提存的具体标准，以及建立赔偿保证金提存的高效机制完善制度设计，对于赔偿保证金提存制度的适用具有现实意义。赔偿保证金提存制度实践符合现行法律框架内的规定，符合正确的司法理念和司法取向，与检察院的其他改革创新亦能兼容并蓄，相得益彰。更具有意义的是，当下"少捕审诉审押"所处的社会环境更为复杂，缘生于检察院内部的这种改革试点，还能启示其他司法机构的改革与发展，由此进一步推动中国特色司法制度的全面形成。

参考文献

[1] 赵春玲. 恢复性司法视域下的刑事和解评析 [J]. 理论与改革，2013

（3）：156-158.

[2] 王晓岚，方斯怡. 轻微刑事案件赔偿保证金适用探析：以故意伤害罪为切入 [J]. 山西警察学院学报，2022，30（2）：35-40.

[3] 宋英辉，许身健. 恢复性司法程序之思考 [J]. 现代法学，2004（3）：32-37.

[4] 李綦通. 恢复性司法理念下我国刑事和解制度的构建 [J]. 北京理工大学学报（社会科学版），2010，12（4）：92-97.

[5] 王天保，李莉.“少捕慎诉慎押”刑事司法政策视域下的赔偿保证金制度研究 [J]. 行政与法，2022（10）：109-120.

[6] 邢春利，法立新. 赔偿保证金制度：办理轻微刑事案件的新路径 [J]. 中国检察官，2010（19）：68.

[7] 谢小剑. 我国羁押事实的适用现状及其规范化 [J]. 法律科学（西北政法大学学报），2017，35（4）：190-200.

[8] 潘金贵，唐昕驰. 少捕慎诉慎押刑事司法政策研究 [J]. 西南政法大学学报，2022（1）：38-48.

[9] 姚显森. 论刑事和解案件司法公信力的法制保障 [J]. 中国刑事法杂志，2014（5）：67-73.

[10] 向燕，杨雪艳，李光林. 国家介入的修复：刑事赔偿保证金制度的运行逻辑 [J]. 青少年犯罪问题，2022（5）：98-110.

[11] 姚显森. 刑事和解适用中的异化现象及防控对策 [J]. 法学论坛，2014，29（5）：125-133.

[12] 魏伊慧. 认罪认罚案件中预交罚金的性质转向与完善路径 [J]. 华北水利水电大学学报（社会科学版），2022，38（2）：87-94.

[13] 贾宇. 坚持少捕慎诉 促进社会治理 [J]. 人民检察，2019（Z1）：50-53.

人脸识别技术侵权责任认定实证研究

——以 137 份案例为研究样本

周健宇　郭耀楠

摘　要 ···

　　"小区物业强制要求刷脸进入，业主可否拒绝?""在机场被要求人脸识别，是否能够拒绝?""注册 App 时电子协议没有就人脸识别问题单独征得用户的同意，用户同意电子协议并注册后还能够拒绝人脸信息采集和识别吗?"等问题背后蕴含着人脸识别技术侵权的风险，应当引起社会重视。在现有的规定之上，需对人脸识别技术带来的侵权行为加以严格规制。

关键词 ···

　　个人信息保护；人脸识别技术；损害赔偿；知情同意

【作者简介】周健宇，四川轻化工大学法学院副教授；郭耀楠，四川轻化工大学法学院 2022 级法律专业硕士研究生。

【基金项目】四川轻化工大学研究生创新基金项目"人脸识别的侵权责任认定实证研究——以 78 份案例为研究样本"（Y2023023）。

　　人脸识别技术是一种基于自然人面部特征信息进行个人身份识别的生物特征识别技术。根据《人脸识别应用公众调研报告（2020）》，有超过六成的受访者认为人脸识别技术有滥用趋势，三成受访者表示已因人脸信息泄露、滥用而遭受隐私侵害或财产损失。此外，根据《2021 人脸识别行业白皮书》可知，全球人脸识别技术的使用已经规模化、系统化，人脸识别产业正进入增长快车道。我国人脸识别技术的应用率超过全球平均水平，未来我国有望成为世界上最大的人脸识别技术使用市场。人脸识别技术在拥有巨大市场的同时也隐藏着巨大的风险。据调查显示，自 2016 年开始，有关人脸识别技术的侵权诉讼案件数量大幅度增加，因此在人脸识别技术迅速普及的趋势下，应当尽快形成人脸识别技术侵权的社会保护机制。

　　本文以实际案例为依据，以"中国人脸识别第一案"郭某与杭州野生动物世界有限公司服务合同纠纷作为切入点，研究我国对人脸识别技术的法律规制，并对这些问题提出针对性建议。

一、人脸识别的内涵界定及司法现状

（一）人脸识别的概念及法律规定

人脸识别，也被称作"人脸比对"，作为生物特征识别技术的最新应用，其通过图像储集、智能识别、模型原理、视频图像处理等技术在信息库中进行1∶N人脸比对，最终输出对比结果。该技术被运用于金融、医疗、安检、支付、文娱等诸多领域。其非接触性和非意识性两大特征降低了信息采集的难度，简化了信息采集的程序，降低了对被采集者配合度的要求，但增加了人脸信息被非法采集的风险，因此应当尽快完善人脸识别技术保护机制[1]。

鉴于此，应当注意目前我国对于人脸识别技术的立法现状：2021年出台了《最高人民法院关于审理使用人脸识别技术处理个人信息相关民事案件适用法律若干问题的规定》（以下简称《规定》）、2021年实施了《中华人民共和国民法典》（以下简称《民法典》）、2021年实施了《中华人民共和国个人信息保护法》（以下简称《个人信息保护法》）。这些法律法规使我国个人信息保护有了初步成果，也使法院关于人脸识别技术侵权的审判形成了一定的司法经验。此外，人脸信息作为一种数据信息，依托于大数据存在。《中华人民共和国数据安全法》第三十二条规定："任何组织、个人收集数据，应当采取合法、正当的方式，不得窃取或者以其他非法方式获取数据。"《中华人民共和国网络安全法》也有"网络运营者收集、使用个人信息，应当遵循合法、正当、必要的原则……并经被收集者同意"，以及"未经被收集者同意，不得向他人提供个人信息"等一系列规定[2]。

（二）人脸识别技术被滥用的风险来源

人脸信息属于个人独有的生物识别特征，在技术迅速发展的大背景下，已经成为很多人的账户支付密码、软件解锁密码等，而且对于这种信息，用户一般无法更改，因此，信息一旦泄露，将严重威胁用户的财产安全和隐私安全[3]。在一系列的法律法规和司法解释出台以后，公众更加注重对人脸信息的保护。2022年国家网信办依据《个人信息保护法》《App违法违规收集使用个人信息行为认定方法》等法律法规，依法对55款侵犯个人信息合法权益的违法违规App予以下架并处置，并责令80款违法违规App限期整改；2021年的"3·15晚会"，披露了大量未经用户同意便采集其面部信息的企业，例如科勒卫浴、无锡宝马汽车4S店、港汇恒隆MaxMara专卖店等实体店。此外，据报道，有四家公司提供了具有采集自然人面部信息的摄像头，且在过去几年中，已售出几千万个具有这种功能的摄像头。如此惊人的数量，为人脸识别技术的侵权埋下了隐患。

二、人脸识别技术侵权的司法审判现状

（一）人脸识别技术侵权研究样本来源

本文收集整理137份案例作为样本进行分析和研究，样本来源于以下几个方面。一是截至2023年7月18日，以"人脸识别信息"为关键词、以"民事案由"，对在中国裁判文书网上检索出的166份裁判文书进行筛选，得到93份有效案件；以"人脸识别"和"摄像头"为关键词、以"民事案由"为限定条件，对在中国裁判文书网上检索出的123份裁判文书进行筛选，得到42份有效案件。二是研读类似案例——发生在2022年天津的物业人脸识别纠纷。天津某小区业主顾某要求物业公司删除其本人的人脸信息并为其提供其他通行验证方式进出小区。天津市人民法院经过两级终审，最终判决物业公司删除其人脸信息并为其提供其他通行验证方式进出小区。三是对国外人脸识别技术侵权案例的研究现状进行分析——发生在2011年的"Facebook人脸识别集体诉讼案"。Facebook在2011年推出一项照片标签建议功能（Tag Suggestions），并将其作为

用户的默认选项。当使用者上传照片时，系统对该面孔进行识别，并与其他照片中的人脸相匹配，如果有人为这张人脸打过标签，那系统就会为其他照片中的同一面孔也打上标签。整个过程中，Facebook 存在未经用户同意收集、使用和存储用户信息的违法行为，擅自创建用户的面部模板，涉嫌违反美国伊利诺伊州的《生物识别信息隐私法》（Biometric Information Privacy Act）。该案件的处理结果是：Facebook 赔偿 6.5 亿美元的和解金，将有关人脸识别功能的默认设置改为"关闭"，并删除所有集体诉讼成员的面部信息。135 份判决书加上国内外两则经典案例共计 137 份案例。通过对上述案例的分析，本文试图得出人脸识别技术侵权的路径、风险来源，以及在法律上的规制办法。

（二）研究样本的时间分布

图 1 是 2016—2023 年因人脸识别技术侵权引发的诉讼的数据。可以看出，随着科技的不断发展与进步，公民对于人脸信息的保护意识日益增强、保护需求日益增加，越来越多涉及人脸识别技术的侵权行为进入司法裁判。

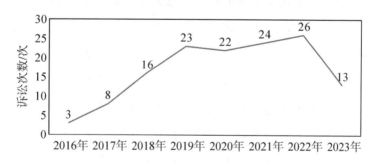

图 1　2016—2023 年的诉讼次数

三、司法审判争议焦点的实证研究

综合分析以上案例，可以看出，对人脸识别技术侵权的争议焦点主要集中在以下两个方面：使用的必要性，以及如何正确使用。

（一）人脸识别技术使用的必要性

人脸识别技术近几年被频繁用于各个行业，引发的纠纷越来越多，较为典型的有以下几种：房地产经纪公司与房地产开发公司就委托代理的服务费金额产生的纠纷中，作为证据的人脸识别技术非法捕获到的人脸信息监控截图是否可以作为证据被法院采纳[4]；居民在自家门口安装的感应式摄像头是否侵犯了邻居的人脸信息；消费者出入商场时门口的感应式摄像头所采集的消费者人脸信息应当如何处理；等等[5]。

（二）人脸识别技术如何正确使用

在商业活动以及个人活动中，人脸识别技术应当如何被使用才不至于侵犯他人的正当权益呢？在本文所分析的民事判决书中，有的法院判决支持原告（人脸信息被侵犯者）的诉讼请求，即判决被告拆除摄像头并删除非法获取的他人人脸信息[6]。例如在"崔某清与李某龙排除妨害纠纷案"① 中，被告崔某清安装在其二层楼房北侧、西侧的两个摄像头可以采集到其邻居李某龙及其家人日常进入其住宅的情况，在一定程度上侵犯了邻居的隐私权，其行为已经对李某龙构成妨害，拆除的诉求得到了法院支持。在"卢某花、王某库民事纠纷案"② 中，一审法院认为被告安装摄像头的目的是为了看家护院、保障房屋安全，其覆盖面并未对原告的私密空间及个人的私密活动造成影响，不足以构成对原告私人生活安宁及私人领域的侵扰。但在二审中，二审法院认为被告在采取保护住宅和财产安全措施时，未能尽到合理的注意义务，行为超出了合理限度，具有过错，侵犯了原告的隐私，故判决被告拆除这两个摄像头。在"田某恒与田某六隐私权纠纷案"③ 中，两审法院均认为被告出于个人利益，未经原告同意，摄录留存原告个人信息缺乏合法性、正当性及必要性，其行为已构成

---

① 参见北京市第三中级人民法院（2023）京 03 民终 210 号"崔秀清与李海龙排除妨害纠纷案"。
② 参见河南省周口市中级人民法院（2022）豫 16 民终 6436 号"卢荣花、王银库民事纠纷案"。
③ 参见北京市第三中级人民法院（2022）京 03 民终 375 号"田彩恒与田小六隐私权纠纷案"。

侵权，判决拆除摄像头并删除非法收集的原告的人脸信息。在"王某岐与西某利隐私权、个人信息保护纠纷案"① 中，一审法院认为被告家门前的通道属于公共区域，在此处所安装的摄像头，并未侵犯原告的隐私权。但在二审判决中，法院认为被告安装的摄像头虽未直摄原告家的大门及院内，但摄录范围包括原告家门口在内的整条胡同，该胡同相对于社会公共空间，通行使用人员更为具体特定，因此会侵犯原告的个人隐私，故判决拆除该摄像头。另外，在"孙某春与荆某宇隐私权纠纷案"② 中，法院也支持了原告的诉讼请求，即要求被告停止侵害、恢复原状等。

与此相反的是，在有些案件中，法院以事实不清、证据不足驳回了原告的诉讼请求。例如，在"温某荣与刘某人格权纠纷案"③ 中，法院认为原告证据不足以证明被告在自家门口安装全息摄像头的行为侵犯了原告的权益，故最终驳回诉讼请求；在"刘某红与张某强相邻关系纠纷案"④ 中，法院认为现有证据难以认定被告的摄像头可以清楚记录原告的日常活动情况或识别出特定人员和生活信息，故被告安装摄像头不属于侵犯原告隐私权的行为。

由此可见，在目前的司法审判中，我国法院对于人脸识别技术侵权的案件没有统一标准，大多依赖于法官对于事实和理由的主观判断[7]。

四、对人脸识别技术侵权的规制与对人脸信息的保护建议

（一）完善人脸识别技术侵权在刑法中的架构

如今，人脸识别技术早已走进人们的生活，在法律体系中对此也有相当的

① 参见北京市第三中级人民法院（2021）京 03 民终 14566 号"王宝岐与西宝利隐私权、个人信息保护纠纷案"。
② 参见北京市昌平区人民法院（2021）京 0114 民初 29114 号"孙晓春与荆大宇隐私权纠纷案"。
③ 参见北京市高级人民法院（2019）京民申 2820 号"温凤荣与刘杰人格权纠纷案"。
④ 参见北京市第三中级人民法院（2023）京 03 民终 3968 号"刘立红与张万强相邻关系纠纷案"。

规定。《民法典》第一千零三十四条规定："自然人的个人信息受法律保护。个人信息是以电子或者其他方式记录的能够单独或者与其他信息结合识别特定自然人的各种信息……"此外，《规定》中第一条便注明该《规定》适用于平等民事主体之间因使用人脸识别技术处理人脸信息而引起的相关民事纠纷。而《中华人民共和国刑法》中虽然有相关规定，即第二百五十三条规定的侵犯公民个人信息罪，但是其入罪标准要求较高，即向他人出售或者提供公民个人信息，情节严重或者情节特别严重的[8]。除此之外，2017年的《最高人民法院、最高人民检察院关于办理侵犯公民个人信息刑事案件适用法律若干问题的解释》，虽对个人信息进行了刑法方面的保护，但也仅提及了"姓名、身份证件号码、通信通讯联系方式、住址、账号密码、财产状况、行踪轨迹等"个人信息，并未涉及对人脸信息的保护，因此可以在刑法中对人脸识别信息的保护机制进行完善[9]。

（二）借鉴别国高额罚款经验

高额的惩罚性赔偿有助于更好地打击违法犯罪、提高被侵权人维护自身权利的积极性，从而防范违法事件的发生。从对我国人脸识别技术侵权案件的分析中可得出一个结论：侵权人对被侵权人的"经济赔偿"是很少的。侵权成本低、维权成本高，因此很难鼓励被侵权人通过诉讼途径打击侵权行为，无法真正减少此类案件的发生。反观域外对于经济赔偿的规定，2008年美国伊利诺伊州《生物识别信息隐私法》针对人脸识别信息侵权规定了明确的罚款制度：根据侵权方的主观态度来决定赔偿的数额，对于过失（negligently）违反该法的私人实体，胜诉方有权从每个违法行为中获赔1 000美元或实际损失；对于故意或鲁莽地（recklessly）违反该法的私人实体，胜诉方则有权从每个违法行为中获赔5 000美元或实际损失。例如Facebook违法收集用户信息，引发集体诉讼，最终赔付6.5亿美元的和解金；Google与伊利诺伊州居民就照片应用中使用面部识别工具的诉讼达成1亿美元和解协议；BNSF铁路公司因违法收集司机的指纹信息被裁定赔偿 2.28 亿美元。然而在我国人脸识别技术的侵权诉讼中，大多数法官并未支持原告经济补偿的诉讼请求，甚至有的对于诉讼费用也要求原被告双方各承担一半。因此，在此类案件的处理上，我国可借鉴别国经验，从侵权成本的角度保障人脸识别技术的正确使用[10]。

五、结束语

人脸识别技术的应用场景日益增加，因此，对人脸信息的保护不能只停留在民事保护层面，还需要与之相适应的行政保护和刑事保护。只有在法律与社会的双重保护之下，人脸识别技术才能在我国发展得更加顺利，并且使每个公民都成为既得利益者。

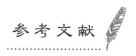

参考文献

［1］刘颖，谷佳琪. 个人信息去身份化及其制度构建 ［J］. 学术研究，2020（12）：58-67.

［2］王贤. 关于审理使用人脸识别技术处理个人信息相关民事案件适用法律若干问题的规定：实施背景下对声像档案工作的思考 ［J］. 兰台世界，2023（S1）：73-74.

［3］喻海松. 侵犯公民个人信息罪的司法适用态势与争议焦点探析 ［J］. 法律适用，2018（7）：10-15.

［4］张新宝，葛鑫. 人脸识别法律规制的利益衡量与制度构建 ［J］. 湖湘法学评论，2021，1（1）：36-51.

［5］姜子晴. 人脸识别技术中个人信息保护法律问题研究［D］. 北京：中国地质大学，2021.

［6］肖建华，柴芳墨. 论数据权利与交易规制［J］. 中国高校社会科学，2019（1）：83-93，157-158.

［7］付鑫. 个人生物识别信息的倾斜性保护［D］. 上海：上海交通大学，2019.

［8］贺刚飞，王利苹. 个人生物识别信息刑事保护探索［J］. 中国检察官，2021（23）：38-41.

［9］叶雅珍，朱扬勇. 盒装数据：一种基于数据盒的数据产品形态［J］. 大数据，2022，8（3）：15-25.

［10］孙康. 权利框架下的面部识别技术：风险与规制的学理分析［J］. 中国海洋大学学报（社会科学版），2023（1）：81-93.

收买被拐卖妇女罪的法益审视
与立法省思

袁　洁　熊德禄

摘　要 ···

　　收买被拐卖的妇女罪所侵害的法益是复杂多样的，人格尊严只是其中的一种。对法益的精准判断有利于对犯罪行为定罪量刑，从而完成刑法的任务，维护社会公平正义。收买被拐卖妇女的行为是导致拐卖现象屡禁不止的主要原因。现行法律的疏漏，导致对收买犯罪做出有别于拐卖犯罪的不法评价。提高买方定罪的法定刑是抑制拐卖犯罪的驱动力。因此法律应当从源头上遏制收买方行为，修改相关立法，进而缩小买方市场，充分发挥立法在社会治理体系中的作用。

关键词 ···

　　收买被拐卖的妇女罪；法益衡量；买方市场；修改立法

　　【作者简介】袁洁，四川轻化工大学法学院 2022 级法律专业硕士研究生；熊德禄，四川轻化工大学法学院副教授。

一、问题的提出

随着"铁链女"案件的真相被揭开，是否应当提高收买被拐卖妇女罪的法定刑成为社会和学界讨论的焦点。该案件之所以引发社会热议，归根结底在于人们对现行收买被拐卖妇女罪的规定能否满足当代社会需要而进行的反思。

法律具有滞后性。随着时间推移和社会发展，某些法律的立法背景或者政策可能已发生变化，原有的法律规定可能不再适用于当下的状况，又囿于立法上的局限性，从而影响法律的适用。在此时，面对穷尽法律解释都无法弥补的法律漏洞，修改法律才是确保实现刑法任务的最佳方式。基于此，笔者立足于提高收买被拐卖妇女罪的法定刑的立场[1]，从形成背景和发展状况出发，分析收买被拐卖的妇女罪所保护的法益，在此基础上提出相应的完善措施。

二、收买被拐卖妇女罪的实践

时代在发展，社会在进步，我国的社会现状发生了翻天覆地的变化，人们的法治观念也随之不断提升。同样，收买被拐卖妇女的刑事立法状况也与以往有着巨大的不同。

（一）收买被拐卖妇女罪的立法根源

收买被拐卖妇女是一种严重的犯罪行为，其发生具有多方面因素，主要涉及人口贩卖、贫困、重男轻女观念等。

人口贩卖是全球性的问题。被拐卖的人口主要来自社会动荡、生活得不到保障、安全得不到保障的地区。在我国，收买妇女的现象主要发生在偏远地区，并且据资料显示，在被拐妇女中外籍妇女占比高达五分之二[2]。

贫困是收买被拐卖妇女的主要原因之一。在一些偏远赤贫地区，当地男性因经济困难而无法承担彩礼，因此退而求其次，选择购买妇女。这些妇女被迫成为家庭成员或者性奴隶，承受非人的对待，身心都遭受到严重的摧残与折磨。如"铁链女"事件中的女主人公杨某侠①，她以衣着单薄、头发凌乱、牙齿脱落、脖子上锁着铁链的形象出现在视频中。单从杨某侠的外表就可以看出她所经历的折磨。

重男轻女观念也是收买被拐卖妇女的重要原因之一。受到男尊女卑的糟粕思想的影响，一些人往往认为男性是家庭的经济支柱和社会地位的象征，而女性则只是男性的附属品。这种想法在偏隅地区尤其明显。因此，一些男性会通过购买被拐卖的妇女来满足自己的婚姻需求，甚至将其作为传宗接代的工具。如睢宁县王尔民案，被告人王尔民因前妻无法生育故而收买妇女②。

（二）收买被拐卖妇女罪的立法沿革

随着人权理念的普及、妇女权益意识的加强，收买被拐卖妇女行为引起人们的重视。于是，在1991年，收买被拐卖妇女的行为首次进入法律的视野，全

---

① 参见江苏省徐州市中级人民法院"董志民虐待、非法拘禁案"。
② 参见江苏省睢宁县人民法院"王尔民收买被拐卖妇女、非法拘禁、强奸案"。

国人民代表大会常务委员会通过了《关于严惩拐卖、绑架妇女、儿童的犯罪分子的决定》。对于收买人，处三年以下有期徒刑，拘役或者管制；若实施收买行为的同时还强迫发生性关系的，按照强奸罪的规定处罚；若是在收买被拐卖妇女的过程中实施非法拘禁、侮辱、虐待、伤害被拐妇女等行为的，按照法律相应的规定处罚。对于同时具有上述情况的，依数罪并罚处理。但又考虑到社会的实际情况，对于收买被拐卖的妇女，根据其意愿，收买人不阻碍其返回原居住地的，规定可以免予刑事处罚。在此基础上，1997 年的《中华人民共和国刑法》对其进行细微调整，并将其纳入《刑法》分则第四章的第二百四十一条，同时将不追究刑事责任的内容规定在该条第六款，该款被称为收买被拐卖妇女罪的"但书"规定。2015 年《中华人民共和国刑法修正案（九）》将第二百四十一条"但书"中对于不追究刑事责任的规定改为"可以从轻或者减轻处罚"。

（三）收买被拐卖妇女罪的实践现状

在实践中，收买被拐卖妇女罪实施的具体情况令人咋舌。笔者通过研究有关论者对收买被拐卖妇女案件的实证分析，得出以下结论。第一，虽然已经认定对方实施收买被拐卖妇女的行为，但是相当一部分行为人未进入刑事司法程序。如"四川何成慧"事件的买方倪天国就没有受到刑事追究。第二，在被法院判决承担刑事责任的犯罪人中，又有超过一半的犯罪人适用缓刑[3]。在司法实践中缓刑适用率高达七成。第三，对于实施收买、强奸、虐待妇女等犯罪行为的收买人，法院大多按照"收买被拐卖妇女罪"一罪定罪处罚，数罪并罚的比例很低，很少会追究犯罪人实施的其他行为的刑罚处罚。第四，刑罚处罚的档次偏低，量刑的平均值未达到 1 年的有期徒刑。

三、收买被拐卖妇女罪的问题

在人权得到充分保障的今天，"铁链女"事件的爆出，其背后透露出收买被拐卖妇女这一行为性质的严重性、影响的恶劣性。收买被拐卖罪的相关问题应该得到及时的解决。对于收买被拐卖妇女罪,现行法律和司法实践中存在以下问题亟待解决。

(一) 现行法益认知有缺

法益是指法律所保护的利益,是犯罪客体的必备要件之一。在刑法理论中,法益对于是否构成犯罪、构成此罪还是彼罪、罪轻还是罪重等具有重要意义。法益还是衡量犯罪行为社会危害程度的重要标准。社会危害程度的大小取决于行为对法益的侵害程度和影响范围。侵犯的法益越重要、侵害程度越深、侵害影响范围越大,社会危害程度也就越大。因此,我们在讨论是否要提高收买被拐卖妇女的法定刑之前,首先要对本罪的保护利益进行明确。

目前,主流观点是收买被拐卖的妇女罪的法益只包含妇女的人格尊严[4]。"人格尊严"是指人之为人所享有的权利与资格,应该受到他人与社会的最起码的尊重。人格尊严的核心是人格权,包括与公民人身切身相关的不容侵犯的权利。人格尊严是属于每一个人的权利。而收买人把妇女当作物品进行交易,把买回来的妇女当作自己的附属品,这种对待妇女的方式与态度严重侵害了妇女的人格尊严和妇女的人身安全。从保护法益的角度看,本罪的犯罪客体应当包含但并不局限于妇女的人格尊严。

(二) 现行立法刑罚设置畸轻

在我国现行法只为收买被拐卖妇女的法定刑设置了一个档次,即法定最高刑只有 3 年的有期徒刑。而作为收买被拐卖妇女罪的对向犯的拐卖妇女罪,其法定最低刑就为 5 年。对比之下,收买被拐卖妇女罪的法定刑设置畸轻。此外,没有考虑加重情节。对于收买人实施收买行为的同时还实施了奸淫妇女、非法拘禁、虐待等犯罪行为时,刑法依数罪并罚的方式处理。一般来说,结果加重犯的刑罚处罚程度会比数罪并罚的刑罚处罚更重。对于收买方没有实施侵害妇女的行为或者与妇女已形成稳定的婚姻家庭关系的，收买方仍然需要承担刑事责任，但一般应当从轻处罚；如果符合缓刑的适用条件，可以依法适用缓刑。对于行为人犯罪情节轻微的，可以依法免除刑事处罚。除此之外，还有相关规定：当收买人具有不阻碍其返回原居住地的，不阻碍解救妇女行为的，法律对其宽恕，可以不追究刑事处罚。基于此，我国立法对买方的定罪量刑采取的是从宽、轻缓的态度。

（三）司法过度共情买方

虽说要强化对收买犯罪的处罚，但其主张并未成为司法实践的主流立场。在司法实践中，收买人的非法拘禁、强奸等犯罪行为通常会被收买行为所掩蔽，最后仅以收买被拐卖妇女罪一罪定罪处罚。据相关论者的研究，在其所统计的392件买被拐卖妇女罪的案例中，仅有12份案件判决书对收买人判处数罪并罚。在司法实践中，缓刑呈现滥用趋势，只要买方符合缓刑条件，法院基本上都会对其适用缓刑。在中国裁判文书网公布的涉及收买被拐卖妇女罪的921名被告人中，就有41人免予刑事处罚。法院对免予刑事处罚的判决理由主要有：第一，符合立法中的已形成稳定夫妻关系；第二，买主没有限制被购买妇女的人身自由；第三，被购买妇女愿意继续与买家生活。

四、收买被拐卖妇女罪的完善

完善收买被拐卖妇女罪不仅对遏制拐卖妇女现象具有决定性作用，也有利于平衡收买人与拐卖人之间的量刑，维护被害人的合法权益，维持社会的公平正义。目前，转型期的中国社会公民法治与权利认知已经有了显著提高，具备了相当的民意基础和社会条件[5]。因此，我们有必要也应当完善收买被拐卖妇女罪，可以从以下几个方面进行。

（一）构建周全的法益观

法益是构成犯罪的必备要件之一，对于区分是否构成犯罪具有重要作用，只有侵犯了法律所保护的利益的行为，才能构成犯罪，否则只能视为一般违法行为或者道德问题。不同的犯罪行为侵犯的法益不同，因此其社会危害程度和刑罚轻重也会有所不同。法益与罪名的相关性要求我们对收买被拐卖妇女罪所保护的法益进行思考。

笔者认为，仅将人格尊严作为收买被拐卖的妇女罪客体的解读是片面的，因为该罪涉及多种因素，因此还应当还考虑收买人的行为存在的潜在危险。全方位思考收买行为侵犯的法益内容在遏制拐卖妇女方面具有重要意义。因此，笔者认为有必要将人身安全作为收买妇女的保护法益。这里的人身安全[6]，包括生命、健康、人身自由、性权利等。它并非具体的、形象的，而是概括性的。收买这种行为对妇女并未造就实害结果，但由于被购买回来的妇女在男方家中地位低下，故而通常会遭受虐待、凌辱，不仅包括肉体上的，还有精神上的。同时，收买人为了防止被购买回来的妇女逃跑，常常对其进行捆绑、拘禁，严重侵害了妇女的人身自由。

同时，部分收买人购买妇女的目的主要在于"延续香火"，因此他们的收买行为往往伴随着性侵犯行为。如"曹小青四次被拐"事件中，曹小青最后被卖给一对智力有问题的兄弟，成为他们的"共妻"并被强迫生孩子。为防止曹小青逃跑，兄弟俩用铁链将其囚禁在圈养畜生的窑洞中。

综上所述，收买被拐卖妇女罪所保护的法益还应当包括妇女的人身权利，这体现了收买行为实质侵犯的法益[7]。

（二）重构立法路径

在实践中，司法对收买人的宽纵，主要源于立法对收买犯罪较低的评价。提高法定刑才是遏制收买最明确的选择。

根据收买被拐卖妇女的行为造成结果的严重性，可以将法定刑分为三个档次[8]。具体而言，对于收买被拐卖妇女的，处三年以上七年以下有期徒刑；对于造成收买被拐卖妇女怀孕、精神失常、受伤害的，处七年以上十年以下有期徒刑[9]；情节特别严重的，造成收买妇女死亡的，处十年以上有期徒刑；实施收买行为后又进行其他犯罪行为的，应当数罪并罚。虽然现行刑法对收买人实施收买行为外还实施了强奸、虐待等伤害妇女人身权益行为的情况有相关的规定，但是因为条文结构设置的不合理，所以司法实践中，法官往往只按"收买被拐卖妇女罪"判处，法官没有过多的自由裁量权[10]。对于缓刑适用应当十分谨慎。除非收买人是为了保护被拐卖的妇女而实施的收买外，其他情况不能适用缓刑。

（三）严格适用法律

虽然现行立法规定可以对收买方适用缓刑，可以免除买方刑事处罚，但是其适用需要一定条件。"可以适用"并非"应当适用"。司法实践中的缓刑滥用、免于刑事处罚适用之多是对法官自由裁量权的破坏。对于表面符合条件，但实质与法益相违背的，应当从严适用法律；要提高适用缓刑、免予刑事处罚的门槛，综合考虑收买人的犯罪情节、事后态度、被拐妇女的现状等因素，筛选出真正符合"理"与"法"适用的缓刑、免予刑事处罚的判决。事实上，没有买卖就没有市场，买方才是妇女被拐卖的源头。对于买方的共情是建立在破坏被拐妇女权益的基础上的。收买妇女的市场需求刺激了拐卖妇女的行为。从严适用法律是保护被拐妇女权益、维护社会公平与正义的必要选择。

五、结束语

我们要从源头打击买卖妇女的行为。对于收买一方的宽容妥协，最终要以妇女权益的破坏为代价[11]。我们要正视立法层面的缺陷与不足，承认法条的漏洞依然存在；要不断加强对收买被拐卖妇女罪的研究，维护制度，维护妇女的合法权益。同时，国家需要构建妇女合法权益的保障机制和收买方定罪量刑的平衡模式。

参考文献

［1］罗翔. 论买卖人口犯罪的立法修正［J］. 政法论坛，2022，40（3）：132-145.

［2］黄忠良，翁文国，翟彬旭. 我国拐卖妇女犯罪特点及治理策略：基于1038份裁判文书的分析［J］. 中国人民公安大学学报（社会科学版），2019（5）：19-27.

［3］苏雄华，胡丽琴. 收买被拐卖妇女的刑法省思［J］. 江西警察学院学报，2023（4）：75-81.

［4］赵姗姗. 收买被拐卖的妇女罪的法益追问与规范再造［J］. 法律科学（西北政法大学学报），2023，41（1）：174-159.

［5］赵俊甫，孟庆甜. 关于修改《刑法》收买被拐卖妇女儿童犯罪相关条款的思考［J］. 公安研究，2014（2）：43-46，84.

［6］郑博文. 提高收买被拐卖的妇女罪法定刑之证伪及司法应对［J］. 山东青年政治学院学报，2022，38（4）：58-67.

［7］劳东燕. 买卖人口犯罪的保护法益与不法本质：基于对收买被拐卖妇女罪的立法论审视［J］. 国家检察官学院学报，2022，30（4）：54-73.

［8］肖宇. 收买被拐卖的妇女、儿童罪刑罚问题研究［D］. 哈尔滨：哈尔滨商业大学，2023.

［9］刘萍.收买被拐卖的妇女、儿童罪的立法完善研究［D］.长春：吉林大学，2023.

［10］刘子良.收买被拐卖的妇女、儿童罪的处罚问题和立法完善［J］.黑龙江省政法管理干部学院学报，2023（3）：67-73.

［11］王泽荣.为何要提高收买被拐卖妇女罪的法定刑？［J］.中国改革，2023（3）：68-71.

负有照护职责人员性侵罪的认定

胡壁英　邓中文

摘　要 ·····································

负有照护职责人员性侵罪的法益是性自主决定权，具体内涵为"涉性行为的支配权及维护权"[1]。就本罪而言，身心健康说和性的健康发展权说难以承载法益被期待的功能，应以"性自主决定权"学说指导本罪构成要件的司法认定。关于行为主体的认定，应以"被害女性是否与行为人之间存在依赖或者控制关系"为核心做实质解释；关于实行行为的认定，"发生性关系"应做狭义解释。负有照护职责人员性侵罪与强奸罪相互排斥，不属于竞合关系。

关键词 ·····································

负有照护职责人员性侵罪；构成要件；司法认定

【作者简介】胡壁英，四川轻化工大学 2023 级法律专业硕士研究生，主要研究方向为刑法学。邓中文，法学博士、四川轻化工大学教授，主要研究方向为刑法学、司法制度。

一、问题的提出

近年来，以熟人为主的性侵未成年女性案件层出不穷。案犯利用未成年女性的信任和依赖，降低其防御能力，从而"无形中控制"她们的意志。典型的"鲍某某性侵养女案""王某某猥亵儿童案"等都曾经引发社会对性侵未成年女性案件的广泛关注，这些案件刺激了公众的情感，同时也触动了社会的敏感神经。有鉴于此，《中华人民共和国刑法修正案（十一）》增加了负有照护职责人员性侵罪罪名，这既是对诸如鲍某某案件挑战伦理道德底线的事件所引起的社会公众愤怒和关注的积极回应，同时也符合通过分情况、分年龄层对未成年性权益进行保护的立法趋势。与此同时，虽然负有照护职责人员性侵罪罪名的增设，在某种程度上能够平息公众的愤怒并对公众舆论做出回应，但在执法和司法层面仍存在许多需要克服的难题[2]。因此，如何界定该罪的保护法益、构成要件以及同强奸罪的辨析，关系到该罪在司法实践中能否被妥当认定并适用。

二、负有照护职责人员性侵罪构成要件认定

（一）犯罪客体

本罪保护的法益为低龄未成年女性的性自主权[3]。如果 14 至 16 周岁的未成年女性与男性发生性关系，且双方主观上是自愿的，就应该严格区分犯罪人是否具备特殊职责。在本罪中，负有照护职责的人员很容易利用其与被照护人之间的信任和依赖关系，欺骗被害人，取得被害人的表面同意，从而使得犯罪人的行为难以作为犯罪处理，造成大量的刑事责任空白，或者利用其与被照护人之间的支配和控制关系使受害者被迫"同意"进行性交。在这样的支配关系下，受害者很容易成为性剥削的对象，进而严重影响未成年人的健康成长和权益保护，这就是为什么立法需要限制被照护的未成年女性在特定关系中的行使性自主权的自由。

未成年女性的性自主权应该是本罪的法益，女性的性同意年龄没有提高，只是当女性面对没有特殊身份的男性时，双方的地位和关系是平等的，在不侵犯性自主权的情况下，女性有权自行决定是否与对方发生性关系。而如果未成年女性面对的是负有特殊照护职责的男性时，由于地位的不平等，其性自主权受到限制，即使行为人没有使用胁迫或其他手段，仍然会侵犯未成年女性的性自主权，因此，其做出的同意性行为的承诺就失去了原有的法律效力。此外，身心健康并不是专门受性胁迫的未成年人才应当受到保护的法益[4]，因此若将身心健康作为本罪所保护的合法权益，可能会导致合法权益的内容泛化。

（二）犯罪客观方面

对于该罪的"发生性关系"应作狭义解释。首先，强奸罪与强制猥亵罪、侮辱妇女罪、猥亵儿童罪分别是由两个不同的法律条文所涵盖的。可以肯定的是，它们有不同的行为，而且在性犯罪体系中占据不同的位置，否则这种区分

就毫无意义可言。其次，由于该罪是《中华人民共和国刑法》（以下简称《刑法》）第二百三十六条规定的罪行之一，因此必须在强奸罪的体系下对"性侵行为"进行确定。从刑法的角度来看，本罪被认为是在强奸罪的范畴内，按照强奸罪的标准，性侵犯罪只能认定为"将阴茎插入阴道"的行为，且本罪与强奸罪的基本处罚范围相同，如果犯罪者没有使用胁迫手段与未成年女性发生性关系，则本罪成立。如果行为人是负有特殊责任的人，则会同时触犯本罪与强奸罪，最终按照强奸罪定罪处罚。因此无论是从其所在的条文位置，还是从其处罚范围来看，"性侵行为"都应该与强奸罪的规定保持一致[5]。最后，我国强奸罪与强制猥亵侮辱罪在量刑上存在明显的差异，说明这两种行为在犯罪意义上有很大的不同，所以在量刑上才会存在如此大的差异，这反映出危害程度和严重程度的不同，以及社会对其负面评价和谴责的不同，当然不能一概而论。因此，将传统意义上的性行为和猥亵行为纳入本罪的"性交"解释中，不仅有悖于常理，而且与刑事司法制度相悖，具有类推解释之效果。

既然事发时在外观上并没有使用武力，那么行为人是如何侵犯受害者的利益的呢？答案是：通过身份施加隐性强制。负有照护、教育或者医疗义务的成年人可以对未成年人生活的各个方面进行控制，了解他们的饮食、衣着和精神状态，更有可能利用这些情况为性侵犯埋下伏笔。负有照护责任的人甚至不一定要使用暴力来实施性虐待。在某些情况和环境下，非暴力行为已经可以达到与使用"显性强制"（如暴力）相同的结果，这种方法被称为"隐性强制"，与"显性强制"形成鲜明的对比。而现今，许多国家和地区都承认了"隐性强制"的概念。在未成年人受到隐蔽胁迫的情况下，有特殊身份的人即使没有公开胁迫，也能达到显著的效果，从而压制未成年女性的真实意愿[6]。如果行为人利用这种隐蔽的强制状态来阻碍未成年女性表达自己内心的真实意愿，那么将这种行为认定为犯罪并对其进行刑事处罚是对"权力之下无自愿"的隐性强制的确认，也是对处于弱势地位的群体——未成年女性的一种特殊保护。

（三）犯罪主体

只有具备特殊身份的人才能构成本罪。《刑法》第二百三十六条第一款列举的职责类型表明，对职责的确定更注重罪责方面。其本质是，负有特殊职责的人利用职责所产生的控制地位对未成年女性进行性侵犯。判断一个人是否具备特殊职责，首先要看行为人与未成年女性之间是否存在控制或依赖关系[7]。例如，未成年女性 A 自幼父母离异，与母亲单独生活，10 多年来一直被父亲 B 忽视。在这种情况下，虽然他们有父女关系，但 A 和 B 之间不存在情感或物质依赖，B 不能对 A 有足够的控制或影响。此外，只有当行为人与受害人（未成年女性）之间存在特殊的、持续的照护关系时，才能成立犯罪[8]。另外，有必要考虑行为人在实施性行为过程中是否仍具备上述的控制和依赖关系。例如，如果 A 是未成年女性 B 的小学教师，然后 A 在未成年女性 B14 至 16 岁时与她发生了性行为，此时 A 和 B 之间不再存在照护关系，行为人也就不能被指控为犯罪。因此，在认定主体的身份时，需要从"职责"的本质进行考虑。

在界定有特殊职责的人时，对未成年女性有监护权的亲生父母和养父母等人无疑属于有特殊职责的人的范围。然而，咨询中心的老师、医院的护工、学校的安保、内勤人员等是否能被界定为有特殊职责的人，是一个值得探讨的问题。

笔者认为，要想对"负有特殊职责"这一术语进行相对准确的认定，就必须满足如下几个条件。首先，"负有特殊职责"的各方之间的关系必须是具体的。关于这种特殊关系的形式的规则来自法律规定或民事行为[9]。例如一个 15 岁的女孩得了重病，被其父母带到医院治疗。在治疗过程中，女孩和男医生之间形成了一种照护和被照护的关系。如果医生在该未成年女孩治疗和康复期间与其生性关系，他就构成本罪。换句话说，如果两人之间没有这种特殊关系，就很难构成这种犯罪。其次，"负有特殊职责"的职权仅限于保护未成年女性的人身安全和身体健康。最后，"负有特殊职责"的认定需要双方有相对稳定的依赖关系。此外，需要注意的是，当事人只需要有形式上的监护，而不需要具备实质上的监护。例如，一个15岁的女孩很早就失去了父亲，与母亲生活在一起。她的母亲再婚，她的继父对她照顾有加。然而，如果她的母亲和继父还没有结婚，当该未成年女性自主决定与继父发生性关系时，其权益就得不到有效的保护，因为父母没有合法的婚姻关系，没有物质上的监护权，这无疑是不合适的。

（四）犯罪主观方面

此罪的主观方面为故意，需要具备"认识"与"意志"两种因素。总体来说，主观方面的内容应当包括：知道自己负有特殊照护职责[10]；知道对方已满14周岁不满16周岁而与之发生性关系，或者知道对方可能已满14周岁未满16周岁而与之发生性关系。与强奸罪、强制猥亵罪等以"强制"手段为构成要件的性犯罪不同，本罪并不要求行为人使用"强制"手段，因此知道对方可能是未成年人也应属于该故意的内容。通常情况下，比较容易确定的是行为人是否存在照护职责，例如教师有义务教导和监督学生、医生有义务治疗和照顾病人，犯罪人不会对是否存在特殊职责产生误解，但可能对未成年人的年龄产生误解。既然犯罪的依据是女性的年龄，那么犯罪人就必须对女性的年龄有一个明确的认识，并且基于特殊职责，其对未成年女性的情况通常是熟悉的，如果他对年龄的主观认识与实际情况相符，就应构成本罪。

三、本罪与强奸罪的区别

根据负有照护职责人员性侵罪第二款的规定，实施了符合本罪构成要件的行为，同时又符合强奸罪的，应当按照处罚较重的规定定罪处罚。关于本罪与强奸罪的关系，有的学者认为本罪与强奸罪是一种竞合关系，有的学者认为本罪与强奸罪是一种相互排斥关系。笔者赞成后一种观点，可能会有人对此观点产生怀疑，即为何本罪与强奸罪所保护的法益均为性自主权，但是两者却为对立关系？基于此，笔者做出以下解释：就盗窃罪和诈骗罪之间的关系而言，虽然两罪所保护的法益相同即他人的财产权，但他们在行为方式上却存在很大的差别，前者行为方式表现为秘密窃取，后者行为方式表现为虚构事实、隐瞒真相，使被害人产生错误认识且基于错误认识处分自己的财产。同理，虽然本罪与强奸罪所保护的法益均为性自主权，但是两罪的行为方式却截然不同：前罪的行为方式表现为行为人利用其特殊职责产生的优势地位即"隐性强制"的手段与未成年女性发生性关系；而后罪的行为方式表现为行为人使用暴力、胁迫或其他方法即"显性强制"的手段与未成年女性发生性关系。由于"隐性强制"和"显性强制"在行为方式这一方面是互斥的，所以这样的理解无疑佐证了两罪之间的互斥关系。且在引入这一罪行之前，未成年女性的同意是负有照护职责的人员实施性侵害之后的一个出罪理由，而这一空白显然是不利于保护低龄未成年女性权益的。因此，设立该罪行并不是为了改善以下情况：当负有照护职责人员在未经同意的情况下使用强制手段与未成年女性发生性关系可以直接认定为强奸罪。因此，该罪行与强奸罪是相互排斥的，即为互斥关系，不属于竞合关系，这也是单独设置负有照护职责人员性侵罪的重要原因所在。

四、结束语

我们很难预测有多少未成年人在阳光照射不到的黑暗角落里遭受过或正在遭受性侵害。《中华人民共和国刑法修正案（十一）》增设负有照护职责人员性侵罪，解决了当前法律实践中的一个热点和难点问题。新设这一罪名是刑法积极立法观的体现，在某种程度上也表明保护未成年女性的性权益一直是一个核心问题。由于本罪是新设罪名，对该罪的理论研究还不是很深入，且该罪在司法实践中的适用时间还比较短，相关焦点问题也还需要司法实践不断探讨和完善。理论界和实务界在对本罪的具体理解和适用方面也或多或少存在分歧。因此，今后对本罪的研究仍然任重道远，亟须理论界和实务界的共同努力。

参考文献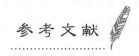

［1］田淼. 负有照护职责人员性侵罪的法益厘清和司法认定［J］. 北京警察学院学报，2022，（2）：17-23.

［2］邹子铭，陈玮均. 负有照护职责人员性侵罪的司法适用刍议［J］. 西部学刊. 2022（6）：98-104.

［3］付立庆. 负有照护职责人员性侵罪的保护法益与犯罪类型［J］. 清华法学，2021，15（4）：72-86.

［4］王志祥，李昊天. 负有照护职责人员性侵罪的保护法益问题研究［J］. 贵州民族大学学报（哲学社会科学版），2022，（5）：33-57.

［5］王焕婷. 性侵犯罪的不法内涵：以负有照护职责人员性侵罪为中心［J］. 中国刑事法杂志，2022，（6）：53-68.

［6］李立众. 负有照护职责人员性侵罪的教义学研究［J］政法论坛，2021，39（4）：18-29.

［7］王一赢. 负有照护职责人员性侵罪认定疑难问题研究［D］. 呼和浩特：内蒙古大学，2022.

［8］耿轶凡. 负有照护职责人员性侵罪的入罪边界与出罪空间［J］. 中国检察官，2022（17）：60-63.

［9］叶蕊茵. 负有照护职责人员性侵罪司法适用问题研究［D］. 上海：上海师范大学，2022.

［10］贾琳. 对"负有照护职责人员性侵罪"的法益理解与适用［J］. 西部学刊，2022，（13）：64-68.

侵犯公民个人信息罪司法认定
难点及对策

符明慧　江凌燕

摘　要 ....

　　随着大数据经济的发展，个人信息在很多领域都产生了巨大的价值。公民个人信息若为不怀好意的主体不当采集并使用，就会给公民的人身、财产安全带来威胁。"情节严重"为侵犯公民个人信息罪的判定标准，然而，这一标准的模糊为司法实践带来了困难，比如，对法人和公开的商业信息是否属于该罪的认定存在难点。我国相关的立法出现较晚，刑法中保护个人信息的具体规定较少，不能满足现实需要。

关键词 ....

　　个人信息；司法认定；侵犯公民个人信息罪

　　【作者简介】符明慧，四川轻化工大学法学院 2023 级法律专业硕士研究生。江凌燕，四川轻化工大学法学院副教授。

立法者对个人信息的理解不同，因此对个人信息保护的理解有所差异。《中华人民共和国民法典》（以下简称《民法典》）第一千零三十四条规定了公民个人信息的含义。特定的自然人能够被个人信息所识别，且可识别性较强。可识别性是信息本质的体现，当个人信息被不当收集、处理或者利用时，个人隐私即会受到损害。识别分为直接识别和间接识别，直接识别如姓名、身份证件号码等，间接识别如电子邮箱等，间接识别与其他信息相结合才能识别特定自然人的身份[1]。

一、侵犯公民个人信息罪司法认定现状

在中国裁判文书网中，以"侵犯公民信息罪""刑事案件"等为关键词，笔者搜索到 2015 年至 2023 年关于侵犯公民个人信息罪的判决书 10 365 份、裁定书 3 721 份、调解书 15 份、决定书 65 份、通知书 69 份、其他 13 份。其中，在基层法院审理的案件为 10 371 件、在中级法院审理的为 3 796 件、在高级法院审理的为 18 件。以省份划分，江苏省 2 484 件、浙江省 1 501 件、广东省

1 268 件、青海省 5 件、宁夏回族自治区 25 件、新疆维吾尔自治区 41 件……这些数据反映了侵犯公民个人信息罪在很大程度上与各区域经济发展水平有关，经济发展较好的省份侵犯公民个人信息罪案件数量较多，经济发展水平较低的省份，侵犯公民信息罪案件数量较少[2]。

随着技术的飞速发展，人民逐渐意识到隐私是一项与自己息息相关的基本权利。公安部公布的 2021 年侵犯公民个人信息犯罪的十大典型案例，详细描述了公民个人信息被侵犯的多种途径，如利用木马程序窃取网民购物信息等。

笔者以"侵犯公民个人信息罪""基层法院""刑事案件""判决书等"为关键词，从中国裁判文书网中随机抽取 2022 年至 2023 年各省份侵犯公民个人信息罪的判决书，并以其中的 102 份判决书为研究对象，分析个人信息获取方式、侵犯公民个人信息罪的认定因素、违法所得的处理方式等，得到以下几点认识。

（一）行踪轨迹在司法认定中归属于个人信息

行踪轨迹一般情况下可以反映个人位置、移动方向等动态信息。行踪轨迹涉及人身和财产安全，应当重点关注。当 GPS 记录了自然人的实时位置、行驶路线等信息，给受害人的财产及人身安全造成威胁时，应确定其是行踪轨迹；但没有对人身、财产安全造成威胁或威胁较少时，不应认定其为行踪轨迹。

（二）没有区分违法所得和获利

30% 的判决书描述同一个数字时都同时使用了"违法所得"和"获利"。在《关于办理侵犯公民个人信息刑事案件适用法律若干问题的解释》（以下简称《侵犯公民个人信息司法解释》）中规定了违法所得和获利的含义，但是在司法实践中，还有 1/3 的法官没有对二者进行区分。例如在彭某某案①中，法官既说彭某某非法获利 23 000 元，又说彭某某违法所得 23 000 元。违法所得是犯

---

① 参考裁判文书网（2022）赣 0830 刑初 178 号"彭香汝侵犯公民个人信息罪刑事一审刑事判决书"。

罪分子在实施犯罪时所获得的全部财物，而获利是收益去除成本所剩的利润[3]。

（三）信息中包含身份证号码、地址、房号等敏感个人信息内容的，都被认定为情节特别严重

在抽样的 102 份判决书中，27 份涉及敏感个人信息，75 份涉及一般个人信息。敏感个人信息是不想被他人所知悉的个人信息，侵犯敏感个人信息会导致被侵犯人的人身和财产安全受到威胁，也可能导致其人格尊严受到侵犯。目前，利用工作、职务之便获取个人信息的不在少数，有必要加强行业监督管理。

二、侵犯公民个人信息罪司法认定的难点

（一）个人信息含义的界定

个人信息通常被理解为与公民相关的个人信息，但是在司法实践中，不是所有相关的信息都被列入其中，刑法保护的范围是有限度的。虽然在现有法律和司法解释中都对个人信息进行了解释，但是其含义仍较模糊。可识别性作为个人信息的重要特征之一，是各界所认可的。案件中，电话号码或者社交软件账号是否具有可识别性呢？判决书中很少会表明，多数基于法官的自由裁量权。

私法对于个人信息的保护在法律体系中占主导地位，较为权威的法律为《民法典》。综合来看，我国个人信息私法保护以《民法典》为核心基础。《民法典》确定了个人信息的概念、个人信息中的隐秘信息，以及个人信息处理的原则和条件。我国公法领域保护个人信息的法律主要为《中华人民共和国刑法》（以下简称《刑法》），主要针对不法个人信息采集行为、不法流转行为，对个人信息相关主体的义务和刑罚措施做出了规定，对违法行为规定了相关的惩罚措施。2021 年通过的《中华人民共和国个人信息保护法》（以下简称《个人信息保护法》）中多是不完全条款，今后要依靠行政法规、规章来具体执行。《个人信息保护法》第四条对个人信息保护下了定义，《电信和互联网用户

个人信息保护规定》第四条规定了用户个人信息主体并列举了各种信息组成。在我国现行的法律规定中，关于个人信息的概念及权利属性的规定内容并不一致。这种不一致会使得不同规范体系下对待个人信息的立场以及保护措施有所不同。公法和私法的理论也使得目前个人信息保护的法律体系存在内部理论冲突，不利于实践中对于该类案件的处理。

（二）犯罪主体涵盖范围的划定

不论是在刑法上还是民法上，法人并不等同于公民，法人与公民有着较大的区别。刑法针对法人设定了许多罪名。法人并不享有自然人在法律上完整的权利和义务。但是法人是一个拟制的概念，如果公民也包括法人，就有类推解释的意思。但是，在司法实践中，法人信息中通常含有大量的个人信息，如果这些个人信息法律不予保护，显然很不合理。一般公民对个人信息持有保密态度，不希望自己的个人信息得到传播，但是公开类的商业信息、广告信息中所涉及的个人信息是当事人希望传播的。

（三）前置条件的确定

根据《刑法》第九十六条和第二百五十三条、《侵犯公民个人信息司法解释》第二条，"违反国家有关规定"的范围要比"违反国家规定"的范围大，有利于打击侵犯公民个人信息罪。但是，在司法实践中，法院有时候并没有将违反国家规定和违反国家有关规定做区分，在判决书中经常混用。例如，雷某某侵犯公民个人信息罪[①]一审案件中，法院认为被告雷某某违反国家规定，而不是违反国家有关规定。从中国裁判文书网中发现，判决书上几乎没有对"违反国家有关规定"做出具体的解释，也没有说是违反法律法规还是部门规章。还有一些没有以违反国家有关规定为前提，例如李某某侵犯公民个人信息罪[②]

---

① 参考中国裁判文书网（2023）浙 0326 刑初 633 号"雷晓军侵犯公民个人信息罪一审刑事判决书"。
② 参考中国裁判文书网（2023）青 0103 刑初 116 号"李菲菲侵犯公民个人信息罪刑事一审刑事判决书"。

一审案件中，法院认为李某某出售他人信息获利，该行为已构成本罪，但是并没有写明李某某违反国家有关规定。因为在实践中尚未有法律法规和司法解释对侵犯公民个人信息罪做出具体说明，以至于实践中对本罪的法律适用出现一些错误。

（四）"情节严重"的认定

"情节严重"是一个概括性的概念，此概念过于笼统。在《侵犯公民个人信息司法解释》中，对情节严重的认定因素包括目的用途、再犯和违法所得。违法所得即可反映该罪的法益，5 000 元即可被认定为违法所得。由于各地的发展水平和经济现状存在较大的差别，对公民个人信息的价值没有统一的判断标准，因此单纯以金额作为判断标准并不能很好地反映该犯罪行为的侵害程度。也如《侵犯公民个人信息司法解释》第五条第三、四项所规定的，"非法获取、出售或者提供行踪轨迹信息、通信内容、征信信息、财产信息五十条以上的""非法获取、出售或者提供住宿信息、通信记录、健康生理信息、交易信息等其他可能影响人身、财产安全的公民个人信息五百条以上的"可被视作"情节严重"，但是数量的多少不一定能反映该犯罪人对被侵权人的侵害程度[4]。对于公民的人身和财产安全，用数额去衡量，这是不合理的。

三、侵犯公民个人信息罪司法认定困难的解决路径

（一）明确个人信息的含义

《侵犯公民个人信息罪司法解释》中规定，个人信息包括但不限于姓名、身份证号码、行踪轨迹、财产状况等。财产状况、行踪轨迹、生物信息等信息属于敏感个人信息，这些信息是可被用于识别特定自然人的。自然人的个人活动信息多数属于敏感个人信息，因此，公开的活动信息也属于敏感个人信息，但是对这些信息进行出售或者提供是否构成侵犯公民个人信息罪，需要分开讨

论。第一种情况，公开的个人信息是该行为人自愿公开的，那么出售或者提供不构成侵犯公民个人信息罪。第二种情况，公开的个人信息不是该行为人自愿公开的，那么行为人出售或者提供则构成侵犯公民个人信息罪，但是在民法上要分别讨论。

法益在刑法中具有很重要的位置，行为人构成犯罪的条件之一是侵害某一法益，如果没有侵害到法益，则不会构成犯罪。侵犯公民个人信息罪侵犯了公民人身权益和财产权益，会导致社会的混乱，甚至威胁国家安全。在刑法理论中，法益分为个人法益和超个人法益。个人法益关乎个人的人身和财产属性，超个人法益则具有公共属性[5]。公民个人信息应该具备人身和财产属性以及社会属性等多重属性，是具有个人性和社会性的复合型权益。单一的个人法益无法解决当下侵犯公民个人信息罪引起的问题，因此，我们应当针对此探索出一条复合法益道路。

（二）明确犯罪主体涵盖的范围

《中华人民共和国刑法修正案（九）》（以下简称《刑法修正案（九）》）将《中华人民共和国刑法修正案（七)》（以下简称《刑法修正案（七）》）的犯罪主体扩大到一般主体。根据《侵犯公民个人信息的司法解释》第一条，公民是指具有中华人民共和国国籍的人。但是如果是外国人或者无国籍人被侵犯，那侵权人是否构成犯罪？这里的公民应当是扩大解释，包含外国人以及无国籍人。在实践中，如果只审理本国人案件，既不合理也不实际。应当根据刑法的平等保护和属地原则，对外国人以及无国籍人进行保护。

（三）合理解释前置条件

《刑法修正案（九）》相对于《刑法修正案（七）》，其在侵犯公民个人信息罪的前置条件中增加了"有关"二字。在《侵犯公民个人信息司法解释》中，"违反国家有关规定"也包括违反部门规章。前置条件是违反具体法律的指引。"违反国家有关规定"比"违反国家规定"的范围大，但是当法律条文本身的含义比条文真实的含义范围大时，应该对其做限缩解释[6]。由于各个地方的立法水平不同、立法专业性也不一致，部门规章不应当包含地方性的规定。

（四）明确"情节严重"的认定因素

侵犯公民个人信息罪的"情节严重"本身就是法官自由裁量的部分，很难通过具体标准去衡量。侵害公民信息的类型以及所造成的社会危害程度不同，《侵犯公民个人信息司法解释》分别设置了不同程度的入罪标准，充分体现刑法的罪责刑相适应原则。但是，在一般情况下，侵害信息数量的多少很难作为对社会的危险程度以及对被害人的伤害程度的判断标准。在司法认定中，侵犯了敏感个人信息的，都应当被认定为情节特别严重。一般情况下，司法认定是以数量或者数额作为入罪门槛，很少基于犯罪后产生的不利后果。但是在实践中，个人信息的侵害数额或者数量少，达不到"情节严重"的标准的，公民很难去维权，但是该侵犯行为对公民的生活以及信誉产生了影响且影响难以消除。

四、结束语

公民个人信息具有巨大的经济价值，信息处理者应当加大对信息收集和利用的保护力度。我国刑法对侵权行为的认定不够明确，对个人信息保护的救济存在一定的弊端。《侵害公民个人信息的司法解释》虽然对侵害公民个人信息罪的"严重情节"做出了相关的规定，但是缺少较为详细的说明。在网络技术快速发展的当下，个人信息是一个复合型权益，单一的个人权益无法解决面临的诸多问题。我们应合理解释"违反国家有关规定"，并使其在司法实践中得到正确的运用。我国对个人信息的保护迫在眉睫，只有建立相对完善的法律法规，才能保证大数据时代下信息的安全流通、经济的稳健发展。

参考文献

［1］任丽莉. 侵犯公民个人信息罪中"情节严重"的认定［D］. 长春：吉林大学，2022.

［2］冉宇仙. 侵犯公民个人信息罪之"情节严重"探析［D］. 南京：南京大学，2022.

［3］张慧. 侵犯公民个人信息罪司法认定问题研究［D］. 郑州：河南工业大学，2023.

［4］李腾宇. 侵犯公民个人信息罪的司法认定［D］. 郑州：河南大学，2023.

［5］王秋颖. 侵犯公民个人信息罪的司法认定问题研究［D］. 长春：吉林大学，2022.

［6］黄陈辰. 侵犯公民个人信息罪中"公民个人信息"可识别性的意蕴重释［J］. 中国政法大学学报，2023（4）：111-127.

浅析我国公民个人信息的刑法保护

朱芸颉　房　丽

摘　要 ··

随着科技的进步，侵害公民个人信息的犯罪日益增多，严重影响了正常的社会生活秩序。我国现行刑法中规定的与侵犯公民个人信息相关的罪名存在个人信息界定标准不明确、犯罪行为规定不全面、缺少过失犯罪规定、"情节严重"没有明确判定标准等问题。分析侵犯公民个人信息罪的相关案例，有助于找出焦点问题；明确个人信息认定标准、明确犯罪行为表现方式、明确过失性犯罪内容以及通过司法解释确定"情节严重"判定标准的方式，有助于完善刑法对公民个人信息的权益维护。

关键词 ··

公民个人信息；刑法保护：情节严重

【作者简介】朱芸颉，四川轻化工大学法学院 2022 级法律专业硕士研究生；房丽，四川轻化工大学法学院副教授。

【基金项目】四川轻化工大学研究生创新基金项目"我国个人信息的刑法保护研究"（Y2023013）；四川省基层司法能力研究中心一般项目"规制偷拍并传播他人隐私行为研究"（JCSF2023-04）。

一、问题的提出

个人信息的刑事保护最早出现在《中华人民共和国刑法修正案（五）》（以下简称《刑法修正案（五）》）中，其中增加了"购买、非法提供信用卡罪"①，这是刑法中因侵犯个人信息构成犯罪的第一条规定。随着社会的发展，危害公民个人信息的方式越来越多。2009年，《中华人民共和国刑法修正案（七）》（以下简称《刑法修正案（七）》）明确将个人信息的"非法获取、出售、提供行为"作为犯罪行为纳入，这一修订有力地保护了公民的个人信息权利。此外，《刑法修正案（七）》对主体的范围进行了限定②，列举的"单位"比较全面，但这种列举方式容易遗漏犯罪主体，缩小刑法打击的范围。2015年《刑法修正案（九）》的出现，在一定范围内弥补了《刑法修正案（七）》的缺

---

① 《中华人民共和国刑法》第一百七十七条之一第二款规定："窃取、收买或者非法提供他人信用卡信息资料的，依照前款规定处罚。""银行或者其他金融机构的工作人员利用职务上的便利，犯第二款罪的，从重处罚。"

② 《中华人民共和国刑法》第二百五十三条之一第一款规定："国家机关或者金融、电信、交通、教育、医疗等单的工作人员，违反国家规定，将本单位在履行职责或者提供服务过程中获得的公民个人信息，出售或者非法提供给他人，情节严重的，处三年以下有期徒刑或者拘役，并处或者单处罚金。"

陷。《刑法修正案（九）》明确了"侵犯公民个人信息罪"，将犯罪的主体范围从特定单位的工作人员扩大到普通自然人，即无单位人员也可以成为侵犯公民个人信息罪的犯罪主体，并且去掉"非法提供"中的"非法"，扩大了打击范围①。2017 年发布的《最高人民法院、最高人民检察院关于办理侵犯公民个人信息刑事案件适用法律若干问题的解释》，规定了公民个人信息在刑事案件中的含义②，也尽可能明确了侵犯公民个人信息犯罪的处罚形式，列举了"情节严重"以及"情节特别严重"的具体情形。

公民的个人信息是指与个人有关的一切资料和数据，分为两个方面：一方面是其自身产生的信息，如姓名、年龄、婚姻状况、家庭成员和社会关系、工作等；另一方面是非自身产生的信息，主要是指他人的评价，例如银行给出的信用等级，通过一定的判断标准来区分此人与彼人等[1]。公民个人信息具有可识别性，此特征是指可以通过一些具体的个人信息识别出拥有此信息的自然人，以此来确定法益受害人。《中华人民共和国网络安全法》、《中华人民共和国民法典》（以下简称《民法典》）、《中华人民共和国个人信息保护法》中规定的个人信息都具有识别性，只是在识别的程度和识别的对象上有所区别。公民个人信息的识别分为直接识别和间接识别。直接识别是指通过某种信息可以确定信息的主体，具有针对性；而间接识别需要通过对许多条信息进行辨认，筛选确定信息的主体。此外，公民的个人信息具有价值。这一特点主要体现在主体的人格、财产等信息上。信息的核心是社会资源，个人信息可以作为商品被买卖，这些信息可能有一些好处和价值，个人信息的宝贵性尤为明显。此外，个

---

① 《中华人民共和国刑法》第二百五十三条之一第一款规定，违反国家有关规定，向他人出售或者提供公民个人信息，情节严重的，处三年以下有期徒刑或者拘役，并处或者单处罚金；情节特别严重的，处年以上七年以下有期徒刑，并处罚金。第二款规定，违反国家有关规定，将在履行职责或者提供服务过程中获得的公民个人信息，出售或者提供给他人的照前款的规定从重处罚。

② 《最高人民法院最高人民检察院关于办理侵犯公民个人信息刑事案件适用法律若干问题的解释》第一条、《中华人民共和国刑法》第二百五十三条之一规定的"公民个人信息"，是指以电子或者其他方式记录的能够单独或者与其他信息结合识别特定自然人身份或者反映特定自然人活动情况的各种信息，包括姓名、身份证件号码、通信通讯联系方式、住址、账号密码、财产状况、行踪轨迹等。

人信息是客观的，不是主观臆想的，不能根随主观意志的变化而变化。要想使资料数据具有价值，对其使用一定要遵循社会规则。

随着大数据时代的到来，信息被利用和买卖的现象越来越多，犯罪方式也越来越多样化，侵犯公民个人信息的刑法保护问题亟待解决。对于公民个人信息，在民法和行政法中规定较多。民法关于个人信息的规定主要集中在《民法典》第一百一十一条①，其对于个人信息的保护主要是主张精神损害赔偿，未能保护个人信息财产利益。行政法对于个人信息的保护主要体现在规范行政机关处理公民个人信息的行政行为上。行政机关作为个人信息的处理者，极其容易将信息泄露，而行政法对具有泄露信息行为的行政工作人员只是进行"警告、撤职"等处分。在个人信息受到巨大损害时，仅仅依靠民法和行政法中轻微的责任惩罚无法对犯罪行为进行打击。从二者的漏洞中可以看出，通过刑法对公民个人信息进行保护是非常重要的。因此，我们应当在前置法《中华人民共和国个人信息保护法》的基础上，结合民法和行政法的规定，解决刑法对公民个人信息保护的问题，使刑法实现对犯罪分子的精准打击。

二、我国公民个人信息刑法保护的不足

（一）个人信息的界定标准不明确

《刑法修正案（九）》将"出售、非法提供公民个人信息罪"和"非法获取公民个人信息罪"整合为"侵犯公民个人信息罪"后，《中华人民共和国网络安全法》及与侵犯公民个人信息罪的相关司法解释也相继出台。然而，刑法领域对于公民个人信息尚无明确的界定标准。学界对于侵犯公民个人信息罪中

---

① 《中华人民共和国民法典》第一百一十一条规定，自然人的个人信息受法律保护。任何组织或者个人需要获取他人个人信息的，应当依法取得并确保信息安全，不得非法收集、使用、加工、传输他人个人信息，不得非法买卖、提供或者公开他人个人信息。

的"公民"存在争议。根据《中华人民共和国宪法》的规定，"公民"的是具备中华人民共和国国籍的人，争议焦点主要涉及当外国人或无国籍人的信息被侵犯时，其是否应当受我国刑法保护的问题。目前，对此主要存在肯定说与有限否定说两种观点。大多学者坚持肯定说，认为对个人信息应不区分国籍地均予以保护；但也有少数学者采用有限否定说，认为除了保护自己国家国民的信息外，对拥有本国合法永久居住权的外国人亦应进行保护。此外，对于"个人"是否应当包括"法人、非法人组织"和"尚未出生的胎儿"等问题也存在不同观点。第一，对于"个人"是否应当包含"法人与非法人组织"，大多数学说认为个人信息保护的条款归属于"人格权"，主体仅限于自然人，也有少数人认为应当将"法人"纳入刑法保护。第二，针对胎儿是否拥有公民个人信息权这一问题，大多数学者认为是不包含的，因为胎儿和母亲是一体的，胎儿信息泄露时也会对孕妇造成权益损害，可以按照侵犯孕妇的个人信息罪进行处罚[2]。

（二）缺少对过失犯罪的规定

我国规定的侵犯公民个人信息罪的主观方面不包括过失，主观方面仅为故意。"出售""提供""盗窃"和"以其他方式非法获取"，这些行为方式显然是行为主体积极主动作为的，犯罪人主观上有着明确的认知，是故意犯罪。然而在生活中，却有大量因过失而导致个人信息受到损害的情况。如绝大多数个人信息管理员并没有主观犯罪的故意，但却因为监管不当过失泄露公民个人信息，导致公民个人信息受到侵害。根据《中华人民共和国刑法》第二百五十三条规定①：单位故意泄露公民个人信息的，对单位处以罚金，并追究直接负责人；但对单位过失泄露公民个人信息的不视为犯罪。如 2021 年 3 月 19 日，中信银行因保存用户个人数据不当造成大量用户数据泄露故而被罚 450 万元。此

---

① 《中华人民共和国刑法》第二百五十三条之一第三款规定，单位犯前三款罪的，对单位判处罚金，并对其直接负责的主管人员和其他直接责任人员，依照各该款的规定处罚。

案例中，银行因过失导致个人信息泄露，由于刑法中没有对单位过失泄露个人信息的规定，所以只能对其进行行政处罚。此外，因过失导致个人信息泄露大多发生在特定职业身份主体中，如国家公务机关、公司人事部门、快递行业以及酒店管理员等。侵犯公民个人信息罪仅将故意主观方面入罪，说明我国对于侵犯个人信息行为在刑法规制上有缺陷，过失泄露公民个人信息造成危害后果的亦应考虑其入罪的可能。

（三）侵犯公民个人信息犯罪行为规定不全面

侵犯公民个人信息罪规定了非法获取、非法出售、非法提供个人信息三种犯罪行为。但从司法实践来看，侵犯公民个人信息的行为方式还有非法使用、操纵、再利用、非法占有、伪造、销毁、抹除等侵犯公民合法权益的行为[3]。法律和司法解释应当增加上述行为为犯罪行为，否则在审判时会遗漏法益评价。例如对于非法使用信息的行为，目前我国按吸收犯处理。换言之，当犯罪主体的行为触犯其他罪名时，就依照其他法律规定来定罪量刑，此时会发现非法使用的行为被其他罪名所吸收，遗漏了应该评价的法益。此外，还有犯罪人由于发泄愤恨或被雇佣等原因，在网络上将其他人的个人信息进行广泛传播。譬如，一些网友将某主持人的个人信息资料发布在网络上，这就属于非法使用的行为，而现有的法律法规没有明确将非法使用规定为侵害公民个人信息的犯罪行为，不能全面保护公民个人信息。

（四）未确定"情节严重"的具体标准

我国《刑法修正案（九）》将犯罪情节严重认定为侵害公民个人信息罪的情节要素，但是并没有明确情节严重的具体标准，仅仅描述了几个判定因素，这个缺陷会造成司法实践中的认定困难。对于同种类犯罪，在没有具体的情节严重判定标准时，不同法官会产生不同的理解与看法，因此也会使犯罪分子受到不同程度的刑事处罚。目前，《最高人民法院、最高人民检察院关于办理侵犯公民个人信息刑事案件适用法律若干问题的解释》仅仅确定了情节严重与情节特别严重的一部分情形①，只是简单列举，并没有包含所有司法实践中遇到的情形。现有司法解释中规定的情形在司法实践中仍然会产生各种各样的问题。因此，有必要对"情节严重"进行相应的修改和明确。

目前，我国基本是以侵害公民个人信息的数量和个人信息的种类来定罪。在认定案件时，先以公民的个人信息为犯罪对象，再以其数量为衡量标准，可以直观地体现该罪行的危害。并且由于各种不同的公民个人信息属性不同，其隐私性和重要性也各有不同，越私密越重要的个人信息，对其的保护力度也应越大。在日常生活中，对公民个人重要信息的侵害即使很小，也可能会给公民的人身权益和财产权益造成无法挽回的伤害，因此，要判定"情节严重"与否不应只以数量和种类为判定标准，还应该以犯罪行为获得的收益、是否构成累犯以及犯罪主观方面的情况等为判定标准。对犯罪行为进行综合判断和打击，可以让司法实践更加公正公平。

三、完善对我国公民个人信息的刑法保护

（一）明确公民个人信息的界定标准

明确个人信息的界定标准，应先明确主体。要对"公民"这一词进行实质

---

① 《最高人民法院最高人民检察院关于办理侵犯公民个人信息刑事案件适用法律若干问题的解释》第五条规定："非法获取、出售或者提供公民个人信息，具有下列情形之一的，应当认定为刑法第二百五十三条之一规定的'情节严重'：（一）出售或者提供行踪轨迹信息，被他人用于犯罪的；（二）知道或者应当知道他人利用公民个人信息实施犯罪，向其出售或者提供的；（三）非法获取、出售或者提供行踪轨迹信息、通信内容、征信信息、财产信息五十条以上的；（四）非法获取、出售或者提供住宿信息、通信记录、健康生理信息、交易信息等其他可能影响人身、财产安全的公民个人信息五百条以上的；（五）非法获取、出售或者提供第三项、第四项规定以外的公民个人信息五千条以上的；（六）数量未达到第三项至第五项规定标准，但是按相应比例合计达到有关数量标准的；（七）违法所得五千元以上的；（八）将在履行职责或者提供服务过程中获得的公民个人信息出售或者提供给他人，数量或者数额达到第三项至第七项规定标准一半以上的；（九）曾因侵犯公民个人信息受过刑事处罚或者二年内受过行政处罚，又非法获取、出售或者提供公民个人信息的；（十）其他情节严重的情形。"

性解释，应当支持上文肯定说的观点，对个人信息不区分国籍地均予以保护，任何人的个人信息都可以成为本罪的犯罪对象[4]。明确个人信息的界定标准，还应当对"个人"的内容进行确定。"个人"应当排除"法人和非法人组织"。个人信息与法人信息是不同的，个人信息包含信息内容和人格尊严，而法人信息的价值主要体现在商业经济方面。对于法人信息，我们要通过《中华人民共和国反不正当竞争法》对其予以保护。此外，"个人"不包含"胎儿"，根据《民法典》第十六条规定，胎儿不具有民事权利能力，若在刑法方面赋予了胎儿信息保护权，则会出现民刑冲突的情形。因此，"个人"指具有民事权利能力的自然人。同时，刑法在规定公民个人信息含义时，要注意区别于前置性法律《中华人民共和国个人信息保护法》中的个人信息的含义①。刑法作为保障权益的最后手段，一定要进行清晰的划分，摆脱前置性法律的规定和标准，明确是否存在侵害公民个人信息的行为。

（二）增加过失犯罪的规定

目前，过失导致他人的信息受到侵害的案件不在少数，法律中对侵犯公民个人信息却只规定了故意犯罪，因此有必要在刑法中新增"过失侵犯公民个人信息罪"。

建议增设此罪是因为合法取得公民个人信息的机构因监管不当或者不负责任，违背应有的注意义务，造成公民个人信息受到损害，其社会危害性不低于刑法规定的故意犯罪。此外，在认定过失侵犯公民个人信息罪时要持谨慎态度，充分考虑司法实践中的情况，避免与刑法的谦抑性产生冲突。因此，在刑法中增加过失侵犯公民个人信息罪，可弥补刑法中的缺陷，提高拥有个人信息机构的警惕性，促使此类机构更为妥善地管理其合法取得的公民个人信息，实现事

---

① 《中华人民共和国个人信息保护法》第四条规定，个人信息是以电子或者其他方式记录的与已识别或者可识别的自然人有关的各种信息，不包括匿名化处理后的信息。个人信息的处理包括个人信息的收集、存储、使用、加工、传输、提供、公开、删除等。

前预防，进一步对公民个人信息进行保护。

（三）完善个人信息犯罪行为的规定

刑法中目前仅规定了非法获取、非法出售和非法提供个人信息的行为，通过现有的行为方式可以看出，对公民个人信息犯罪行为的规定并不能满足打击信息犯罪的需求。因此，刑法中，"侵犯个人信息犯罪的行为"的方式中还应当增加"非法使用公民个人信息"的方式。非法使用犯罪行为是侵犯公民个人信息的后续行为，即在非法获取、出售及提供行为之后，对他人的信息权益造成二次伤害的目的性行为，更具社会危害性。此外，在规范非法使用的行为时，还需要注意刑法的谦抑性，行为人在授权范围内合法收集公民个人信息，如果擅自使用信息进行营利活动或者用于其他违法行为，给公民或者社会造成严重损害或情节严重的，应当处以惩罚，从而使定罪量刑有完整的判定标准[5]。

（四）确定"情节严重"的判定标准

目前，关于侵犯公民个人信息"情节严重"的判定标准比较模糊，这直接影响司法实践中的定罪量刑，应当通过相关司法解释明确。首先，对于"情节严重"的判定，应以公民个人信息的法益是否受到损害为标准[6]，损害越大，情节越严重。其次，可以根据共同犯罪或有犯罪组织来衡量判定标准。刑法目前规定的组织性犯罪大多数都是严重犯罪，这种犯罪的社会危害性很大，可以将其作为情节严重的判定标准之一[7]。最后，"情节严重"还可以与传播区域相联系，对公民个人信息的传播区域进行相应规定。当犯罪人传播公民个人信息到一定的程度时，就认为犯罪人构成情节严重。"情节严重"的判定标准对侵害公民个人信息罪的认定而言是极其重要的，我们应当建立统一的"情节严重"判定标准，使刑法在处理侵犯公民个人信息犯罪时阻碍更小。

四、结束语

随着时代的发展，侵犯公民个人信息的方式层出不穷，给被害人造成了人身损害和精神损害，我们在注重社会发展时，也应当加强对个人信息的保护。目前的立法还不足以全面保护个人信息，我国应当充分发挥前置法和刑法的作用，建立一个完整的保护个人信息的法治体系。

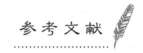

参考文献

［1］李啸天. 侵犯公民个人信息罪的检视与完善［D］. 郑州：河南大学，2022.

［2］付潇. 公民个人信息的刑法保护研究［D］. 青岛：青岛大学，2021.

［3］张旭. 侵犯民个人信息犯罪刑事治理研究［J］. 吉林大学社会科学学报，2022，62（6）：59-70，232.

［4］赵秉志. 公民个人信息刑法保护问题研究［J］. 华东政法大学学报，2014（1）：117-127.

［5］王圆圆. 加强公民个人信息刑法保护对策的思考［J］. 成都大学学报（社会科学版），2022（4）：123-128.

［6］陈小彪. 侵犯公民个人信息之法益厘定及其司法展开：以个人信息数量认定为视角［J］. 中国人民公安大学学报（社会科学版），2022，38（2）：73-80.

［7］黄陈辰. 侵犯公民个人信息罪"情节严重"中信息分级保护的结构重塑［J］. 东北大学学报（社会科学版），2022，24（1）：95-103.

第二部分

基层民事司法问题研究

论民事再审利益

宋　平　钟睿霖

摘　要 ……………………………………………………………………

　　败诉当事人对生效民事裁判享有再审申请权以及再审诉权，法院和检察院对于生效民事判决享有审判监督权和检察监督权。再审申请权应当符合诉讼要件，具备再审利益。有别于确定原裁判错误的再审事由，再审利益是再审申请权的诉讼要件以及诉的利益。通过对法院以缺乏再审利益驳回再审申请裁定为由进行司法调查可以发现，民事诉讼法只有构建积极再审利益与消极再审利益规则，审判监督程序才符合程序效率价值与程序公正价值。

关键词 ……………………………………………………………………

　　再审申请权；再审利益；识别标准；必要性与适当性

　　【作者简介】宋平，四川轻化工大学法学院副教授、博士；钟睿霖，四川轻化工大学 2023 级法律专业硕士研究生。

一、问题的提出

我国民事诉讼法规定了审判监督程序，赋予法院和检察院依职权启动再审的权利，同时败诉当事人对生效民事裁判享有再审申请权。法院的审判监督权和检察院的检察再审监督权都具有被动性，都不大可能主动对原审裁判是否有错误进行审查[1]。因此，败诉一方申请再审①成为再审程序启动的主要途径。最高人民法院通过发布司法文件的方式，提出了完善民事、行政再审申请程序和标准，构建规范公正透明的审判监督制度的司法改革方案②。对于申请再审，我国民事诉讼学界认为它已与申诉具有质的区别，它已不再是民主权利而是诉讼权利，是当事人的诉权在再审程序中的表现[2]。我国民事诉讼采纳审判监督体制下的申请再审制度，学界通说认为，再审程序呈现二阶化构造。第一阶段

---

① 《中华人民共和国民事诉讼法》对当事人的再审申请权做出了相应规定，再审申请权需具备以下条件：有权申请再审的主体为原审当事人（第二百零六条）；在法定期间内申请再审（第二百二是一条）；可被申请再审的对象为生效判决、裁定和调解书（第二百零五条）；需具备再审事由（第二百零七条）；以书面形式申请再审（第二百一十条）。

② 参见《最高人民法院关于深化人民法院司法体制综合配套改革的意见——人民法院第五个五年改革纲要（2019—2023）》（法发〔2019〕8 号）。

法院审查再审申请合法性要件与再审事由，第二阶段法院对民事案件进行再审。民事诉讼立法与学界普遍关注再审事由以及生效判决是否确有错误，而忽略了作为再审之诉的诉的利益，即再审利益。

依据诉之理论，当事人提起民事诉讼请求法院对案件进行审理并做出判决，则诉必须具有诉的利益，诉应当具备必要性与实效性。"诉的利益是一个以通过本案判决使纠纷得以实效性地解决为内容系列条件。"[3]诉的利益是当事人提起诉讼的基本程序要件，也是与当事人适格、二重起诉禁止等与案件实体内容密切相关的一种诉讼要件。从法院行使民事审判权的角度考量，诉之利益需要确定的因素是该诉是否具备解决的必要性；从当事人的角度分析，需要确定的是该诉是否具有纠纷解决的实际意义。在第一审民事诉讼中，当事人的起诉只有具备诉讼要件及其诉的利益，法院才对本案做出实体判决，否则将裁定驳回起诉。同理，于再审之诉不具备再审之诉的诉讼要件时，法院应当以决定形式驳回诉[4]。当事人行使再审诉权申请再审，必须具备再审诉讼要件之再审利益。

再审程序对民事生效裁判具有纠错功能，将突破判决既判力，大陆法系德国、日本民事诉讼立法均设置了严格的诉讼要件与再审事由。在我国民事诉讼中，当事人以生效裁判存在错误为由申请再审，必须主张并证明再审事由。我国民事诉讼法规定，审判监督程序和再审程序为二阶段构造①，法院先审查再审申请合法性要件和再审事由，包括再审申请的主体资格、申请期限是否合法、申请对象是否为生效民事裁判、再审事由。再审申请诉权化本质性属性，决定了再审申请还应当符合完善的诉讼要件——再审利益。我国民事诉讼法及相关司法先解释规定了再审申请主体资格、法律文书范围、申请期间、申请资料等事务性和手续性事项，然后着重界定了13种再审事由。本文认为，民事诉讼法遵循有错必纠的司法理念，将裁判错误作为法院再审立案事由，这符合我国长

---

① 《中华人民共和国民事诉讼法》第十六章规定的审判监督程序，主要规范法院再审审查、立案规则，而没有单独规定对本案再审的程序，法院适用原审生效判决适用的程序审理再审案件。

期以来遵循的司法政策。与此同时，为了建构社会主义法治国家，独立于实体法价值的程序法价值愈来愈重要。除了实体正义价值之外，程序公正价值、效率价值实质上成为国家设立民事诉讼各项制度所追求的重要目标。更为重要的是，为了确保公平正义理念，当事人申请再审应当遵守诚实信用原则，防止对对方当事人造成突袭性裁判。如果当事人能够在通常诉讼的一审程序、二审程序主张攻击防御方法，就不能故意或者因重大过失在判决生效后，再以相同理由作为再审事由向法院提起再审申请；否则，该当事人的再审申请不具备消极性的再审利益。

二、再审利益的界定

再审的提起，是基于当事人享有再审申请权而为之的诉讼行为，只有受到不利益裁判的当事人，才能享有申请再审的基本权利。民事诉讼法对当事人申请再审的程序进行"诉讼化"改造，现行立法制度安排又意味着对再审申请在形式、范围、对象及期限等方面进行规范及做出种种限制[5]。而对于受到原审不利益裁判的当事人来说，生效裁判申请再审的必要，具备积极性再审利益。诉的利益在上诉审中表现为上诉利益，在再审程序中表现为再审利益，即申请人应被限定于受确定判决约束且有不服利益的人[6]。当事人对生效裁判申请再审的必要性和适当性，就是再审利益。本文认为，依据性质的不同，再审利益可以被划分为积极再审利益和消极再审利益。没有受到败诉裁判的当事人，对于生效判决缺乏积极再审利益。

第一审程序由当事人起诉而开启，法院采纳起诉要件规制案件立案与受理。我国法院采纳立案登记制度，通过民事诉讼法规定了起诉要件，审核当事人的起诉是否符合受理要件。为了提高诉讼效率、节约司法资源以及保障对方当事人的程序利益，大陆法系国家民事诉讼立法设立了本案审理和判决的前置性条件。诉讼要件又属于一个范围较广的属概念，其内涵丰富，既包涵独立于案件实体的诉讼权利能力、当事人存在等一般要件，又包含与案件实体密切相关的二重起诉禁止、当事人适格等要件。诉之利益就是一个非常重要的诉讼要件。诉的利益是指当事人权利受到侵害或者与他人发生民事纠纷时，需要运用民事诉讼予以救济的必要性与实效性[7]。诉权成立的必要条件之一就是诉的利益，当事人的起诉在具备诉的利益情况下，法院才可能立案受理。同理，作为一个完整的诉讼要件，当事人申请再审亦应具备再审利益。值得注意的是，诉讼要件是法院对本案做出实体判决的要件，并不是受理案件的要件。我国民事诉讼制度中没有起诉要件、诉讼要件的区分，类似诉讼要件或者本案要件的内容都被归入起诉要件[8]。由此可见，起诉要件是法院受理案件的必要条件，诉的利益则针对具体诉讼请求是否有进行诉讼或者本案判决的必要性与实效性[8]。建构在再审之诉制度基础上的再审程序启动也是因为当事人行使了再审诉权，在提起再审之诉的当事人具有再审利益时，启动再审程序[9]。再审利益这一再审诉讼要件，并非产生于法律的直接规定，而是出于对民事诉讼程序公正价值、效率价值、合理司法资源支出、平衡双方当事人合法权益的考量。再审利益并不是一个单纯的程序性要件，而是与原审判决内容和当事人在原审中诉讼行为存在密切关联的一个诉讼要件。再审利益不同于再审事由，其决定申请人申请再审的必要性与适当性，更多体现了程序公正、效率等价值。因此，当事人申请再审实质上就等同于提起再审之诉，首先须具备再审利益，之后法院才审查再审事由，而不具备再审利益的，法院应裁定驳回再审申请。

三、再审利益识别之理论基础

当事人申请再审，须具备再审利益，再审利益被划分为积极再审利益与消极再审利益。积极的再审利益指当事人在生效裁判中受到不利益。与此同时，再审申请还需具备消极再审利益，即当事人申请再审没有故意或者重大过失不在原审中提出再审事由、未违反诚实信用原则、未滥用再审申请权等。再审申请缺乏再审利益，法院不得对再审请求进行审理和判断，并从程序上裁定驳回再审申请。然而，对于如何判断再审申请有无再审利益、判断标准是什么，大陆法系各国存在不同的立法、学说、判例。

（一）再审申请权的性质

我国民事诉讼法规定，败诉当事人对生效民事裁判享有再审申请权。我国民事诉讼法采纳法院审判监督与检察院检察监督启动再审制，以及当事人申请再审制。从审判监督层面，法院和检察院依据司法监督权能够直接启动再审。基于监督权的性质不同，是否行使监督权就不再是基于当事人诉的利益的考虑，而是法律秩序和社会因素的考量[1]。关于再审申请权的性质，在民事诉讼学界主要存在两种观点。有学者认为，"在民事诉讼中因当事人对终审裁判不服时，在具有再审事由的情形下可以提出申请要求法院对已经终审的原审案件予以重审或再次审理的程序权利，即为再审诉权"[1]。也有学者认为，"因为再审申请权并不能立即启动再审程序，需要法院对再审申请进行审核后才能确定是否启动再审程序；当事人行使再审申请权需要满足附加条件，而诉权具有绝对性，诉权的存在不以实体权利的存在为前提。再审申请权不是诉权，而是诉讼权利，是非常的程序异议权"[10]。大陆法系民事诉讼学界通说认为，诉权不是抽象的、绝对性的权利，需要结合实体权利受到侵害或者权利义务争议，并且诉权的存在依附于诉讼要件。无论是审判监督权还是检察再审监督权，都具有被动性特点。因为再审监督权行使的前提是已发现原审裁判错误，法院和检察院都不大可能主动纠错。再审申请权实质上成为启动再审的主要力量。诉讼实务中无论是法院决定再审还是检察机关提起抗诉，一般都是源于当事人向法院、检察机关反映情况[11]。从本质上说，基于私权维护与纠纷解决的立法目的，再审申请权已经演变为再审诉权，诉的利益是考量再审申请权是否合法的重要要件。当事人申请再审，应当对生效裁判享有积极和消极的再审利益，再审利益是再审程序得以启动的决定性因素。当事人的再审申请权，就是法定的权利。

另外，《中华人民共和国民事诉讼法》在"审判监督程序"一章中，规定了当事人申请再审的对象、再审法院管辖、再审事由、提交再审申请书等诉讼要件；规定法院应当对再审申请进行合法性和合理性审查。因此，再审申请权实质上就是再审诉权。

（二）再审利益的考量因素

1. 再审程序的目的、功能

我国有关民事诉讼法的教科书通常将审判监督程序等同于再审程序，然而，审判监督程序实际上就是本案再审前的程序，或启动本案再审的程序[1]。我国民事诉讼法采纳"二阶段"再审程序构造，包含启动本案再审的审判监督程序与本案再审程序①[12]。从各国设置再审制度的原因看，大多数是由于已发生既判力的生效判决或者在程序上存在重大瑕疵，或者在实体上存在严重的错误，而错误裁判既严重影响了司法权威性，又有可能给当事人的权益造成重大损害，因而才设置再审制度来维护裁判的公正性和救济受到错误裁判损害的当事人[13]。再审程序的目的有如下几点。其一，从制度设计层面考察，再审程序首先为当事人的权利救济而设定②。如果再审程序的启动主要由当事人申请而引起，需要遵循再审利益来考虑的话，再审制度实质上就发挥了以当事人权利救济为目的的作用。其二，再审法院通常都属于层级较高的高级人民法院以及最高人民法院，毫无疑问再审制度实质上承担着确保法律适用于法律解释的统一

---

① 再审程序，是指法院对已经发生法律效力的判决、裁定，在具有法律规定的再审事由时，依据法律规定的程序对原审案件也称为"本案"再次进行审理并做出裁判的一种特别救济程序。

② 笔者在中国裁判文书网输入关键词"高级人民法院""再审判决"，结果显示，共有 25 229 份高级法院的再审判决书。输入"高级人民法院、《民事诉讼法》第一百九十八条（本院或者上级法院依职权对民事案件启动再审的判决）、高级法院、民事判决"，结果显示，共有 18 份高级法院的再审判决书。可见，高级法院依职权启动再审的案件在再审案件总量中占 7%。

的任务。

我国民事诉讼适用两审终审制，没有规定独立的再审审判程序，再审适用原生效裁判存在的审级。原审生效裁判若发生在第一审，那再审法院就适用第一审程序；若发生在第二审，再审法院就适用第二审程序。再审程序可以纠正原裁判的事实认定错误、法律适用错误、违反法定程序，从而对原裁判依法改判，保障当事人合法权利。其一，从再审监督体制分析，再审制度体现了法院的审判监督功能和检察院的再审监督功能，再审监督功能体现了我国再审立法的主要目标，维护了"有错必纠"的司法原则。其二，基于当事人申请启动的再审程序，为当事人权利救济而设置，此为再审制度设立的重要目标和功能。上诉制度的功能和目的主要倾向于对当事人的权利救济，附带实现上下级法院之间的审判监督功能。在民事案件经历了一审、二审、终审程序后，当事人获得了充分的审级权利救济。因此，本文认为，再审程序的主要目的和功能，应当以审判监督与当事人权利救济并存为主。

既然再审制度承载监督功能以及权利救济功能，那么必须赋予再审申请权以诉权保障；与此同时，当事人已经在一审、二审中为民事案件获得了充分的程序保障，同时也为了维护生效判决的既判力和法的稳定性，再审申请权不能等同于诉权，应当受到必要的限制。本文认为，在我国民事诉讼中，当事人申请再审除了具备再审事由外，还应当具备诉讼要件以及再审利益。再审利益用以判断再审申请合法性以及必要性。

从程序目的上讲，再审程序本为审判监督与救济当事人，附带统一法的解释适用而设定，着眼于审判监督。大陆法系各国民事诉讼法规定了严苛的再审之诉的再审事由和再审利益。如此考虑，是在制度上在生效判决既判力、法的安定性、当事人权利救济、程序效率的考量之间寻求利益上的平衡；同时，防止一方当事人滥用再审申请权拖延判决的强制执行损害对方当事人合法权益。因此，民事诉讼法设立再审事由控制再审申请。再审事由程序规则可以过滤掉大部分无理由的再审申请，维护生效裁判的既判力、保障对方当事人合法权益，节约司法资源。然而，法院毫无保留地对符合再审事由的再审申请启动再审，可能会变相鼓励当事人违反诚实信用原则、侵害对方当事人的信赖利益，从而浪费司法资源，最终危害司法权威。本文认为，法院应审查再审申请的再审利益后，再对再审事由进行审查，这样才能在维护实体公正的同时兼顾程序公正原则。

2. 再审的程序构造

关于再审程序的构造，大陆法系民事诉讼学界有不同的认识，概括起来主要有三种学说：一阶段说、二阶段说以及三阶段说。一阶段说将整个再审阶段视为一个程序。再审程序不同于通常的诉讼程序，再审法院需要先审查再审的合法性和再审事由，认定存在再审合法性和再审事由后，才能够对再审案件进行实体审理和判决。二阶段说将整个再审阶段分为审核再审之诉合法有理由阶段和再审实体审理阶段[9]。法院首先对再审申请进行诉的合法性审查和再审事由的审查，若再审申请符合这两项要件，法院即决定再审立案，对再审案件进行再审审理。我国再审程序就属于此种再审审判结构，法院立案庭负责对再审申请的审查，既审查再审合法性又审查再审事由，再审申请同时具备上述两要件后，法院审判监督庭随即对案件开始审理和裁判。三阶段说将再审案件的受理和审理分为三阶段：第一阶段，法院审查再审之诉的合法性要件即诉讼要件；第二阶段，当再审申请符合再审诉讼要件时，法院随即对再审事由进行审查；第三阶段，在确认再审事由后，法院将对再审案件进行实体审理和判决。因为再审事由与案件实体事项具有牵连性，审判庭统一对再审事由与实体问题进行审理，具备适当性。德国、日本的再审之诉采纳三阶段说[14]。

本文认为，二阶段说赋予法院对再审诉讼要件与再审事由合并审查的权利，顾忌了两者之间的牵连性，符合程序公正价值、程序效率价值。在第二阶段，赋予法院审判监督庭独立对再审案件进行审理并裁判的权利，可以有效监督立案庭的再审立案职权，有助于对再审案件做出公平公正的裁判。

四、不同裁判形态下再审利益的识别

（一）法院以不具备诉讼要件为由驳回起诉裁定之再审利益

当欠缺诉讼要件时，法院将裁定驳回当事人提起之诉。原告提起诉讼须跨过一定的门槛，这样才能使法院受理案件并做出实体判决。

第一，《中华人民共和国民事诉讼法》第一百二十二条、第一百二十三条、第一百二十四条规定了起诉要件。原告起诉须满足起诉要件，应当提交起诉状，原被告须记载清晰、诉讼请求明确、包含具体的事实和理由，并按照对方当事人人数提交诉状副本。原告提起的诉不符合起诉要件的，法院将裁定不予受理原，若已经受理案件，法院将裁定驳回起诉。只有起诉符合起诉要件，法院才会对案件进行下一步审查。

第二，原告提起诉讼还应当具备诉讼要件①。当法院生效裁定驳回原告起诉时，被告在形式上获得了利益，对被告来说驳回起诉裁定是一种胜诉裁判。在我国司法实践中，原告提起民事诉讼，一审法院判决驳回原告诉讼请求，原告提起上诉后，二审法院裁定撤销原判、驳回起诉。一审被告（二审被上诉人）对二审法院裁定驳回原告起诉裁定申请再审，法院否定被告对驳回原告起诉终审裁定的再审利益②。

（二）法院做出本案判决的再审利益

法院对案件进行审理并做出本案生效判决表达了两层意思：当事人的起诉符合诉讼要件或者符合实体判决要件；法院通过生效判决确定了当事人之间的

---

① 我国诉讼要件包含：①当事人实际存在；②具有当事人能力；③当事人适格；④当事人实施起诉行为；⑤实施了有效送达；⑥不属于重复诉讼；⑦属于审理本案的法院管辖；⑧具有诉的利益。

② 参见吉林省高级人民法院（2018）吉民申2294号民事裁定书。

实体法律关系[15]。

论及诉讼要件自身的审理顺序，有学者认为，"应当从容易判断的诉讼要件开始审理，而这些容易审理的诉讼要件通常是一些与本案没有联系的抽象的诉讼要件，比如法院的管辖、起诉行为的有效性（主要是指当事人居于诉讼行为能力）、当事人实际存在、当事人能力、诉讼费用担保等，而后审理与本案密切联系的诉讼要件，比如诉的利益、当事人适格等"[16]。从逻辑结构上看，诉讼要件与本案审理既相互独立又存在牵连。大陆法系学界主流观点认为，诉讼要件作为本案判决的前提，法院应先审理诉讼要件才能进入本案审理。但是，以诉讼效率价值为指针，法院可以不受诉讼要件、本案的顺序，而自由裁量民事案件的审理顺序。如果法院先审理本案，查明诉讼请求无理由，可以直接以本案无理由判决为由驳回诉讼请求。

针对法院对诉讼要件与本案两个层次的裁判，应当区别对待再审利益。一是法院在诉讼要件的审理过程中，裁定驳回起诉并生效时，原告对该裁定具有再审利益。二是法院可将本案判决的情形分成三种情况。第一种是法院认为原告之请求无理由而判决驳回，此时法院判决确认了诉讼要件、诉讼请求不成立，原告对判决具有再审利益。被告没有受到败诉判决，因此没有再审利益。第二种是法院判决支持原告诉讼请求，被告受到不利益，对法院确认诉讼要件的判决和本案判决，均具有再审利益，原告没有再审利益。第三种情况是法院判决部分认可、部分驳回原告的诉讼请求，原告对本案判决具有再审利益，被告对确认诉讼要件的判决和本案判决均具有再审利益。

五、再审利益识别标准的完善与重构

原告提起民事诉讼，首先对民事案件需具有诉的利益。民事诉讼请求又被划分为权利保护资格与权利保护利益。"请求从性质上要具有以判决确定的一般性的适当性（保护权利资格）、原告对请求有要求判决的现实必要性（保护权利利益）。"[17]民事诉讼的保护权利资格，是指本案属于民事审判权的受理范围，是民事权利义务争议；权利保护利益，就是当事人具有提起民事诉讼的适当性。例如：在债权债务关系中，债权已经到了清偿期，债务人拒不偿还借款，债权人对债务人的债权提起诉讼就具备保护权利利益。

本文认为，依据诉权理论，申请人申请再审，应当具备提起申请的必要性与实效性，从民事特别诉权的角度分析，申请人申请再审需具备再审利益。我国民事诉讼立法与学术界着重关注积极再审利益识别标准，例如申请对象为生效民事裁判、申请人在判决中败诉、判决错误等，忽略了在程序公正价值下的消极再审利益。"实践总是先于理论"，我国司法实务界基于民事诉讼公正价值、效率价值、诚实信用原则创立了较系统和统一的消极再审利益识别标准。本文以我国司法实务界对于消极再审利益的裁判为基础，对完善再审利益识别标准建议如下。

（一）再审申请人应当具备积极再审利益

申请人只有在原审裁判中属于败诉方时，才享有再审申请权，这时再审申请权具备积极再审利益。申请人若在原审中属于原告，原审裁定驳回起诉，或者判决驳回其诉讼请求、支持了部分诉讼请求并驳回剩余部分请求，在这种情况下，申请人受到生效裁判的不利益，可以对其申请再审，享有积极再审利益。申请人在原审中若处于被告或者第三人地位，原审法院判决其败诉或者部分败诉、判决第三人承担民事责任，则申请人对原生效裁判享有再审利益。

（二）再审申请人应当具备消极再审利益

第一，当事人对一审判决未提起上诉，判决生效，对该判决的再审申请缺乏再审利益，但判决出现原则性错误除外。

我国民事诉讼法采纳两审终审制，当事人对法院一审判决有权在法定上诉期内提起上诉。从事实认定的可靠性和诉讼效益出发，诉讼应当坚持一审中心主义[18]。虽然我国民事二审审理模式为"续审制"，二审法院对案件进行事实审和法律审，当事人还能在二审提交新证据；然而，依据处分权原则，当事人放弃对一审民事判决提起上诉，一审判决在上诉期满后就产生法律效力，当事人随即丧失上诉权。在具备再审事由的情况下，当事人对于生效裁判具有再审利益，体现了"实事求是、有错必纠"原则。在民事诉讼实务中，败诉当事人对一审生效判决不服，能够申请再审、具有再审利益吗？"实事求是、有错必纠"，在一般意义上无疑是正确的，但是当把这一司法理想不加区隔地运用到民事诉讼程序上时，其妥当性有时就值得商榷。民事诉讼追求实体正义，同时更坚持程序公正和程序效率。依据民事诉讼诚实信用原则，当事人应当在通常民事诉讼中适时提出攻击防御方法。若当事人能够在法院做出一审判决后提起上诉，则由二审法院对案件进行实体审理。当事人如果因故意或者重大过失没有对一审裁判提起上诉，一审判决生效，该当事人对一审生效判决申请再审，是否还享有消极的再审利益？在司法实践中，法院对这种申请做出了不同的裁判。有高级人民法院已经否定了当事人对一审生效判决的再审利益①。法院认为，当事人对一审判决没有提起上诉，一审判决生效。如果法院认可了当事人的再审利益，将变相鼓励或放纵不诚信的当事人滥用再审程序，浪费司法资源，有违两审终审制。另有基层人民法院确认了申请人对一审生效判决申请再审的再审利益②。有学者认为，"鉴于一些法定的申请再审事由如出现新的证据、作为原裁判依据的法律文书被撤销或变更、审判人员枉法裁判等情形往往事后才可能被发现，很难成为上诉理由，因此制度上亦允许对未经上诉的生效裁判申请再审"[5]。有学者认为，"为了避免再审的通常化和随意性，当一审即告终结的案件申请再审时，应当根据具体情况予以区别对待。具体来说，若一审裁判做

---

① 参见贵州省高级人民法院（2019）黔民申 1972 号民事裁定书。
② 参见四川省自贡市沿滩区人民法院（2017）川 0311 民再 1 号民事判决书。

出后当事人自愿放弃行使上诉权，或因自己的原因而未能在法定的上诉期限内诉诸通常救济，则不应允许其针对该生效的一审裁判申请再审"[19]。这也与民事实体法中的意思自治原则所彰显的"自己决定、自己负责"理念，以及民事程序法中的处分原则相契合[19]。本文认为，依据程序公正价值、诚实信用原则、公平原则、两审终审基本制度，防止当事人滥用诉讼权利，当事人在一审判决生效后原则上对该判决丧失再审利益。

一方面，可能当事人在没有律师帮助的情况下放弃上诉导致一审判决生效，而一审生效判决确有错误的，当事人对一审生效判决丧失再审利益，有违正义价值。同时，有学者认为，"现有立法并未规定申请再审的生效文书必须经过二审上诉才能生效，也未将此类情形纳入不能申请再审的文书，为了维护当事人的合法权益，应当允许未上诉的一审生效案件的当事人在特殊情形下申请再审"[20]。本文原则上赞同上述学者的观点，但应当对"特殊情形"进行界定。虽然我国民事诉讼法并未剥夺当事人对一审生效判决的再审利益，从程序公正价值、两审终审制、民事诉讼诚实信用原则出发，一审判决败诉当事人故意或者重大过失未提起上诉，原则上丧失对一审生效判决的再审利益。另一方面，民事诉讼还应当遵循公益价值，诉讼程序的运行也特别强调程序安定性的一面。诉讼是一种集团现象，即运用民事诉讼程序处理案件，不仅影响利用该程序的当事人的利益，而且也会对其他当事人的利益产生影响[4]。若生效的一审判决认定事实的主要证据是伪造的、适用法律确有错误的，据以做出原判决法律文书被撤销或者变更裁定时，当事人对该一审生效判决具有再审利益。

第二，当事人对第一审判决未上诉，对方当事人上诉后，二审法院判决驳回上诉维持原判，未上诉的当事人对第二审判决缺乏再审利益。

法院对民事案件做出一审判决后，败诉当事人没有提起上诉，对方当事人提起了上诉。在二审期间，未上诉当事人主张一审判决正确，法院二审判决驳回上诉、维持原判。未上诉当事人在法定期间内，对二审生效判决申请再审，该当事人是否享有再审利益？我国民事诉讼法没有对此做出规定。笔者对 2019 年至 2021 年各高级人民法院驳回再审申请裁定进行了统计：裁定驳回再审申请的案件总数为 114 件，其中申请人没有提起上诉且在二审中主张维持原判，法院维持原判生效后，该申请人申请再审的案件有 88 件。可见，高级人民法院均裁定该类申请人缺乏再审利益而驳回再审申请的，占裁定驳回再审申请案件总数的 77%。此外，笔者也调取了 2019 年至 2021 年最高人民法院以申请人缺乏再审利益为由而驳回再审申请裁定的 8 件案件。法院以申请人未提起上诉且在二审庭审中主张维持原判，现在申请再审违反诚实信用原则为由，裁定驳回 4 件再审申请案件，占比 50%。

法院做出一审判决后，败诉当事人在上诉期内没有提起上诉，且在二审中积极主张一审判决正确，二审法院判决驳回上诉、维持原判。未上诉当事人却在法定期间内对生效二审判决申请再审。该当事人申请再审诉讼行为与其在原一审、二审程序中的诉讼行为产生严重抵触、矛盾，违反禁反言规则、诚实信用原则，动摇了对方当事人对司法的信任，增加了法院的诉讼耗费。故此类申请人对二审判决缺乏再审利益。

大陆法系国家德国、日本的民事诉讼法对积极再审利益和消极再审利益做出了明确规定。德国民事诉讼法第五百七十九条规定，如果可以通过上诉而主张原判决无效时，不能提起无效之诉①。日本民事诉讼法也赋予当事人对于生效判决再审之诉权。但是，即便存在再审事由，若当事人提起控诉或上告时已主张该事由时，或知晓该事由而未主张时，则不能将该事由作为再审事由予以主张[4][21]。德国学者认为，"法院法官任用未依规定，或者依法应自行回避或

---

① 《德国民事诉讼法》第五百七十九条［无效之诉］，当事人可以在下列情形，提起无效之诉：①做出判决的法院不是依法律组成的；②依法不得执行法官职务的法官参与裁判，但主张此种回避原因而提出回避申请或上诉，未经准许的除外；③法官因有偏颇之虞应行回避，并且回避申请已经宣告有理由，而该法官仍参与裁判。在前款第一项和第三项的情形，如果可以通过上诉而主张原判决无效时，不能提起无效之诉。

被成功回避的法官参与了审判，因为当事人没有申请回避，判决生效，发生这些情况时如果判决最终不可声明不服，则会动摇对司法的信任"[14]。可见，德国、日本立法与学界认为，对于原审判决存在严重程序瑕疵的，当事人没有在一审、二审、三审中提出该程序瑕疵，当事人以该程序瑕疵为由提起再审之诉，将丧失再审利益。

第三，当事人应当在申请再审时主张所有再审事由，不得依据程序选择权和处分权分隔提起多个再审申请。

当生效民事判决存在多个再审事由时，当事人是否可以依据处分权和程序选择权，以不同的事由分别申请再审？有学者认为，"当存在两个或两个以上再审事由时，不必强求当事人必须在一个诉讼中主张数个再审事由。把先后提出的诉讼声明和不同的再审事由视为独立的诉讼标的，允许当事人分别提起再审申请并不会给诉讼效率带来严重损害"[22]。当事人申请再审，请求法院启动再审撤销生效判决，既突破了生效判决的既判力，又使对方当事人处于不稳定状态。民事生效判决的再审事由，往往涉及伪造证据、原判决适用法律错误、原审严重程序违法等情形。当事人不能以处分权和程序选择权为由，分别提起不同的再审申请，即先提起伪造证据再审事由下的再审申请，法院裁定驳回再审申请后，又提起程序违法的再审申请。民事判决发生既判力后，双方当事人之间就产生了以判决主文为基础的法的关系。依据民事诉讼效率价值、公平价值、程序保障原则、诚实信用原则，同时为了维护司法权威，当事人应当一并提起包含多个再审事由的再审申请，而不能够分隔提起再审申请。

第四，法院裁定驳回原告起诉，被告对该裁定具有再审利益。

法院一审判决驳回诉讼请求，原告提起上诉，二审法院以一审法院受理了非民事权利义务争议，违反了法院主管的诉讼要件规则为由，裁定撤销原判，驳回起诉。此时，一审被告、二审被上诉人对二审法院驳回起诉的裁定不服，申请再审。在司法实践中，两份高级人民法院裁定以一审被告没有受到败诉判决，缺乏再审利益为由，裁定驳回了一审被告的再审申请。

关于被告对法院一审法院裁定驳回起诉的裁定，大陆法系国家有学者认为，被告应当享有上诉权，当然就有再审利益。对于法院驳回原告起诉之裁判，当事人实体上的权利请求或者说实体上的争议并未得到法院的处理，于被告而言这虽可理解为一种"胜诉"裁判，但原告可以通过补救的方式重新获得诉讼要件并提起诉讼，对于谋求法院做出驳回原告诉讼请求之本案裁判的被告而言，也应当认可被告对于法院驳回原告起诉之裁判具有上诉利益方为妥当[15]。本文认为，二审法院裁定驳回原告起诉，对一审原告不利益，同时对一审被告也将产生不利益。原告可以在诉后完善诉讼要件再次起诉，法院依法受理并对案件进行审理。被告不得不面临二次应诉被动参加诉讼，再次耗费诉讼成本。此外，依据民事诉讼平等原则，被告对于原告提起的诉讼，也有请求法院做出实体判决的程序利益，这也是诉权平等性的体现。

六、结束语

面对诉讼案件数量急剧增长的司法现状，我国正在进行民事司法改革，主要目的是简化诉讼程序、提高诉讼效率进而公正解决民事纠纷。民事诉讼案件数量的提升，将使再审申请案件数量上涨。自 2012 年以来，我国对民事诉讼审判监督程序与再审制度进行了局部改革，再审制度与程序更加规范化。民事再审程序二阶段构造得到初步确立，民事再审申请权的诉权化改造也初步完成。申请人申请再审，依据再审诉权规则，应当具备诉讼要件，即再审利益；更应当具备积极再审利益与消极再审利益，这才符合实体公正价值与程序公正价值。

参考文献

[1] 张卫平. 再审诉权与再审监督权：性质、目的与行使逻辑 [J]. 法律科学（西北政法大学学报），2022，40（5）：77-90.

[2] 李浩. 民事再审程序改造论 [J]，法学研究，2000，27（5）：90-101.

[3] 高桥宏志. 民事诉讼法：制度与理论的深层分析 [M]. 林剑锋，译. 北京：法律出版社，2003.

[4] 伊藤真. 民事诉讼法：第四版补订版 [M]. 曹云吉，译. 北京：北京大学出版社，2019.

[5] 王亚新. 民事再审：程序的发展及其解释适用 [J]. 北方法学，2016，10（5）：117-130.

[6] 王忠. 再审利益法律程序之保护 [J]. 人民司法，2009，17（24）：8-13.

[7] 廖永安. 论诉的利益 [J]. 法学家，2005，23（6）：88-96.

[8] 张卫平. 诉的利益：内涵、功用与制度设计 [J]. 法学评论，2017，35（4）：1-11.

[9] 张卫平. 民事再审：基础置换与制度建构 [J]. 中国法学，2003，17（1）：102-115.

[10] 吴英姿. 在"再审之诉"的理论悖论与实践困境：申请再审权性质重述 [J]，法学家，2018，28（3）：139-153，195.

[11] 李浩. 民事再审程序的修订：问题与探索：兼评《修正案（草案）》对再审程序的修订 [J]. 法律科学（西北政法学院学报），2007，18（6）：136-145.

［12］张卫平.民事诉讼法［M］.5版.北京：法律出版社，2019.

［13］李浩.构建再审之诉的三个程序设计［J］.法商研究，2004，23（4）：37-42.

［14］尧厄尼希.民事诉讼法：第27版［M］.周翠，译.北京：法律出版社，2003.

［15］唐力.论民事上诉利益［J］.华东政法大学学报，2019，22（6）：101-114.

［16］高桥宏志.重点讲义民事诉讼法［M］.张卫平，许可，译.北京：法律出版社，2007.

［17］兼子一、竹下守夫.民事诉讼法［M］.白绿铉，译.北京：法律出版社，1995.

［18］张卫平.有限纠错：再审制度的价值［J］，法律适用，2006，23（7）：2-5.

［19］潘剑锋.程序系统视角下对民事再审制度的思考［J］.清华法学，2013，7（4）：26-27.

［20］舒金曦.对民事再审审查程序的反思与完善［J］.法律适用，2021，20（3）：170-176.

［21］曹云吉.日本民事诉讼法典［M］.厦门：厦门大学出版社，2017.

［22］李浩.民事再审程序的反思与重构［J］.法商研究，2006，22（4）：39.

民事诉讼中非法证据排除规则研究

——以 17 份判决书为例

邱 萍 宋 平

摘 要 ·····································

　　法官在案件审判中认定案件事实，准确适用法律的依据就是证据。因此，对证据合法性的审查对于正确确定案件事实和准确适用法律非常重要。民事领域中非法证据排除的启动方式、提出阶段等规则都不完备，理论界和司法实践中对此都有较大的争议。较为权威的规则只有最高人民法院发布的司法解释，该规定具有极强的原则性，不能够对下级人民法院的审判活动进行有效的指导，同时也不能对法官的自由裁量权进行很好的规制，从而产生很多"同案不同判"的情况。因此，本文在剖析案例的基础上分析该规则的实践状况，以期让非法证据排除规则在民事诉讼领域内更加具体化和规范化。

关键词 ·····································

　　民事诉讼；非法证据；排除规则

　　【作者简介】邱萍，四川轻化工大学法学院 2023 级法律专业硕士研究生；宋平，四川轻化工大学法学院副教授，主要从事民事诉讼法研究。

受刑事诉讼法理论的影响，非法证据排除规则也在民事诉讼中被人们所提及。我国民事诉讼领域内没有便于适用的非法证据排除规则，只有最高人民法院颁布的司法解释对非法证据排除规则进行了概括性的规定，从而导致在司法实践中出现许多情况相同或者相似但其判决、裁定却大相径庭的现象，不利于维护司法的权威与公正性。笔者就相关案例进行了分析和总结，发现了当前中国民事诉讼程序中非法证据排除规则适用的具体漏洞，基于此提出了相关改进建议，以期使非法证据排除规则的适用更加具体，从而保护案件当事人的合法权益，确保公平正义的实现。

一、民事诉讼中非法证据排除规则的概述

（一）非法证据的概念

有学者认为，要较为准确地解释非法证据，就要从狭义的证据收集角度入手，因为非法并不意味着不合法，而只是证据不具备合法性特征，但从范围上讲，只有民事主体的合法权益被证据收集手段所侵犯，依据该手段获得的证据

才能被认定为非法证据[1]。我国理论界和实务界讨论的非法证据排除问题，指的是当事人取得的证据的程序和手段不符合法律的规定，即严重侵害他人合法权益、违反法律禁止性规定或者严重违背公序良俗。

（二）非法证据排除规则的概念

非法证据排除规则是以规范各方取证和举证行为方式为目的，对采取非法方式收集证据不予采用的规则。但是从实务角度来看，有些证据虽然属于广泛的非法证据，却依旧可能对发现案件真相有着不容忽视的影响，如果一律排除，就会导致法院认定案件事实的依据减少，导致法官做出的判决、裁定的基础不牢，不能反映客观事实。但是现行阶段，我国与民事诉讼非法证据排除相关的规定并不全面，导致其在实际的适用中常常处于虚无状态。

民事领域的非法证据排除规则在我国发展至今，涉及多部规范性法律文件，历经了从初创、明确排除规则和标准，到逐步完善民事实体法、程序法关于证据方面的规则，再到最后的使非法证据排除规则以司法解释的形式确定下来的阶段，为法官在具体案件中提供了重要指导。

二、民事非法证据排除规则的理论基础

尽管非法证据排除规则主要存在于刑事诉讼领域，但在民事诉讼领域中也存在因一方当事人违法收集证据侵犯对方合法权益的情况，因此民事诉讼中非法证据排除规则具有存在的理论基础。

（一）促进程序正义的需要

《中华人民共和国民事诉讼法》规定，当事人及其诉讼代理人在依靠自身的能力不能有效收集证据时，应诉求法院依职权调查证据。其中便隐含着禁止当事人及其诉讼代理人非法取证的意思。对采用非法手段获取的证据予以采用，

虽然对案件事实的认定有利，但其实是以牺牲程序正义为代价的。没有程序正义，就没有实体公正，实体正义的实现依赖于程序正义，程序正义相对于实体正义又具有独立性。发现客观真实是诉讼的最终目标，而法律实践中对实体公正的追求需要用程序公正来保障。只有以程序正当为前提，才能去论证案件的事实是否清楚，才能最大限度发现客观真实。

（二）加强人权保障的需要

当代社会崇尚个人权利与自由，决不允许以侵犯个人权利的手段获取证据，公民的基本权利为《中华人民共和国宪法》第二章所明文规定，在公民的权利体系中处于核心地位。当事人通过侵害他人基本权利的方式取得的证据资料在诉讼过程中不能作为证据使用，应当予以绝对排除。这既是宪法规范的逻辑结果，又是现代法治国家的必然要求。因此，只要在民事诉讼中作为证据使用的材料可能是通过不合法的程序、手段取得的，非法证据排除规则就具有存在于民事诉讼领域内的必要。

三、民事诉讼非法证据排除规则适用现状和缺陷

（一）民事诉讼非法证据排除规则的实践现状

1. 民事诉讼非法证据排除规则经典案例分析

实践中是否排除有争议的证据，以及规范性文件在司法实践中的具体适用情况，都能够通过案例反映出来。

笔者以"全文检索'非法证据排除'、文书类型为判决书、检索案由为民事案由"为检索条件，在中国裁判文书网上进行检索，得到 372 篇文书。设置二级条件裁判年份为"2022"，得到文书 22 篇。其中，民事一审判决书 8 篇，民事二审判决书 12 篇，民事再审判决书 2 篇。除去与本文不相关的案例，共得17 篇。根据申请排除理由、法官对争议证据的审查，做出如下统计（见图 1）。

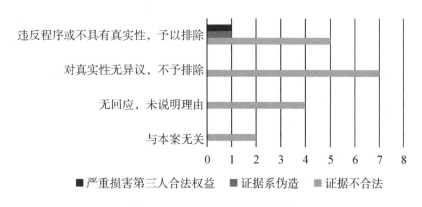

图1　非法证据排除司法实践现状

从相关裁判文书中可以看出，大多数当事人之所以要求排除证据，是因为其认为对方当事人采取的非法手段或程序以及证据合法性来源无法证明；并且，实际以取证手段或程序不合法为由排除的非法证据非常少，大多数都是以该证据与案件事实无关联而不予采信，或者就双方当事人对该证据所证明的内容无异议等予以承认。

通过了解这些案件可以发现，引起争议的证据类型集中于视听资料、书证。其中视听资料是占比最大的证据种类。视听资料的制作必须符合合法性要求，在录制对方当事人谈话或拍摄对方当事人活动时，应当告知对方当事人，取得其同意[2]。在案件中作为非法证据排除的视听资料主要是在拍摄、录制时未经对方同意或在对方不知情的状态下形成的录音录像资料，这些证据虽然不具备合法形式，但因为这种证据的获取简单又有利于记录发生纠纷时的真实情况，往往与案件真实情况紧密相连，如果将这些证据笼统地作为非法证据予以排除，不利于发现真实。书证主要包括借条、合同、公证文书、公安机关出具的讯问笔录等。从相关案例中可以看出，在诉讼中，一方多主张自己是在暴力、威胁等情况下被迫出具借条或相关合同协议而向法院申请非法证据排除。

2. 民事诉讼非法证据排除规则在实务中的运用

民事领域中的非法证据排除规则在实践中的运用的考虑并不周全，导致出现很多不足。一方面，审判人员常把证据的真实性、关联性与合法性混为一谈，如果证据不符合真实性与关联性就直接忽略合法性审查；另一方面，司法实践中审判人员避免适用该规则的现象也屡屡出现，对于当事人提出的将其认为的不合法证据予以排除的请求或将证据向双方质证以肯定其证明力或不予肯定证据证明力，并不明确说明该证据是否属于非法证据、是否将该证据排除，而是直接以该证据与案件事实没有关系或者双方当事人已经就该证据所指向的事实予以承认为由排除或承认这些证据[3]。

（二）民事诉讼非法证据排除规则存在的缺陷

1. 民事诉讼非法证据排除规则标准不明确

《最高人民法院关于适用〈中华人民共和国民事诉讼法〉的解释》（以下简称《民诉法解释》）第一百零六条规定，如果取得证据的手段或方法违反法律禁止性规定以及损害他人合法权益或违背公共秩序和善良并达到了严重程度，就不得作为认定案件事实的根据。这意味着法官适用非法证据排除规则时将受到更多的限制。但在实务中，排除标准的具体内涵认定模糊。

第一，严重侵害他人合法权益。虽然《民诉法解释》进一步细化了"严重性"的认定标准，使得当事人收集证据的限制减少，但法律并没有明确规定当事人取证行为的"严重性"的限度，也没有规定认定标准，具体案件中的法官也没有明确说明排除的证据达到了何种严重程度。因此，"严重侵犯他人合法权益"仍属于宽泛的概念，使合法证据与侵犯他人权力和利益之间的界限模糊不清，使法院难以使用证据和认定事实，对当事人取证行为缺乏明确指导。

第二，法律禁止性规定。"法律"这一概念范围的不确定性使得司法实践中法官根据自由裁量权对证据材料是否违反"法律禁止性规定"的认定也不一致，导致不同法官对相似案件做出不同甚至矛盾的判决裁定[4]。

第三，严重违背公序良俗。这种情况的应用更多的是作为拒绝非法证据的次要条件，为审判人员审理疑难案件提供一个概括性的方向，而不作为具体的判断标准。其具体的适用标准其实仍是依据法官依照自由裁量权具体考虑案件情况、该取证行为的性质，以及对社会的实际作用等综合因素进行认定的。

2. 非法证据排除规则的证明标准模糊化

理论上，对于非法证据排除的证明标准存在两种不同的观点。一种观点认为，适用"高度盖然性"标准，即法院必须考虑案件的所有情况，并考虑明显可信的一方的证据；另一种观点是，应推行优势证据标准，即举证方必须证明排除证据的可能性。同时，《民诉法解释》中第一百零八条明确规定了高度盖然性标准"对负有举证证明责任的当事人提供的证据，人民法院经审查并结合相关事实，确信待证事实的存在具有高度可能性的，应当认定该事实存在"。

3. 非法证据排除规则的排除阶段不具体

我国法律没有规定当事人应在诉讼的哪个阶段提出非法证据的排除请求。通过对案例的研究和剖析可以发现：在庭前会议阶段当事人可以就某一特定证据提出排除非法证据的申请，在审判过程中当事人可以提出请求，法官也可以依职权主动审查，法官可以在判决阶段做出是否予以排除的决定。

四、完善民事诉讼非法证据排除规则的构想

（一）非法证据排除规则标准具体化

我国现有的司法解释只对民事领域中非法证据排除规则进行了概括性的规定，为司法实践提供原则性指导，一定程度上导致司法实践中当事人和法官对该规则的具体适用混乱，因此应当对其进行解释，变概括为具体，化抽象为特定。

第一，"严重违反他人合法权益"，需要限定"严重"的程度。然而，确定"严重性"的标准是模糊的，可以从以下三个方面进行评估。一是取证行为所侵犯的权利的性质和程度。不同性质的权利在同等情况下遭受的损害不同，并

且取证行为的性质也会影响其遭受不同程度的损害。二是当事人获取非法证据的目的。若当事人并不是为了维护自己的权益而采取取证行为，而是为了诽谤、诬陷或其他不正当的目的，甚至是为了侵犯他人的合法权益，就已达到需要排除的"严重性"标准。三是以非法手段获取证据的必要性。若当事人所选择的手段并不是唯一的手段或者该手段并不是对被取证人的权益侵害最小的手段，依靠该手段所取得的证据就应当予以排除[5]。

第二，对于"违反法律禁止性规定"中的"法律"，笔者认为应当尽可能限缩"法律"的范围，确定"法律"为《中华人民共和国宪法》及全国人大常委会制定的法律。因为民事诉讼针对的是平等主体，双方当事人处于相同的法律地位，没有一方当事人凌驾于另一方当事人的情形，双方的取证能力没有实质性差异，这些都不足以支撑双方通过完全合法的方式取得维护自己权益的证据。因此，如果一律排除通过违反广义上的法律，如地方性法规、部门规章、地方政府规章、司法解释等规定手段获取的证据则过于严苛。

第三，严重违背公序良俗具有兜底条款的性质。对于一些通过严重违法的手段获取的证据，当无法通过前两项进行排除时，应发挥其兜底的作用。

（二）明确民事诉讼中非法证据排除的证明标准

2020 年 5 月日开始实施的《最高人民法院关于民事诉讼证据的若干规定》首次对我国民事诉讼证明标准做出了正面规定。《民诉法解释》第一百零八条第一款继续沿用"高度盖然性"的证明标准，即主张事实一方的当事人需要使法官对待证事实形成内心确信，达到高度盖然性的程度，而反证方则只需要使待证事实陷入真伪不明即可。要达到"高度盖然性"的标准，案件需要"以事实为依据"，案件的事实必须以证据为基础；在程序公平和公开的情况下，司法机关不可能完全查明民事案件中与所争议的焦点有联系的一切客观事实；法官也不能因为当事人提出的证明所指控的事实的证据不能够完全还原客观真实而认为原告的证据不充分。因此，当事人必须证明事实的真实性以达到构成案件基础的"高度盖然性"的程度。

（三）非法证据排除的认定应在法庭评议时做出

在我国相关案例中，非法证据的排除都由被告在质证环节中提出申请，再由法官审查确定是否排除。一些学者参照美国模式，认为非法证据的排除可以在预审阶段进行，但这在我国目前的司法程序模式中是不现实的，我国的预审程序只是审判前的准备阶段，缺乏独立性，因为其只涉及证据的交换和明确争议目标；并且由于进行审前准备的人员与审判人员具有重合性，即使所争议的证据在审前准备阶段就被排除，其证据内容也已经影响到了审判人员，不利于公正审判案件[6]。同时，如果当事人通过非法手段所获取的证据，对方是予以承认的，但该证据在审前就已经被法官主动排除了，这就与意思自治原则相悖，不利于审判结果的公正。判断证据是否符合排除条件，需要根据案件的具体情况和双方当事人的质证，充分考虑对立双方的真实意愿。对于证据是否属于非法证据、是否需要排除的认定，要在庭审中双方完成质证后，在法庭评议中进行效力认定，从而确保法官兼顾程序正义与实体正义，做出公正恰当的证据效力认定，并最终做出公正的判决[7]。

五、结束语

非法证据排除规则在民事诉讼领域中已经存在了三十余载，因其在实务中遭遇诸多困难，不少学者对其存废存在争议。但其在实务中发挥的作用是毫无争议的，我们不能贸然否认该规则在民事诉讼中的价值[8]。因此我们应当在充分肯定该规则的前提下，不断完善该规则的具体措施，因为每一项制度的实施都需要不断探索、不断完善，非法证据排除规则也不例外。只有明确规范民事诉讼中的非法证据排除规则，才能使其在保障公民合法权益、程序公正方面发挥重要作用，所以其完善过程任重道远。

参考文献

［1］李祖军.论民事诉讼非法证据排除规则［J］.中国法学，2006（3）：104-117.

［2］江伟.民事诉讼法学原理［M］.北京：中国人民大学出版社，1999.

［3］陈苹苹.民事诉讼非法证据排除规则研究［D］.重庆：西南政法大学，2017.

［4］叶才勇，叶芬良.论民事诉讼非法证据排除规则之建构［J］.华南师范大学学报（社会科学版），2005（5）：31-36.

［5］吴永超.民事诉讼非法证据排除规则之研究［D］.南昌：南昌大学，2008.

［6］陈凤娇.民事诉讼非法证据排除规则研究［D］.海口：海南大学，2006.

［7］王蕾.民事诉讼非法证据排除规则研究［D］.济南：山东师范大学，2019.

［8］胡丹.我国民事诉讼非法证据排除规则研究：以《民诉法解释》第106条为分析对象［D］.湘潭：湘潭大学，2020.

论大数据背景下个人信息的民法保护

乐艺谋 张 露

摘 要 ⋯⋯⋯⋯⋯⋯⋯⋯⋯⋯⋯⋯⋯⋯⋯⋯⋯⋯⋯⋯⋯

随着互联网技术的发展，人类进入了大数据时代，大数据时代中个人信息作为一项宝贵的财富理应受到法律的保护。本文以大数据背景下个人信息的民法保护为切入点，分为四个部分进行论述。第一部分介绍我国有关个人信息这一概念存在的几个学说、个人信息的特点。第二部分主要从我国目前个人信息民法保护的立法现状与司法现状两方面进行分析，找出个人信息民法保护的不足之处。第三部分进一步对大数据背景下个人信息的民法保护所存在的问题进行具体阐述，通过对"个人信息保护权"的权利定位规定不明、侵权责任难以认定、个人信息安全监管不足进行分析，总结出个人信息在大数据背景下难以得到全面保护的问题所在及其成因。第四部分介绍大数据背景下个人信息民法保护的完善建议，为个人信息的民法保护提出新思路。

关键词 ⋯⋯⋯⋯⋯⋯⋯⋯⋯⋯⋯⋯⋯⋯⋯⋯⋯⋯⋯⋯⋯⋯⋯

个人信息；个人信息保护权；大数据；民法保护

【作者简介】乐艺谋，四川轻化工大学法学院 2021 级法学专业研究生；张露，四川轻化工大学法学院副教授。

一、问题的提出

随着互联网技术的发展，人类进入了大数据时代，从 2013 年起伴随着微博、微信、淘宝等新兴互联网产品的诞生，互联网便扎根于人类生活的方方面面。"网购""网聊""热搜"等词汇进入人们的视线，互联网在不经意间开始支配我们的生活。大数据技术的发展使得大量个人信息被收集和分析，从而了解我们每个人的兴趣、偏好。同时，个人、企业或者组织也成为个人信息的收集者，这为个人信息的监管与控制带来了更大的难度，使得电话骚扰、盗窃、诈骗等现象频发。2020 年 5 月 28 日颁布的《中华人民共和国民法典》（下文简称《民法典》）对个人信息的保护进行了专门的规定，促进了我国个人信息保护立法的完善与发展。同时，2021 年 8 月 20 日通过的《中华人民共和国个人信息保护法》（下文简称《个人信息保护法》），在现行立法的基础之上，进一步明确了个人信息法律保护的范围，标志着我国个人信息立法体系进入了新的发展阶段。因此探讨大数据背景下个人信息的民法保护具有很强的现实意义。

二、大数据背景下的个人信息的界定

（一）个人信息的概念

个人信息权是一项重要的个人权利，在信息化时代我们每个人每一天都会产生大量的信息，准确界定个人信息的概念有利于更好地保护个人信息，发挥我们作为个人信息主体的作用。当前理论界有关个人信息概念的界定主要有三种观点，分别是关联说、隐私权说、识别说[1]。

1. 关联说

关联说认为，个人信息是指与主体个人有关的所有信息，不仅包括用于识别主体身份的信息，还包括主体的身体状况、精神思维等一切与个人相关的信息。但该说的弊端在于随着信息化技术的发展，人们之间的联系越来越密切，若将关联说的观点作为个人信息的概念，则会导致个人信息侵权案件频发，不利于国家对于公民个人信息的保护。

2. 隐私权说

隐私权说认为个人信息是指涉及个人隐私的、不愿公之于众的信息，这便使个人信息与隐私权之间的界限模糊不清。从《民法典》第一千零三十四条第三款的规定中显然可以看出，我国认为个人信息的范围大于隐私，若采用隐私权说则需要建立相对全面的隐私保护体系，这样才能最大限度地保护个人信息①。

3. 识别说

识别说认为，对于个人信息的保护关键在于对于主体的识别性，即所侵犯的信息能够识别出具体特定主体的信息，例如个人的身份证号码、姓名、家庭

---

① 《中华人民共和国民法典》第一千零三十四条第三款规定："个人信息中的私密信息，适用有关隐私权的规定；没有规定的，适用有关个人信息保护的规定。"

住址、血型等都具有指向某个特定主体的导向性。从《民法典》第一千零三十四条第二款中可以看出，我国认为识别说对于个人信息概念的界定较为恰当①。同时，新颁布的《个人信息保护法》第四条第一款也明确了这一规定②。

可识别性是个人信息的根本特征，故运用识别说来定义个人信息，能够更加贴近立法机关的立法目的和立法原意，特别是在互联网时代中，公民个人信息被大规模地收集和利用，公民个人信息泄露的风险随之增加，并且一旦通过相关信息能够分析、识别出特定自然人，该自然人便会暴露于这种潜在的危险之中，进而引发一系列问题。上述三种观点中，关联说过于扩大了个人信息的范围，而隐私权说则变相缩小了个人信息的范围[2]。纵观世界各国，均采纳识别说来定义个人信息，因此，我国采纳识别说来定义个人信息也是有章可循的。

（二）个人信息的特点

在大数据背景下，社交媒体和网络交易平台等新兴媒体出现，海量个人信息数据充斥社会生活的方方面面，个人信息在此背景下出现了以下特点。

1. 个人信息传播的及时性

在大数据背景下，个人信息的传播已由传统的纸质媒介传播转为速度更快、传播范围更大的电子数据传播。个人信息将通过图片、视频、录音、链接等媒介传播，经过处理后的个人信息将存储于一个数据库中，便于人们在需要时及时提取。但电子数据作为新兴的传播媒介，在给我们带来便利的同时也存在着数据泄露的风险。

2. 个人信息的高价值性

近几年来侵害个人信息安全的事件频发，可见个人信息在当今社会具有较

---

① 《中华人民共和国民法典》第一千零三十四条第二款规定："个人信息是以电子或者其他方式记录的能够单独或者与其他信息结合识别特定自然人的各种信息，包括自然人的姓名、出生日期、身份证件号码、生物识别信息、住址、电话号码、电子邮箱、健康信息、行踪信息等。"
② 《中华人民共和国个人信息保护法》第四条第一款："个人信息是以电子或者其他方式记录的与已识别或者可识别的自然人有关的各种信息，不包括匿名化处理后的信息。"

高的财产价值和商业利益，典型的例子包括各类 App 通过对用户个人信息的提取，分析不同消费者的兴趣爱好、生活习惯等，并通过对这些信息进行处理，从而有针对性地为消费者推出相应的服务来赚取利益。在大数据背景下，谁掌握海量信息，谁便享有巨大的核心竞争力。

3. 个人信息的影响范围逐渐扩大

过去人们通过信件、口头交流等方式传播个人信息，该方式具有一定的局限性，只在特定的区域、特定的范围内适用，不具有较大的影响力。而在当今互联网盛行的时代，个人信息的传播和泄露变得轻而易举，侵权的成本也在不断降低，互联网记录的我们成长的轨迹也将在关键时刻给我们带来致命一击，其中人肉搜索最为典型。网络暴力往往是从人肉搜索的方式开始的，人肉搜索同时也是对他人的个人信息和隐私的变相侵害，由于网络媒体的传播范围较广，对于被侵害者造成的影响也会扩大，因此对保护个人信息的要求也在不断提高[3]。

三、大数据背景下我国个人信息民法保护的现状

（一）立法现状

1.《民法典》确立的个人信息保护的具体规则

《民法典》对个人信息和隐私保护的详细规定具有开创性意义。此前，《中华人民共和国民法通则》和其他民事单行法并没有对个人信息进行规定，所以，与之前的民事法律法规相比较，《民法典》极大促进了法制的发展。《民法典》第一百一十一条对个人信息的保护总体定性，《民法典》第四编第六章作为人格权编的一部分，专门对隐私权和个人信息保护进行了规定①。

———————————

① 《中华人民共和国民法典》第一百一十一条规定："自然人的个人信息受法律保护。任何组织或者个人需要获取他人个人信息的，应当依法取得并确保信息安全，不得非法收集、使用、加工、传输他人个人信息，不得非法买卖、提供或者公开他人个人信息。"

随着互联网的兴起，人们逐渐意识到个人信息存在的价值，因此，保护个人信息也逐渐被纳入法律的范围。《民法典》第一千零三十四条第一款明确了个人信息的权利主体仅限于自然人，而不包括法人和非法人组织①；其第二款明确界定了个人信息的概念及内涵。从该条可以看出，我国立法者采纳了较为通行的"可识别说"来定义个人信息②。此外，考虑到个人信息与隐私权之间的模糊界限，《民法典》第一千零三十四条第三款也对个人信息与隐私权之间的适用做出了规定③。

2.《个人信息保护法》确立的个人信息保护的规定

2021年8月20日通过的《个人信息保护法》在充分借鉴各国经验的基础上，规定了个人信息的概念、适用范围、立法目的、基本原则、具体制度和法律责任。其中，明确了对于处理生物识别、医疗健康、金融账户、行踪轨迹等敏感的个人信息，应取得个人的单独同意[4]，即构建了以"告知—同意"为基础的个人信息处理规则。同时，规定了对违法处理个人信息的应用程序，责令暂停或者终止提供服务。建立了较为系统的个人信息保护法律制度，弥补了以往的立法缺陷[5]。《个人信息保护法》第九条，明确了个人信息处理者应当承担对于个人信息保护的义务④，并且在《个人信息保护法》第五章中专门规定了个人信息处理者的义务。

3. 其他民事法律对保护个人信息的规定

《消费者权益保护法》中对个人信息的规定较为完善，如《消费者权益保

---

① 《中华人民共和国民法典》第一千零三十四条第一款规定："自然人的个人信息受法律保护。"

② 《中华人民共和国民法典》第一千零三十四条第二款规定："个人信息是以电子或者其他方式记录的能够单独或者与其他信息结合识别特定自然人的各种信息，包括自然人的姓名、出生日期、身份证件号码、生物识别信息、住址、电话号码、电子邮箱、健康信息、行踪信息等。"

③ 《中华人民共和国民法典》第一千零三十四条第三款规定："个人信息中的私密信息，适用有关隐私权的规定；没有规定的，适用有关个人信息保护的规定。"

④ 《中华人民共和国个人信息保护法》第九条规定："个人信息处理者应当对其个人信息处理活动负责，并采取必要措施保障所处理的个人信息的安全。"

护法》第十四条规定了消费者享有个人信息依法得到保护的权利①，第二十九条规定了经营者收集、使用消费者个人信息应当遵循的原则以及对于消费者个人信息的保护应当履行的义务②。上述条文具有明确的可操作性，对于消费者在消费领域的个人信息保护具有较为全面的作用。

《中华人民共和国网络安全法》（下文简称《网络安全法》）用于应对随着互联网的出现而频发的各种网络安全问题。《网络安全法》第四章全面地规定了网络运营者对于其所收集到的用户信息要严格保密，不得泄露、篡改、毁损其所收集的个人信息等义务，最大限度地限制了网络运营者的不当行为，从而保护用户的个人信息。

（二）司法现状

1. 由"徐玉玉案件"引发的思考

徐玉玉是一名高三毕业生，因一个诈骗电话被骗走父母为供其读书辛辛苦苦凑来的学费。在得知被骗后，徐玉玉由于不堪忍受如此打击，在回家路上昏厥，两日后经抢救无效死亡。该案一经报道便引起了社会大众的广泛关注。不久后，经公安机关的全力抓捕，该案犯罪人全部归案③。此案的侦破固然值得欣喜，但纵观国内的大多数电信诈骗案往往都难以侦破。"徐玉玉"案件的迅速侦破是徐玉玉以生命为代价换来的。该案中，徐玉玉是一名山东临沂的高三学生，高考考生的个人信息都应当由山东省教育招生考试院网站收集和储存，但由于该教育网站安全系统级别较低，存在许多漏洞，这才导致黑客乘虚而入，

---

① 《中华人民共和国消费者权益保护法》第十四条："消费者在购买、使用商品和接受服务时，享有人格尊严、民族风俗习惯得到尊重的权利，享有个人信息依法得到保护的权利。"

② 《中华人民共和国消费者权益保护法》第二十九条规定："经营者收集、使用消费者个人信息，应当遵循合法、正当、必要的原则，明示收集、使用信息的目的、方式和范围，并经消费者同意。经营者收集、使用消费者个人信息，应当公开其收集、使用消费者个人信息，应当公开收集、使用规则，不得违反法律、法规的规定和双方的约定收集、使用信息。"

③ 参见山东省临沂市中级人民法院（2017）鲁13刑初26号"郑文强、陈访诈骗罪案"。

非法获取了数据库内的考生信息。从"徐玉玉案件"中可以看出，一整套完整的电信诈骗产业链已形成，我们对于电信诈骗的关注不能减少，必须对信息泄露保持高度的警惕。保护好个人信息不被非法收集、利用，不仅需要国家层面的支持，更需要我们自己树立高度的个人信息保护意识，主动防止个人信息的泄露。

2. 侵害个人信息的举证责任认定

根据《中华人民共和国民事诉讼法》第六十七条的有关规定，举证责任原则上适用"谁主张，谁举证"的规则，而如若对侵害个人信息的侵权案件也适用该规则，则应当由侵害者出示侵权人有侵害其个人信息的行为、侵权人的侵害行为导致了损害后果、侵害行为与损害结果之间具有因果关系。而司法实务中大量存在的是普通公民的个人信息被大型公司、机构等非法泄露，由于侵害个人信息的行为的证据往往存在于这些公司、机构内部，且信息泄露的原因是公司在数据管理方面不力，因此普通公民往往只能证明这些公司、机构有收集个人信息的行为，而难以证明其具有数据泄露的行为[6]。因此从证明能力、成本花费等方面看，普通公民承担该举证责任是不合理的①。

四、我国个人信息民法保护存在的问题

（一）对"个人信息保护权"的权利定位规定不明

由于个人信息具有价值属性，因此对有关个人信息保护权的界定存在争议。有学者认为个人信息权应当归属于财产权，属于个人信息权人的个人财产，权利人享有对其个人信息进行直接支配并在市场上进行交易以获取财产性利益的权利。这有利于调动权利人对其所拥有的个人信息保护的积极性[7]。但若将个人信息直接定义为财产权也存在一定的局限性，权利人的个人信息被侵害时，

---

① 《中华人民共和国民事诉讼法》第六十七条规定："当事人对自己提出的主张，有责任提供证据。"

权利人获得的损害赔偿仅限于个人信息权的财产属性部分，因而对个人信息权的保护不具有全面性[8]。

同时，由于我国个人信息权与隐私权的界限长期不明确，故也有部分学者认为应当将个人信息权直接纳入隐私权的保护范围。由于隐私权与个人信息权中都包括了私密信息，但私密信息仅为个人信息中的一部分信息，因此不得据此就将个人信息权直接纳入隐私权，这样不利于对个人信息权的全面界定。从《民法典》中可以看出，个人信息权的范围其实是大于隐私权的。个人信息权中涉及的大多数可识别该权利主体的特定信息，如姓名、住址、电子邮箱等不属于敏感信息且不属于该自然人不愿意公开的信息；而隐私权的主要保护内容以自然人未公开且不愿意公开的敏感信息为主，已经公开的个人信息则不属于隐私权的保护范围。如果仅以保护隐私权的标准来保护个人信息权，则会使得一部分个人信息权得不到保护，进而损害公民的个人利益[9]。

因此，明确个人信息保护权的权利归属，对于信息安全的保护意义重大，不仅可以为个人信息权的保护提供合理的保护措施，同时还可以对个人信息加以更全面的保护。

（二）侵权责任难以认定

对个人信息侵权的方式多种多样，在信息的收集、使用、储存等各个环节中都可能存在对个人信息的不法侵害。个人信息数量大、传播范围广、传播速度快等的特点，往往会增加对于个人信息受到侵害时调查取证的难度。同时，在大数据背景下，对个人信息的侵权具有一项新的特点——隐蔽性。例如，某App在收集到用户个人信息后，因为储存不当等原因而发生信息泄露等情况，此时用户往往并不知晓自己的个人信息遭到泄露，因此也不能在第一时间寻求救济[10]。我国《民法典》和《个人信息保护法》仅对个人信息保护进行了原则性的规定，而并未详细规定侵权行为发生后应当如何处理、赔偿数额如何确定等，这便使得该规定不具有切实的可操作性，不利于个人信息的保护。

（三）个人信息安全监管不足

在大数据时代下，各类大大小小的互联网公司成立，虽然我国有专门的工商管理部门对这些公司的设立进行登记，但并未设有专门的监管部门对其所收集的用户个人信息进行统一管理，因此难免会出现监管不力导致用户个人信息泄露的现象。并且，各类公司为了便于掌握用户的年龄、偏好、可用资产等个人信息以提高其服务质量便私自对用户个人信息进行收集，以迎合用户的喜好，获取经济利益的情况层出不穷，而国家作为对公民个人信息保护最有力的主体应当采取有效的措施对代为收集公民个人信息的企业、组织等机构所收集到的个人信息进行严格的监管、控制，可以建立统一的个人信息数据库以确保公民的个人信息不被泄露和非法利用。

五、大数据背景下完善个人信息民法保护的建议

（一）个人信息保护与合理利用之间的平衡

当今社会是一个信息爆炸的社会，个人信息对于促进经济的发展有着重要的作用，上至政府行使管理权时会对个人信息进行大规模的收集，下至各类商业主体在从事商业活动时会对个人信息加以利用以满足商业目的，可见，个人信息的自由流动和传播对国家和社会都有着积极作用。因此，若想保持各类信息传播畅通，就不能对个人信息进行过度保护。然而对个人信息的保护不足也不利于保障公民个人利益，这将导致侵权者的侵权成本过低，进而加大个人信息被滥用的可能。个人信息的权利人享有保护其个人信息不被侵害的权利，而信息利用者则希望信息加速流通以获取财产利益，因此，平衡个人信息保护与合理利用之间的关系至关重要。

（二）完善侵权责任认定机制

目前，我国尚未出台专门的法律法规来规定个人信息的侵权问题，而当侵

权纠纷发生时则需满足一般的侵权责任构成要件——危害行为、过错、因果关系、损害后果。其中当侵权结果发生时，应由主张该损害结果应当由对方承担责任的一方当事人，列出证据来证明对方的行为具备了侵权责任的构成要件，即著名的"谁主张，谁举证"理论。我国侵权责任的归责原则可分为过错责任原则和无过错责任原则，过错责任原则是我国的一般归责原则，而无过错责任原则即为特殊归责原则，其适用均基于法律的明文规定。在大数据背景下，既有特殊主体的个人信息侵权案件，又有一般主体的个人信息侵权案件。由于特殊主体多为国家机关，因此国家机关侵权应当适用无过错原则，即不以国家机关有过错作为承担侵权责任的依据。一般主体可以分为具有优势地位的组织机构，如公司、社会组织等，以及普通主体。大型公司等组织机构相较于普通人更加容易获得个人信息，因此，在归责原则上应当采用过错推定原则，由侵权方举证证明自己没有过错以免于承担侵权责任。该规定有利于减轻受害者的举证责任，平衡各方之间的利益。

（三）确立个人信息侵权的惩罚性赔偿机制

在互联网背景下，网络诈骗、电信诈骗等群体诈骗事件频发，受害者的数目巨大，个人信息的价值属性使得侵权者因此所获收益往往与受害者所获赔偿不成比例。在一般情况下，只有当侵权人的行为超出了社会容忍的限度时才适用惩罚性赔偿，而对于社会容忍的程度，则需要根据侵权人的主观心理状态综合考虑，即侵权人在主观上必须具有明知自己的行为会导致他人个人信息受到损害的结果时，才能适用惩罚性赔偿机制。确立个人信息侵权的惩罚性赔偿机制，不仅有利于增加侵权者的侵权成本，而且能进一步弥补受害者的损失，抑制网络侵权案件的发生。

参 考 文 献

[1] 王利明. 论个人信息权的法律保护：以个人信息权与隐私权的界分为中心 [J]. 现代法学，2013，35（4）：62-72.

[2] 陆青. 数字时代的身份构建及其法律保障：以个人信息保护为中心的思考 [J]. 法学研究，2021（5）：3-23.

[3] 付新华. 个人信息权的权利证成 [J]. 法制与社会发展，2021（5）：123-140.

[4] 吕炳斌. 论民法典个人信息保护规则蕴含的权利：以分析法学的权利理论为视角 [J]. 比较法研究，2021（3）：40-54.

[5] 夏雪. 利益平衡视角下我国个人信息保护知情同意原则立法的完善 [D]. 济南：山东大学，2020.

[6] 王晓灿. 手机 App 用户个人信息保护研究 [D]. 天津：天津师范大学，2020.

[7] 蒋丽华. 无过错归责原则：个人信息侵权损害赔偿的应然走向 [J]. 财经法学，2022（1）：32-44.

[8] 何琪. 论我国个人信息泄露的行政法规制 [D]. 重庆：重庆邮电大学，2020.

[9] 廖美婷. 个人信息的私法保护研究 [D]. 广州：广州大学，2019.

[10] 程啸. 论我国个人信息保护法中的个人信息处理规则 [J]. 清华法学，2021（3）：55-73.

执行异议之诉中实际施工人的
权利保障

陈美竹　　刘秀明

摘　要 ··

　　在建设工程合同纠纷中，由于违法分包行为、挂靠关系等现象的出现，且工程款债权法律关系极为复杂，实务中大量实际施工人作为案外人提起执行异议之诉，即发包人在协助法院执行承包人的执行案件中，实际施工人以工程款实际所有人为由，请求排除法院的强制执行。对此，司法实践中各级法院存在不同处理方式，司法裁判规则的混乱也导致实际施工人的工程款债权权益受到侵害。本文基于中国裁判文书网中以"实际施工人"和"执行异议之诉"为关键词搜索的近五年案例裁判情况，分析法院对此类案件的不同处理方式和主要争议点，破解实际施工人作为案外人提起异议之诉的困境，防范相应法律风险。

关键词 ··
　　实际施工人；工程价款；执行异议之诉

　　【作者简介】陈美竹，四川轻化工大学法学院 2022 级法律专业硕士研究生；刘秀明，四川轻化工大学法学院教授。
　　【基金项目】四川轻化工大学研究生创新基金项目"未成年人网络保护公益诉讼问题研究"（Y2023031）。

一、问题的提出

建设工程施工领域一直都存在诸多难题。通常在建设工程还没有做完的情况下，总承包自身诉讼案件缠身，直接导致发包人支付到总包的工程款被冻结或者被执行，由此实际施工人的工程款债权便首当其冲。此时，案外人执行异议之诉给了我们解决问题的思路。以下为法院指导性案例，案件审判情况展示了实际施工人在案外人执行异议之诉中存在的问题。

（一）典型案例裁判要旨分析

孟凡生、长春圣祥建筑工程有限公司（以下简称"圣祥公司"）与李建国、长春市腾安房地产开发有限公司（以下简称"腾安公司"）案外人执行异议之诉①于 2015 年提审。该案再审中，最高人民法院推翻了吉林高级人民法院的意见，并做出了详细分析，认为该案主要争议焦点为对建和分公司内的工程

①　参见最高人民法院（2016）最高法民再 149 号"李建国与孟凡生、长春圣祥建筑工程有限公司等案外人执行异议之诉案"。

款项，李建国是否享有排除执行的民事权益。法院基于以下理由认定李建国对工程款项提出的异议，不足以阻却人民法院的执行。第一点，案涉工程款项权属圣祥公司，并非李建国个人财产。李建国与圣祥公司的内部约定不能对抗第三人。第二点，李建国具有多年施工从业经验，明知不能借用资质从事施工行为却仍坚持以此方式获取收益，且一直以圣祥公司的名义从事经营活动；案涉款项也实际存至公司账户上，李建国对此理应承担不利法律后果。

从以上裁判来看，笔者认为该案争议焦点为李建国作为实际施工人是否为圣祥公司被冻结账户内资金的权利人，其享有的民事权益是否能排除执行。而在最高人民法院的裁判文书中，大部分内容在阐释分公司的账户资金是否应该被冻结执行的问题，对李建国实际施工人的身份认定采取回避态度。从权属上来说，执行分公司账户的资金跟执行总公司账户资金一样，其本质都是公司名下的财产。当与实际的所有权人不一致的情况下，所有权人有权行使返还原物请求权，《中华人民共和国民法典》第二百三十五条①对此有规定。实际施工人主张其为被执行或被冻结账户的权利人主张排除执行，其实质就是在行使所有权人的返还请求权[1]。笔者认为，解决实际施工人执行异议案件的核心在于申请执行人申请法院执行的合法财产中不应包括被执行人临时占有的他人财产[2]。

二、冲突的法院裁判情况观点分析

笔者以"实际施工人""执行异议之诉"以及"工程款"为关键词，以执行异议之诉为案由，以建设施工工程为专题，在中国裁判文书网对近五年的案件进行检索，共得 3 528 件案件。其中由最高人民法院审理的共 43 件。表 1 和表 2 是对最高人民法院和各级法院的裁判情况进行的分析。

---

① 《中华人民共和国民法典》第二百三十五条规定："无权占有不动产或者动产的，权利人可以请求返还原物。"

表 1　最高人民法院裁判情况

编号	案名	案件争议焦点	法院观点
案例 1	戚苏蓉、扬州扬子建筑市政工程有限公司等案外人执行异议之诉案①	本案争议焦点为关于王学、毕荣、扬子建筑公司是否为案涉工程实际施工人问题，以及关于王学、毕荣、扬子建筑公司对案涉工程款债权是否享有足以排除强制执行的民事权益问题	对案涉工程实际施工人的认定为判断其在实际施工工程中，所需的人、财、物由谁承担和管理。案涉工程实际施工过程中，所需人、财、物均由王学、毕荣、扬子建筑公司承担和管理。法院承认实际施工人在案涉工程中对发包人的债权请求权，且该案涉工程债权数额能够覆盖执行法院冻结的工程款债权。法院支持实际施工人作为案外人提起执行异议之诉
案例 2	朱灿伟、李永民等案外人执行异议之诉案②	本案争议焦点为朱某对洛阳市住建局欠付河南永川公司的工程款及保证金是否享有排除强制执行的民事权益	最高人民法院认为朱某不享有排除强制执行的民事权益。朱某主张的建设工程优先受偿权与案涉执行标的不具有同一性。其是否为案涉实际施工人，是否为实际权利人，未经人民法院认定，不属于本案的审理范围
案例 3	曾祥吉、攀枝花公路桥梁工程有限公司案外人执行异议之诉案③	本案争议焦点为三江公司对案涉款项是否享有足以排除强制执行的民事权益	法院支持三江公司提起的执行异议之诉。理由为：三江公司借用路桥公司名义中标案涉项目，在工程建设中实际投入人、财、物等，据此判定为实际施工人；三江公司在案涉工程设置施工保证金账户，将工程款债权特定化后，以实际施工人身份提出实际权利主张。据此认定三江公司为实际权益人且原审判决认定三江公司对案涉项目账户资金享有排除执行的民事权益，并不缺乏证据证明

① 参见最高人民法院（2021）最高法民申 5771 号"戚苏蓉、扬州扬子建筑市政工程有限公司等案外人执行异议之诉案"。
② 参见最高人民法院（2021）最高法民申 6148 号"朱灿伟、李永民等案外人执行异议之诉案"。
③ 参见最高人民法院（2019）最高法民申 4835 号"曾祥吉、攀枝花公路桥梁工程有限公司案外人执行异议之诉案"。

表 2 各地法院裁判情况

编号	法院	案名	案件争议焦点	法院观点
案例 1	江苏省高级人民法院	高锦华与曹锦钊执行异议之诉案①	本案争议焦点为曹锦钊对案涉执行标的是否享有排除执行的合法权益	法院支持曹锦钊主张,案涉工程款债权已经司法确认②权属中航鑫公司;案涉证据表明曹锦钊系借用中航鑫公司资质的案涉工程实际施工人;其委托诉讼代理中航鑫公司目的为以公司名义主张应得债权,杰毅公司对此知晓。一审判决适用法律正确,本院予以支持
案例 2	陕西省高级人民法院	焦某省与雒某强、华中建设工程有限公司、袁某水、袁某执行异议之诉案③	本案争议焦点为焦某省对案涉工程款是否享有排除执行的民事权益	本院二审期间,焦某省在渭城法院就其与中国航油西安分公司、华中公司建设工程施工合同一案提起另案诉讼,渭城法院已做出判决④,认定了焦某省实际施工人的身份,但未判决焦某省对案涉工程款享有优先受偿权。焦某省提出其对案涉工程款具有优先受偿的权利缺乏证据证明,故其不享有排除强制执行的民事权益
案例 3	重庆市渝北区人民法院	重庆市渝北区海华建筑工程有限公司与重庆市万代混凝土有限公司案外人执行异议之诉一审民事判决书⑤	本案的争议焦点为海华公司对绿地公司应支付给精物公司的款项是否享有足以排除人民法院强制执行的民事权益	案涉考核责任书实为转包合同。在案证据不足以证明上述两份协议具体履行情况,且海华公司以实际施工人身份已另案提起诉讼,故本案中对海华公司是否是案涉项目实际施工人不予评判。海华公司、万代公司对精物公司的债权属一般债权,上述精物公司对绿地公司的债权,万代公司申请执行在前。在当前事实基础上,海华公司以该款项应由其收取为由主张排除执行,实质上是认为其对精物公司的债权优于万代公司对精物公司的债权,其主张缺乏事实和法律依据

---

① 参见江苏省高级人民法院(2020)苏民终 143 号"高锦华与曹锦钊执行异议之诉案"。
② 参见江苏省盐城市大丰区人民法院(2016)苏 0982 民初 6514 号"中航鑫泰州建设工程有限公司诉江苏杰毅实业有限公司建设工程施工合同纠纷案"。
③ 参见陕西省高级人民法院(2020)陕民终 825 号"华中建设工程有限公司雒志强等案外人执行异议之诉案"。
④ 参见陕西省咸阳市渭城区人民法院(2020)陕 0404 民初 1988 号"焦院省与华中建设工程有限公司,中国航空油料有限责任公司西安分公司建设工程施工合同纠纷案"。
⑤ 参见重庆市第一中级人民法院(2019)渝 01 民初 560 号"重庆市渝北区海华建筑工程有限公司与重庆市万代混凝土有限公司案外人执行异议之诉案"。

综上，最高人民法院对此类案件很少持反对的态度，而地方各级法院的裁判观点各有不同，有支持的也有反对的。但无论是最高人民法院还是地方各级法院，在案件审理中的争议焦点都是执行异议之诉中实际施工人对工程款享有的权利是否能排除法院的执行[3]。

（一）持支持态度的法院的观点

持支持态度的法院认为，审查案外人执行异议之诉的关键在于其对执行标的是否享有足以阻却执行的民事权益，而这就需要判断民事权益的归属问题。在建设工程合同纠纷中，法律关系本就极为复杂。在涉及第三方主体参加诉讼时，不能单一地就法律关系进行分析判断，而是应该依照现有法律体系综合判断权利的归属[4]。即便在案件中认定实际施工人属于工程款的实际权利人，也并没有违反合同相对性原则。关于法律所赋予的实际施工人的法定直索权，即实际施工人可以直接以发包人为被告提起诉讼[5]，多数法院在裁判时认为此司法解释是对农民工权益的保护，而实际施工人恰好代表了农民工群体。出于对弱势群体权益的保护，基于公平性以及法律所体现出的价值，法院通常将实际施工人所主张的债权优先顺位，认为其享有的工程款债权享有排除执行的权利。

（二）持否定态度的法院的观点

持否定态度的法院认为，实际施工人的出现通常伴随着建设工程非法转包或者分包的情况，法院对违法分包行为绝对不保护，实际施工人明知其分包行为、挂靠行为是违法行为的情况下还执意施工，此行为是对法律规则的不尊重，由此产生的法律后果只能由其自身承受[6]。司法解释相关规定虽然允许实际施工人将发包人作为被告直接向法院提起诉讼，但该司法解释还说明该权利仅存于建设工程施工合同纠纷中，且严格限制了发包人的责任承担范围。因此，实际施工人只能在建设工程施工合同纠纷中向发包人主张工程款，而不应突破合同相对性原则，以实际施工人的身份提起案外人执行异议之诉[7]。加之实际施工人对工程款享有的债权与承包人享有的债权在法律上并没有规定其先后受偿的顺序，如果说仅因为实际施工人的出现，承包人的权利就不复存在，那就有形式正义之嫌了。

三、本文观点

法院在对案外人执行异议之诉进行审查时，通常主要围绕案外人是否为实际权利人、案外人所具权利是否合法有效，以及该权益是否可以成为足以排除的事由做出判断[8]。笔者基于以上三点，并结合实际施工人作为案外人享有的权益进行具体分析。

（一）实际施工人是否为实际权利人

当案外人以实际施工人的身份提起案外人执行异议之诉时，如何判断实际施工人在案外人执行异议之诉中是否为实际权利人？法院在判断工程款权属问题时通常采用形式主义，以金融机构和登记结算机构登记的账户名称为判断。最高人民法院关于办理执行异议的相关规定①中明确了该判断标准。货币作为特殊动产，遵循"占有即所有"的规则。基于银行账户名称判断货币权属这一标准具有极高的效率，但这一标准具有明显的缺陷。占有只是所有权的一种权能，占有货币只是在事实上有现实管领力[9]，笔者认为不能通过简单的事实外观占有对权利的归属进行判断。

要判断实际施工人是否为实际权利人，笔者认为关键还是要对权利归属进行判断。一方面需对权利的现实归属进行判断。在实际操作中，工程价款发放程序一般分为三步：发包人将工程款打给承包方；承包方在工程款中扣除相应的管理费用；扣除后的工程款发放给实际施工人。从现实归属来看工程款最终

---

① 参见《最高人民法院关于人民法院办理执行异议和复议案件若干问题的规定》第二十五条。

归属为实际施工人。再者根据基本法理，依据"谁投入谁享有"理论，建设工程价款的本质是实际施工人在工程前期投入的工程材料以及劳务费用的对价。承包方并未实际参与工程的建设，并不享有相应的终局债权请求权[10]。这意味着若实际施工人已经就欠付工程款向发包人主张得到支持，承包人就无法再就同一工程价款向发包人主张，实际施工人债权的实际行使能够有效排除承包人向发包人主张权利。另一方面需综合判断实际施工人、承包人以及发包人之间的真实意思表示，厘清三者实际的权利义务关系，从形式上和实质上做出准确判断。

（二）此权利是否合法有效

就实际施工人的工程款债权的来源成因来说，其对发包人的法定直索权的本质是代位权的行使，即代为行使承包人对发包人的工程款债权。《中华人民共和国民法典》第五百三十五条①对代位权做出明确规定，行使代位权的前提是债务人享有到期债权，即实际施工人与承包人之间需存在真实有效的建设工程施工合同。根据相关解释②，建设施工合同无效事由其中明确实际施工人的挂靠行为会导致合同无效。再者，在挂靠情形下承包人只是发包人与实际施工人签订建设工程施工合同的媒介，承包人和发包人并非是真实的合同关系主体。鉴于违法分包、转包以及挂靠等情形下出现的实际施工人签订的建设工程施工合同的现象违反了法律的强制性规定，此合同产生的合同权利自然也就不复存在。

需要强调的是，保护农民工的权益和保护实际施工人的权益是两回事，我们不能将二者等同。不能因为违法分包、转包或者挂靠行为所获的利益要比合

---

① 《中华人民共和国民法典》第五百三十五条规定："因债务人怠于行使其债权或者与该债权有关的从权利，影响债权人的到期债权实现的，债权人可以向人民法院请求以自己的名义代位行使债务人对相对人的权利，但是该权利专属于债务人自身的除外。"

② 参见《最高人民法院关于审理建设工程施工合同纠纷案件适用法律问题的解释（一）》（法释〔2020〕25号）第一条。

法劳务分包等行为大，实际施工人就能够因此行为获得权利排除法院强制执行，这是对我国法律登记公示制度的践踏，也不利于建筑市场秩序的维护。

（三）该权利是否为足以排除的事由

论实际施工人对工程款享有的权益能否足以排除法院执行，关键在于判断实际施工人的工程款债权与承包人主张执行的工程款债权孰优孰劣。从目前来说，法律并未对这两种债权进行顺位排序。根据债权平等性原则，二者在理论上并无不同。但在个案中我们需要对不同的债权进行必要的衡量，以此实现特定法益的保护，实现实质公正。

债权为相对权，发生在特定主体之间，即债权人依约向特定的债务人请求给付，反之债务人也只对特定的债权人负有给付义务。因此，承包人基于建设工程施工合同对发包人享有债权请求权，而实际施工人无法基于与承包人的分包转包合同对发包人主张债权请求权，据此否定了实际施工人作为案外人提起执行异议之诉的合理性。在上文中提到的最高人民法院相关司法解释[①]对实际施工人的诉权做出了限制性保护，即突破了合同相对性原则，允许实际施工人以发包人为被告向法院提出诉讼。根据目的解释，此条款的颁布是为了保护建筑工人的权益，对此不能扩大其适用范围。运用限缩解释和体系解释的方法，实际施工人只能在建设工程施工合同纠纷中对发包人享有直索权，并且发包人只能在欠付承包人工程款范围内对实际施工人负有给付义务。所以在案外人执行异议之诉中，实际施工人不应突破合同相对性提起执行异议之诉。

综上，笔者对此持反对态度。理由如下：其一，实际施工人这一身份本就具有先天缺陷。法律作为约束人们行为的规范总和，一项重要价值在于对合法权益的保护。实际施工人为建设工程施工领域的一线工作者，应当知道法律对于借用资质从事施工行为的态度，应当知道违反国家有关建设工程施工方面的

---

① 《最高人民法院关于审理建设工程施工合同纠纷案件适用法律问题的解释（一）》（法释〔2020〕25 号）。

法律法规后应承担相应的法律风险和责任。实际施工人作为完全民事行为能力人，应该明白其实施的不容法律所允许的行为而获取的利益，也应承担可能由此产生的相应风险。因此，就实际施工人产生的原因来看，本身在法律上不具有合法性，由此产生的权益具有先天缺陷。其二，案外人执行异议之诉的关键在于案外人是否享有足以排除执行的民事权益[11]。其中涉及权利归属问题和权利顺位的问题。一般来说，债权受偿顺序要按其执行措施的先后顺序，法律中并没有明确规定实际施工人在此类案件中的金钱债权中具有优先性，根据《最高人民法院关于人民法院办理执行异议和复议案件若干问题的规定》第二十五条、第二十六条①，实际施工人对合同相对方享有的工程款债权为一般债权，不足以排除法院执行，由此提起的执行异议之诉没有法律根据。

四、实际施工人如何走出困境

目前，鉴于房地产和建筑行业经营风险巨大，在总包方多数资产被冻结、银行账户存在安全风险、多数建设施工企业濒临破产的情况下，面对工程款债权被冻结、被执行的风险，实际施工人应如何有效提起案外人执行异议之诉？笔者结合司法实践裁判情况，针对实际施工人提出建议。

非诉纠纷解决机制一直是法治社会的重点，非诉解决机制的前置可以有效从源头上减少当事人的诉累量[12]，这也是以习近平同志为核心的党中央高度重视的纠纷源头化解工作所强调的。这一思想同样可以运用到执行异议之诉中实际施工人的权利保障问题上，只要在诉讼前对实际施工人的权利进行保障，纠

---

① 《最高人民法院关于人民法院办理执行异议和复议案件若干问题的规定》第二十五条规定："对案外人的异议，人民法院应当按照下列标准判断其是否系权利人：……（五）其他财产和权利，有登记的，按照登记机构的登记判断；无登记的，按照合同等证明财产权属或者权利人的证据判断。"第二十六条第三款规定："金钱债权执行中，案外人依据执行标的被查封、扣押、冻结后作出的另案生效法律文书提出排除执行异议的，人民法院不予支持。"

纷就会减少。笔者从两个方面进行建议。

第一，当实际施工人、总包和发包人三方之间存在信赖利益时，采取债权转让的方法较为妥当。即三方就三者之间的债权债务关系达成合意，总包方将其对发包人已确认的工程款债权以书面协议形式转让给实际施工人，将其相应权利义务也转让给实际施工人。涉及工程款相关结算问题的同样依照总包和发包人之间签订的合同条款进行结算[13]。

第二，当实际施工人、总包和发包人三者之间不存在信赖利益时，可以让第三方介入，从而有效实现实际施工人工程款债权。笔者认为保理公司可以充当此角色，即总包方可以与保理公司签订协议，约定将发包人的应收债权转让给保理公司，由保理公司出面收取工程款。而后，公司再按照合同约定将应收工程款债权支付到实际施工人的银行账户。

当然，并不是所有的纠纷都能在诉前完美化解，实际施工人准备进入诉讼程序时，应做好以下准备：面对实际施工人提起案外人执行异议之诉，为更有效地保障自身权益，笔者认为应该首先提起确权之诉[14]，后以实际施工人的身份提起执行异议之诉。虽然最高人民法院的司法解释赋予了实际施工人突破合同相对性向发包人主张的权利，但大多司法裁判的类似案件中，在没有进行司法确权的情况下，实际施工人的债权请求权无法抵抗他人的协助执行通知。当实际施工人的工程款债权得到确认后，法院在执行异议之诉中不应对一般工程款债权和协助执行安排先后顺序，除非法律有特别规定[15]。

就曾祥吉案件的审判，法院驳回了曾祥吉的再审申请，支持实际施工人提起的案外人执行异议之诉。该案特别之处在于承包人专门设定了账户，专用于支付民工工程款等特殊款项，法院据此认定案涉账户资金已经特定化，具有排除承包人债权人执行的优先性。笔者认为，作为事前防御手段，实际施工人在与承包人、发包人订立合同时，应协商设置银行专用账户，由发包方将工程款、进度款直接打到该账户上，将金钱债权特定化[16]。

五、结束语

实际施工人在建设工程施工纠纷中，以其身份提起的案外人执行异议之诉本就具有先天缺陷。就其是否为实际权利人、其权利是否真实合法，以及其是否享有足以排除执行的民事权益三方面来说，实际施工人在此类执行异议之诉具有极大法律风险。结合司法实践中法院对此类案件的裁判情况来看，大多数法院秉持保护弱势群体权益、宣扬中国特色社会主义核心价值观的裁判价值，对此持肯定态度。综上分析，本文从事前预防和诉讼防御两个角度提出解决措施，以保障实际施工人在执行异议之诉中的权利。

参 考 文 献

［1］孔蓉. 实际施工人突破合同相对性向发包人主张权利仍应以各自合同的相对性为基础［N］. 人民法院报，2018-12-06.

［2］张倩，张海峰，刘建章. 挂靠人执行异议之诉能否影响建设工程款的归属［N］. 人民法院报，2018-12-27.

［3］吴裕鹏. 案外人执行异议之诉的案例分析［D］. 沈阳：沈阳师范大学，2018.

［4］王聪. 案外人执行异议之诉中异议事由的类型化研究：以"足以排除强制执行的民事权益"为中心［J］. 法治研究，2018（4）：108-117.

［5］白云，张少普，谢蕊娜. 实际施工人可向承包人主张债权［J］. 人民司法，2022（29）：71-73.

［6］崔永峰.发包人欠付的工程款不属于实际施工人所有不能强制执行
［N］.人民法院报,2016-01-07.

［7］程鹏.不应在执行异议之诉中认定实际施工人的身份［J］.人民司法,
2020（29）：107-109.

［8］程晓斌.案外人执行异议的立案审查标准［J］.人民司法（案例）,
2018（8）：108-111.

［9］梁慧星,陈华彬.物权法：第3版［M］.北京：法律出版社,2005.

［10］崔建远.论建设工程价款优先受偿权［J］.法商研究,2022,39
（6）：126-141.

［11］江伟,肖建国.民事诉讼法［M］.北京：中国人民大学出版社,
2014.

［12］张卫平.民事诉讼法［M］.3版.北京：中国人民大学出版社,2015.

［13］王纪.涉工程类案外人执行异议诉讼路径［J］.法人,2018（10）：
49-51.

［14］杨悦,杨友学.到期债权执行异议的审查路径及救济方式［J］.中国
检察官,2022（11）：47-50.

［15］张卫平.论案外人执行异议之诉［J］.法学研究,2009（1）：23-30.

［16］白隽永.以物抵债不动产排除强制执行的困境与出路：以中国裁判文
书网152份执行异议之诉裁判文书为分析样本［J］.人民司法,2022（19）：
68-72,90.

经济性裁员中优先留用条款之
考察与完善

段晓婷 李 芽

摘 要 ···

　　优先留用条款规定于经济性裁员制度项下，是立法者为了平衡劳动者与用人单位双方的利益、发挥企业的社会主体责任而设立的。笔者根据收集到的相关裁判案例，发现该条款在适用范围、适用对象、适用顺序、举证责任、法律后果等方面存在着较大争议。为此，笔者结合该条款的立法价值对以上几方面问题提出完善建议，以期在未来的司法实践中能够充分发挥该条款的功能。

关键词 ···

　　裁员；优先留用条款；利益平衡；立法价值

　　【作者简介】段晓婷，四川轻化工大学法学院 2021 级法律专业硕士研究生；李芽，四川轻化工大学法学院副教授。

一、优先留用条款的含义和价值

（一）优先留用条款的含义

劳动法领域的优先留用，是指企业在经济性裁员的过程中，应当对一定范围内的需要被裁减的人员进行审查和比较，在同等条件下给予符合法定情形的员工在本单位继续工作的权利。我国现行立法并未对优先留用的概念进行明确阐释，只是在《中华人民共和国劳动合同法》第四十一条第二款中列举了应当优先留用的三类人员——与本单位订立较长期限的固定期限劳动合同的；与本单位订立无固定期限劳动合同的；家庭无其他就业人员，有需要扶养的老人或者未成年人的①。本义简称该条款为"优先留用条款"。

---

① 《中华人民共和国劳动合同法》第四十一条第二款规定："裁减人员时，应当优先留用下列人员：（一）与本单位订立较长期限的固定期限劳动合同的；（二）与本单位订立无固定期限劳动合同的；（三）家庭无其他就业人员，有需要扶养的老人或者未成年人的。用人单位依照本条第一款规定裁减人员，在六个月内重新招用人员的，应当通知被裁减的人员，并在同等条件下优先招用被裁减的人员。"

（二）优先留用条款的价值

1. 维护社会正义，平衡劳动者与用人单位的利益

正义是人类追求的共同理想，也是法律的核心价值，它以利益为依规，是对利益的正当分配。法律是社会中各种利益冲突的表现，是人们对各种冲突利益进行评价后制定出来的，实际上是利益的安排和平衡[1]。裁员于用人单位而言，是企业为了自身存续或者发展的需要，在权衡相关利弊因素后所做出的对策。而用人单位的此举措会直接影响被裁劳动者的劳动权乃至生存权，因为劳动者正是通过出卖自己的劳动力来满足其基本生存需求。当用人单位的存续发展之利益与劳动者的劳动生存之利益相碰撞时，为了平衡双方利益，同时贯彻倾斜保护劳动者原则，立法者便创设了经济性裁员制度以及优先留用条款。

2. 督促用人单位承担社会责任

从倾斜保护劳动者利益的角度出发，在劳动契约的单方解除中向用人单位施加解雇事由、解雇程序以及解雇待遇的限制，使个别劳动关系的解雇行为融入社会法的因子，而解雇法制与劳动市场体系以及整个经济体系所产生的联系使其身上所负载的社会利益被进一步放量扩大[2]。在优先留用条款规定的三类应当优先留用的人员中，前两类都与本单位所订立的劳动合同期限相关，优先留用主要是考量劳动者对用人单位的忠诚度以及依赖性。而对第三类"家庭无其他就业人员，有需要扶养的老人或者未成年人的"优先留用，则能够直接反映出保护弱势劳动者的立法价值取向，即用人单位在为了保证自己经营权而需要解雇人员时，考虑到了家庭负担较重的劳动者的生存权，这也有助于减轻社会负担成本，间接地保障了社会利益。

二、优先留用条款之适用困境

笔者以"优先留用"为争议焦点，在中国裁判文书网上采集了近百份中级

人民法院二审生效案件。首先注意到的是，司法实践并未给予优先留用条款应有的重视——大部分法院在判定经济性裁员合法性时，并不会主动审查企业在裁员过程中是否适用了该条款，甚至有些法院认为优先留用条款的适用并不具有强制性。例如，"高黄兵与广西金建华民用爆破器材有限公司劳动争议"一案中，二审法院认为"被上诉人作为用人单位，根据法律规定，有自主用工经营管理权"①。

此外，笔者还发现了以下几点在司法实践中存在较大争议的问题。

（一）优先留用的考量范围不明

我国现行立法对于优先留用仅规定应当留用三类人员，并未对其考量范围进行说明——是在整个用人单位的范围内进行考察裁量，还是限于裁员直接涉及的部门？规定的模糊导致实践中出现用人单位随意界定比较范围，甚至恶意规避该条款的适用的情况，使得立法目的落空、劳资矛盾激化、司法裁判不一等。

在"卢传秀与威士茂科技工业园（珠海）有限公司劳动合同纠纷案"中②，一审法院认为：优先留用，指的是同部门相同岗位之间的优先留用。现在的企业，不同部门不同专业，如果跨部门考量"优先留用"，势必给用人单位造成新的困境，在用人单位的生产经营发生严重困难时，应允许用人单位通过各种方式进行自救，而不是进一步陷入破产、关闭的绝境。从威士茂公司提交的裁减人员名单上看，超过卢传秀在职时间的、签订有无固定期限合同的不在少数，且分布在不同部门、具有不同工种，因此要求威士茂公司跨部门"优先留用"不符合实际。二审法院也支持了该观点。此案件中，两审法院都将优先留用的

---

① 参见百色市中级人民法院（2015）百中民一终字第1232号"黄高兵与广西金建华民用爆破器材有限公司劳动争议案"。

② 参见珠海市中级人民法院（2021）粤04民终463号"卢传秀与威士茂科技工业园（珠海）有限公司劳动合同纠纷案"。

比较范围限定在了被裁劳动者所在的部门。

而在陶一青与毕节赛德混凝土有限公司劳动争议一案中①，二审法院认为一审认定该公司任意留用其想留用的人员，系违法解除与被上诉人的劳动合同，并无不当。该公司主张优先留用签订了无固定期限合同的员工，应当是指同岗位上需要裁减人员又需要留用人员时才考虑优先留用，没有法律依据，不予支持。本案中的法院间接表明了其态度：优先留用的比较范围应当以整个用人单位为限。

（二）优先留用的对象界定不清

对于第一类人员"与本单位订立较长期限的固定期限劳动合同的"，应该如何认定"较长期限"？第二类"签订无固定期限劳动合同"是否包括《中华人民共和国劳动合同法》中规定的"视为签订无固定期限劳动合同"？立法者将劳动合同期限作为评定优先留用的标准是考虑到劳动者对用人单位的贡献。可事实上，与用人单位签订无固定期限劳动合同的劳动者不一定比签订固定期限的劳动者工作时间长。

（三）留用人员的顺位规定缺失

裁员中应当优先留用的三类劳动者是否有先后顺位？对此，立法者认为，三类优先留用的劳动者之间并没有先后顺序，用人单位可以根据实际需要予以留用[3]。可是，当实践中出现了两类及以上符合优先留用情形的劳动者，选择权交于用人单位之时，就无法保证用人单位不会存在主观偏好，也同样不能保证被裁的劳动者信服。

（四）优先留用的证明责任分配不详

在企业经济性裁员时，是应当由用人单位在裁员时主动证明其已经依照相

---

① 参见毕节市中级人民法院（2018）黔05民终1109号"毕节赛德混凝土有限公司与陶一青劳动争议案"。

关规定对被裁人员进行了比对挑选，还是由劳动者在认为自己属于"优先留用人员"而未被优先留用，进而在对用人单位以违法裁员提起诉讼的同时一并提供有关证据？对此，司法实践中有着不同的处理方式。在"德韧干巷汽车系统（上海）有限公司与金宏婷劳动合同纠纷案"中①，一审法院认为德韧干巷公司在解除其与金宏婷的劳动合同的过程中未能充分适当考虑法定的优先留用情形，故对于金宏婷提出的要求——德韧干巷公司支付违法解除劳动合同赔偿金的主张予以支持。而该案进入二审后，二审法院却认为金宏婷并非不得裁减人员，其虽与德韧干巷公司签订了无固定期限劳动合同且育有一女，但德韧干巷公司留用的其他劳动者亦签订无固定期限劳动合同，且部分为不得裁减人员。金宏婷并无证据证明其与其他劳动者相比，应在"同等条件"下优先留用。再如，在"金红莲与乐金电子（中国）有限公司劳动争议案"中②，金红莲系签订了无固定期限劳动合同的劳动者，其称乐金公司未按照《中华人民共和国劳动合同法》的有关规定优先留用无固定期限员工，未就裁员人员选定标准进行有效举证，侵害其合法权益，系属违法解除。用人单位乐金公司则主张"用人单位对裁员名单的选择有自主权，法律并未将优先留用的证明义务分配给用人单位，且员工各有所长所短，对员工进行前后排序是不现实的，对用人单位也是不公平的"。对此，一审以及二审法院并未给予相应解释，仅以"乐金公司裁员后留用的员工大部分仍为无固定期限劳动合同员工"为由，认定乐金公司与金红莲解除劳动合同符合法律规定。

（五）违反优先留用条款的法律责任缺位

我国现行立法虽然制定了"优先留用"条款，但是并没有对违反该条款的

---

① 参见上海市第一中级人民法院（2020）沪01民终9051号"德韧干巷汽车系统（上海）有限公司与金宏婷劳动合同纠纷案"。

② 参见北京市第三中级人民法院（2019）京03民终12376号"金红莲与乐金电子（中国）有限公司劳动争议案"。

法律后果进行规定。在司法实践中，如果法院认为劳动者属于应当"优先留用"的人员，法院大多判令用人单位支付劳动者经济赔偿金为违法解除之后果，也有少数法院判令用人单位继续雇佣该劳动者①。

三、完善与思考

（一）限定优先留用人员的考量范围

优先留用条款是规定在经济性裁员制度中的，因此在考量优先留用人员的比较范围时，应当考虑裁员事由。如果是需要进行破产重整的，一般来说，用人单位会以企业整体作为裁员范围，这种情况下，优先留用的比较范围应当也是整个企业；如果用人单位有分支机构的，也可以以各分支机构为限，这是因为分支机构具有相对独立的自主经营权，有自己的经营场所和部门职员。如果是因为生产经营发生严重困难的，此时用人单位可能会进行整体裁员，也有可能以某些冗余的部门为限进行裁员。在后一种情况下，若再以整个用人单位为比较范围则显得不合情理。再如，"企业转产、重大技术革新或者经营方式调整"，整条生产线或整个部门将不复存在，该生产线与该部门的员工无法通过变更劳动合同另行安置，裁员成为必然且唯一选择。这种情况下，该生产线与该部门的员工不存在优先留用的可能。如果要求企业优先留用部分此类员工而牵涉其他生产线或部门的员工，无疑是不合理的[4]。

在考量优先留用人员的比较范围时，同样还需要考虑被裁减人员岗位的可替代性。也就是说，进入挑选的劳动者的工作岗位必须相同或类似，只有这样被留用的劳动者才可以接手那个被解雇的劳动者的工作，而且这些劳动者必须处于同一个组织层级，否则高级别的劳动者基本都可以从事低级别的劳动者的

---

① 参见辽宁省抚顺市中级人民法院（2017）辽 04 民终 1192 号"抚顺大伙房水泥有限责任公司与郑庆林劳动争议案"。

工作，如此纵向比较可能导致从上到下的挤出效应[5]。

（二）重构优先留用的适用对象

优先留用条款设立的目的是体现社会性理念，在劳动法已有的倾斜保护劳动者的前提下，强调保障对企业利益贡献较大的、家庭负担较重的劳动者。但是现有立法所列举的前两类劳动者并不能体现出前述立法考量因素。因为"订立较长期限的固定期限劳动合同"具有随机性，受经济环境、企业自身发展规划等外部因素影响较大；而"订立无固定期限劳动合同"则有可能是因为自用工之日起未签订书面劳动合同满一年，双方协商一致签订无固定期限劳动合同。第三类人员能够直接反映出该条款赋予企业的社会责任，但该项规定过于死板，缺乏灵活适用度。比如在面对家中无其他就业人员，需要扶养的老人有退休金，或夫妻二人都有固定收入，而家中老人和孩子也都需要以这两份收入维持生存这两种情况时，后一种情况的劳动者或许比前者更需要这份养家糊口的工作。

由此可见，《中华人民共和国劳动合同法》第四十一条第二款规定的三类应当优先留用的劳动者并不完全契合该条款的立法理念。对此，笔者建议可以借鉴德国的"社会性挑选制度"——不明确规定应当优先留用哪几类人员，而是要求雇主在进行裁员时应当充分考虑到雇员的"工龄""年龄""抚养义务""重度残疾"四大因素。"工龄"可以反映出劳动者对于用人单位的忠诚度；"抚养义务"可以判断劳动者的经济负担；"重度残疾"则能够说明劳动者对用人单位的依赖性较强，再就业能力较弱。但是有学者认为不宜将"年龄"这一因素考虑在内，一方面是因为其与"工龄"有功能重叠之嫌，另一方面是可能会导致用人单位"人员老龄化"的后果。笔者也比较赞成该观点。同时，笔者还认为可以不将"重度残疾"作为考量因素，因为结合我国实际情况，除了一些专门招聘残疾员工的企业，其他企业在招聘时一般不太倾向于雇佣重度残疾人，这会直接导致法条适用率低的情况；而因工作致残的劳动者已经被纳入《中华人民共和国劳动合同法》第四十二条"禁止解雇"人员之行列，无须再设条款予以保护。

此外，司法实践中，企业主张经济性裁员的理由大多是"生产经营发生严重困难"。在企业自身经营状况不佳的情况下，也应当适当兼顾用人单位的利益，允许其保留骨干员工，即如果某位劳动者拥有企业急需而短缺的专业技能，那么即便该劳动者不具备应当优先留用人员的任一要素，也理应允许企业对其留用。但是在留用这类人员时，需要进行严格考察，以防止用人单位"权力寻租"。

综上，本文建议将优先留用的适用对象调整为：在本单位的工龄较长的；家庭无其他收入来源，抚养义务较重的；用人单位的骨干员工。

（三）明确优先留用人员的顺序

如果是三类人员之间的顺序，笔者认为应当将"抚养义务"一类置于前列，"工龄"次之，"骨干人员"最后。之所以把"抚养义务"排在首位，是考虑到优先留用条款设立的目的主要就是促进企业承担社会责任，如果率先裁减抚养义务重的劳动者，作为家庭主要收入来源的"顶梁柱"一旦陷入失业的困境，那么可能整个家庭都难以维持基本的生活开支，对于社会整体的发展也是极为不利的。

也有学者提出，将"骨干人员"置于"抚养义务"之前[6]，一方面是因为要求企业承担社会责任的前提是其能够维系自身正常的经营发展，另一方面是立法者应当平衡特殊劳动者保护与企业的合理需求。对此，笔者认为这不能够体现优先留用条款的立法理念——如果没有该条款，企业在裁员时为了自身经营发展考虑也一定会首先留下该类人员。但是该学者的思虑当然也有一定道理，本文建议可以从裁员事由入手，如果企业是由于"生产经营发生严重困难"进行经济性裁员，在根据规定优先留用相关人员时，可以将留用名额按照一定的比例分配给三类人员，防止第一类人员过多而无法顾及"骨干成员"。这样做既能够实现优先留用的根本目的，又可以兼顾企业的生存发展需要。

倘若是要在同类人员之间分个先后顺位，笔者认为可以参考大部分法院的观点——即赋予用人单位一定的裁量权，允许其在相关人员中自主选择。当然，这种选择绝非带有任意性，而是应当按照一定的标准，例如企业可以根据自身实际需求，将具有相关技能或者相应资格资质等方面要求作为择优考察因素。

(四) 合理分配优先留用的举证责任

用人单位应当在经济性裁员的过程中，对其已经主动适用优先留用条款向全体员工进行告知和公示，主要内容包括：优先留用的比较范围、判定标准以及同类标准之间是如何进行取舍的。这样一方面可以保障相关员工的知情权，同时也能够发现是否有遗漏适用人员。如果有遗漏人员或者有劳动者对优先留用结果提出异议，由相关劳动者与用人单位先行协商，协商不成，再诉至法院。彼时，则应当遵循"谁主张，谁举证"的原则，即对企业适用优先留用结果不服的劳动者，需要证明自己比企业挑选留用的劳动者更符合优先留用的标准。

值得注意的是，用人单位履行告知义务的前提系已收集了劳动者的信息，如果相关劳动者在企业收集信息时未如实填报，则不得在后续的诉讼过程中以此为由主张企业违法裁员。反之，如果企业未履行告知义务导致相关劳动者应被留用而未得到留用的，该劳动者当然可以提起诉讼主张权利。

(五) 完善优先留用不当的法律责任与后续救济

优先留用作为立法者在法定情形下赋予劳动者的一项权利，那么相应的，于用人单位而言，在经济性裁员时留用这些劳动者就成为其必须履行的义务。如果企业在裁员过程中未主动适用该条款，或者没有充分的证据证明其裁减符合优先留用标准的人员具有合理性，就应当承担相应的法律后果。

需要明确的是，优先留用不等于绝对留用，也明显不同于禁止解雇。企业在适用经济性裁员这种大批量裁员的规定时，就意味着只能提供相对有限的岗位，这也就直接反映出只能优先留用有限的员工，而无法为所有具有优先留用资格的人员安排职位。禁止解雇规定于《中华人民共和国劳动合同法》第四十二条，该条明确列举了用人单位不得解除劳动合同的五种类型的劳动者，属于禁止性规范。而优先留用条款则属于义务性规范，只有在用人单位在裁减优先留用人员的同时又留用了不符合法定标准的劳动者的情形下，才能认为企业违反了法定义务，要求其承担相应的法律后果。

司法实践中对于未被依法留用的劳动者通常有两种救济方式，第一种是恢复双方之间的劳动关系，第二种是判决用人单位支付违法解除劳动合同的赔偿金。笔者不赞同前种方式。一方面，按照前述观点，双方在诉诸法院之前已经进行了协商，在协商失败对簿公堂之时，双方此前和谐的劳资关系已生嫌隙。法院的一纸判决形式上是在维护劳动者的合法权利，实则是在将其推向被用人单位再次践踏权利的未知危险[7]。另一方面，"复职"可能也会带来其他劳动者岗位变动或丧失的可能。因此，"官复原职"并不适合作为救济被违法解除劳动合同的劳动者的路径。

笔者认为，用人单位未主动适用优先留用条款而被判定为违法解除劳动合同的，其法律后果应当明确为支付违法解除劳动合同赔偿金。这样既能让用人单位为其违法行为付出代价，同时也能对被违法解雇的劳动者进行补偿。

四、结束语

优先留用条款是经济性裁员制度的组成部分，是立法者在经济目标与社会目标的冲突中寻求到的一个利益平衡点，贯彻了以人民为中心的发展思想。但是当前该条款规定比较粗糙，可操作性不强，未能完全发挥其应有的作用和价值。对此，需要根据在司法实践中发现的具体问题，结合我国实际情况，对现有规则加以调整、改造，这样才能真正地实现该条款的立法目的。

参考文献

[1] 何勤华. 西方法律思想史 [M]. 上海：复旦大学出版社，2005.

[2] 李国庆. 解雇权限制研究 [D]. 上海：华东政法大学，2011。

[3] 全国人大常委会法制工作委员会行政法室. 最新《中华人民共和国劳动合同法》解读与案例 [M]. 北京：人民出版社，2013.

[4] 董保华，田思路，李干，等. 从法理情审视《企业裁减人员规定（征求意见稿)》[J]. 中国劳动，2015（5）：8-12.

[5] 王倩. 德国社会性挑选制度及其对我国优先留用制度的镜鉴 [J]. 德国研究，2020，35（4）：95-110，189.

[6] 张青卫. 委托—代理视角下《劳动合同法》的完善 [J]. 理论探索，2020（2）：110-119.

[7] 黄丽娜，杨晓宁. 经济性裁员优先留用条款之检视与完善：基于 62 份司法判决之实证研究 [J]. 法治社会，2020（1）：71-81.

基层"微腐败"的实践表征、
生成机理与规制路径

陈　昶　刘梦雨

摘　要 ....

　　在坚决打赢反腐败斗争攻坚战持久战的背景下，基层"微腐败"规制虽已取得蔚为可观的实质性成效，但概因轻微、多发、较高的社会容忍性等特点，基层"微腐败"依然是基层反腐的痛点、难点。肇因于部分基层干部信念缺失、正向激励机制缺位、监督机制作用乏力、惩戒力度不济等因素，基层"微腐败"有了可乘之机，是故阻滞了基层治理的长效发展。为此，有必要引导筑牢思想防线，强化正向激励机制，健全基层多元监督机制，完善基层"微腐败"法律规制体系，从而靶向规制基层"微腐败"现象，为基层治理赋权增能、提质增效。

关键词 ....

　　"微腐败"；基层治理；规制；机理

　　【作者简介】陈昶，男，四川筠连人，法学博士，四川轻化工大学法学院讲师、硕士生导师，研究方向为国家治理与法治政府；刘梦雨，女，河南开封人，四川轻化工大学法学院2022级法律专业硕士研究生，研究方向为行政法学。
　　【基金项目】2022年教育部青年基金项目"基于循证的重大行政决策社会风险评估实施机制研究"（22YJC630005）；2022年四川省高等学校人文社会科学重点研究基地基层司法能力研究中心项目"社会稳定风险评估与司法审查的衔接机制设计"（JCSF2022-06）。

一、问题的提出

　　腐败是危害党的生命力和战斗力的最大毒瘤，官员贪腐、以权谋私将会摧毁政府的治理根基，成为推进治国理政进路的主要绊脚石。改革开放 40 余年来，党内的反腐倡廉坚持顶层设计与靶向治理一体推进、条文破立与体系完善有机耦合、自上而下与自下而上配套联动、"关键少数"与"绝大多数"齐抓共管、纪法分开与纪法衔接协调施展、反面警示与正面倡导辩证共治[1]。习近平总书记在党的二十大报告中对新形势下坚决打赢反腐败斗争攻坚战做出了重要部署，"惩治新型腐败和隐性腐败"对于赢得这场斗争刻不容缓。

　　反腐败是最彻底的自我革命。在反腐高压态势下，腐败现象总体呈现递减趋势，但是在基层中，明目张胆、具体显性的腐败虽然日胺月减，但一部分避影匿形、细微隐匿的"微腐败"现象确乎此消彼长。于基层而言，令人痛心疾首的大贪巨腐并不普遍，然而看似微不足道、不值一提的"微腐败"却让人司空见惯、习以为常。这些不起眼的吃拿卡要、顺手牵羊的微腐败与群众息息相关，一旦置之不理、不以为然，将会蠹政害民，后果不堪设想。"蝇贪成群，其

害胜虎",谨防"微腐败"成为"大祸害",无疑是推进基层治理现代化、助力
乡村振兴的主要面向。

二、基层"微腐败"的实践表征

腐败,原属于社会学名词,系随着经济和社会的发展,掌握公共权力的人
员利用职务之便,牺牲公众利益谋取私人利益的不正作风、不端行为。"微腐
败"本质上属于腐败的一种类型,是那些毫不起眼并且悄无声息地浸润在社会
各个角落的小贪小腐。换言之,"微腐败"指基层地区掌握"小微权力"的基
层干部实施的利用职权谋取小额私利的行为,涵盖了吃拿卡要、优厚亲友、小
额贿赂、虚报冒领、拉帮结派等方面[2]。从性质上来讲,"微腐败"通常具有
轻微性、多发性、较高的社会容忍性等特征,概因于此,其往往容易被忽略,
因而不易被察觉。

(一)轻微性

"轻微性",是程度轻、危害小、容易被人忽视。轻微性作为基层"微腐
败"的本质特征,主要表现在如下两个方面。

一方面是职低事小、手段隐蔽、不易察觉。"微腐败"的行为主体往往官
不大、职别低,不是重点查处对象,但掌握着与群众关系紧密的"小事",权
力不大却囊括方方面面[3]。其腐败行为一般表现为逢年过节收红包,被请吃请
喝,侵占慰问金、慰问品,办事收好处费,伙食费用超过标准,违规报销开支
等,抑或是执行公务时私自收受香烟酒水、土特产等。

另一方面是情节轻微、影响不大。通常说来,小贪小腐、克扣挪用、收受
礼金等行为虽然属于明显的违规违纪行为,但有时候概因于数额较小,往往不
能构成刑法中规定的贪污贿赂、挪用公款等犯罪行为。在实践中,较为常见的
现象之一就是对来办事的群众百般刁难,"门难进、脸难看、事难办",时而

"脸好看、事难办"，总之不"意思意思"，就难以"把事办成"，连签字盖章这种程序性事项也难逃一劫。2022年，在四川省某村，没有住房、符合建房标准的村民，宅基地建房申请迟迟批准不下来，但是一些不符合条件的村民却陆陆续续拿到了指标。究其原因，竟然是没给村支书"好处费"才被开了"红灯"。

（二）多发性

较之于大贪巨腐，基层"微腐败"近在咫尺，普遍存在于各个基层地区，呈现易发、多发的特点。申言之，一是发生频率高。近年来，大量人力、物力、财力"资源"向基层下移，某些基层干部察觉到了贪腐契机，基层"微腐败"现象明显增多。2023年7月，中央纪委国家监委通报2023年上半年全国纪检监察机关监督检查、审查调查情况，我国纪检监察机关共处分25.8万人，其中省部级干部18人、厅局级干部1 355人、县处级干部1万人、乡科级干部3.3万人、一般干部3.6万人、农村、企业等其他人员17.8万人（见图1）[4]。

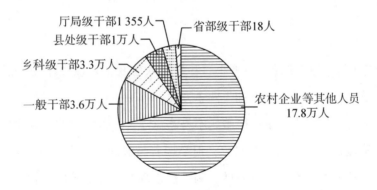

图1　2023年上半年基层腐败查处情况

发生领域广是基层"微腐败"的另一特征。"微腐败"虽然看起来微不足道，但是涉及范围很广，广泛存在于各个领域、各个部门中，涵盖公共服务、调研活动、财务管理、办公用房、生活交往、房屋拆迁、医疗卫生等各方面[5]。现阶段，随着农村小微工程数量增多，环境整治、文化卫生、道路硬化等不起眼的小微工程成为滋生腐败的沃土。2023年，江苏省镇江市某村原党总支书记胡某以时间紧为由，规避招标，仅以村委会讨论的形式走个过场，就将村里的道路硬化工程交给其亲友施工，捞取好处费。

（三）较高的社会容忍性

基层"微腐败"本身具有很强的迷惑性、隐匿性和欺骗性，有时，人们往往难以将正常的礼尚往来与之区别开来，因而陷入腐败而不自知的窘境。著名学者费孝通在《乡土中国》中描述了中国的乡土社会面貌，在农村聚居生活的情况下，一个村的人都是和自己一起长大的熟人，人们的法律素养不高，逐渐衍生出"办个事打声招呼就行"的范式，这便是较为典型的"人情社会"，而它正是人们容忍"微腐败"的重要原因。换言之，人情，接受了"情"，就是"给面子"，故有"情面"一说，"小案讲关系"虽流传已久，然确乎被很多人认为熟人之间行个方便很正常，公事公办、一本正经反而不近人情。而这种情境恰好容易滋生腐败。

在基层，"给足情面，则易办事"似乎成为一些人为人处世的基本准则，却又时不时带来些许苦恼。实践中，送礼之风盛行，不送礼办不成事，给医生送礼让医生更尽心，给领导送礼谋求提拔，如此种种可谓不一而足，以至于在基层工作中收点特产、吃个便饭也被理所当然认定为应为之事[6]。相比于明目张胆的贪污腐败，更令人寒心的是老百姓为了让事情办得更加成功而又无可奈何地被动参与"腐败"，进而使"微腐败"变成约定俗成。图2为腐败行为的生成机理。

三、基层"微腐败"的生成机理

"相对于'远在天边'的'老虎'，群众对'近在眼前'嗡嗡乱飞的'蝇贪'感受更为真切。"可以说，谨防"微腐败"成为"大祸害"要深刻洞察其产生原因（见图2），这样才能对症下药、铲除病灶。如果追根溯源，"微腐败"

现象的产生绝不仅与基层干部的个人素质相关，还与其所处的环境密不可分。

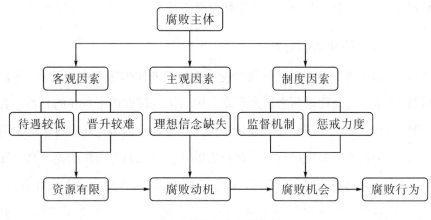

图2 腐败行为生成机理

（一）部分基层干部信念缺失

理想信念是精神之"钙"，没有理想信念，精神上就会"缺钙"，就会得"软骨病"。现阶段，一些基层干部觉得收取当事人的一瓶酒、几条烟、几包茶叶无伤大雅，小拿小要也不足为奇，因此不知不觉对这些"糖衣炮弹"放松警惕，一来二去丢了信仰、忘了初心、失了原则。"莫以善小而不为，莫以恶小而为之"，事物的变化都是从量变到质变的过程，"小贪小腐"不及时悬崖勒马将会成为"大贪巨腐"[7]。还有部分地区过分强调经济指标，而忽略了对基层干部道德素养和行政定力的培养，导致"拜金主义""享乐主义"泛滥，党性观念不强。如此一来，道德素养滑坡、理想信念不强的基层干部很容易丧失抵抗力，在思想上产生错误偏差，成为基层"微腐败"难以防治的思想根源。

（二）正向激励机制缺位

正向激励机制是一种以褒奖、激励为主，提高人们积极性的鼓励方式。正向激励往往包括两种形式，一种是以金钱、奖品等为主的物质奖励，另一种是以表扬、提拔等为主的精神奖励。与之相对的是以惩罚、批评为主的反向激励。

现阶段，我国基层干部的正向激励存在报酬偏低、晋升渠道狭窄等问题。一是我国基层干部的薪资水平较低、收入增长幅度较小。据某调研报告显示，一般村支书的月工资为 2 500~3 000 元，村主任的为 2 000~3 000 元，其他干部的为 1 000~2 000 元；一些贫困地区基层干部的工资可能更少[8]，微薄的收入时而难以维持日常开销。此外，基层干部的晋升渠道较窄也是基层"微腐败"的诱因。晋升条件的设置往往十分严苛，难以充分调动基层干部的工作积极，"官本位"思想的惯性影响无疑加剧了这种晋升难度。值得注意的是，与之不相匹配的是基层承担的任务一般都很繁重，"上面千条线，下面一根针"，严苛的问责制度使一些基层干部面临较大压力。

（三）监督机制作用乏力

党的十八大以来，在高压反腐的持续推进下，绝大多数的腐败行为都能得到肃清，但对于一些基层而言，个别领导干部"苍蝇胃口大""官轻贪腐重"。从结构性关系来看，我国的政府职能部门实行条块结合的双重领导体制，一些基层行政单位既受同级政府领导，又要接受上级部门的业务指导。当资源下沉到基层时，上级部门一般是决策机关，基层政府成为执行机关，但承担责任的往往是基层干部。责任主体不明确，基层"微腐败"的监督机制如同雾里看花[9]。然而，"乡镇监督太远、村级监督太软、群众监督太难"，基层监督渠道不够畅通，监督方式落后且形式单一，老百姓举报投诉无门，少数基层干部"一把手"变成"一霸手"。

（四）惩戒力度不济

"法不严不足以禁群邪，律不密不足以匡正义。"虽然基层"微腐败"日渐得到各地的高度重视，但从法律层面上来讲，尚未有具体的法律法规来规制"微腐败"。党纪党规中没有对"微腐败"的具体数额进行规定，导致"微腐败"认定困难。《中华人民共和国刑法》中规定的利用职务便利，非法占有公共财物，挪用公款索取或者非法收受贿赂等行为构成渎职罪；《最高人民法院、最高人民检察院关于办理贪污贿赂刑事案件适用法律若干问题的解释》第一条规定"贪污或者受贿数额在三万元以上不满二十万元的，应当认定为刑法第三百八十三条第一款规定的'数额较大'，依法判处三年以下有期徒刑或者拘役，并处罚金。贪污数额在一万元以上不满三万元，具有下列情形之一的，应当认定为刑法第三百八十三条第一款规定的'其他较重情节'，依法判处三年以下有期徒刑或者拘役，并处罚金"。即将挪用公款罪的起刑点若无特殊情形调整至三万元。但是，如何处置挪用数额在三万元以下的"微腐败"尚未明确。对于发现的基层"微腐败"现象，一般以通报批评、警告为主，很少涉及实质性的权益减损。从执法层面来讲，一些基层地区办案措施不力，手段落后，"关系网""山头主义""帮派圈子"等仍有存在，部分基层干部互相包庇，导致一些"微腐败"现象难以发现，使腐败分子心存侥幸[10]。

四、基层"微腐败"的规制路径

习近平总书记指出："必须深化标本兼治、系统治理，一体推进不敢腐、不能腐、不想腐。"[11]的确，"微腐败"问题是普遍存在的，一些基层干部吃拿卡要、贪污挪用、以权谋私等"蝇贪蚁腐"现象会动摇党的执政根基、败坏良好社会风气、腐蚀基层干部，造成不可估量的负面影响，确需一以贯之、予以重视。

（一）引导筑牢思想防线

思想是行动的先导，认识是行动的动力。思想腐化和认知错误是基层干部"微腐败"的根源所在，强化思想政治教育、肃清落后思想残余、筑牢思想之魂无疑是治理基层"微腐败"的必由之路。基层干部离人民群众最近，与人民群众最亲，是故必须要培养其心系群众的公仆情怀。常言道："破山中贼易，破心中贼难。"抵制基层"微腐败"必须从源头上予以重视，继而防患于未然。

为此，一方面，加强基层干部对党纪党规的学习，加强党性修养，净化自身的纯洁性。牢记公款姓"公"，一分一厘都不能乱花，公权为民，一丝一毫都不能乱用，树立"小事不小"的正确观念。另一方面，针对"微腐败"开展案例警示教育，通过观看廉政宣传片、查办典型案件、开展广泛宣传，明确什么样的行为是腐败、什么样的行为不该为，做到心有敬畏，行有所止。现实中，在日常工作领域也不能忽略思想教育，须定时开展心理调查，与基层干部多谈心，发现腐败苗头要及时灭火[12]。针对这方面，四川省建立"四川省智慧党建云平台"，举办"党课开讲啦"活动，开展"书记龙门阵"主题坝坝会等活动，切实加强了基层干部的党性修养，夯实治蜀兴川根基，为基层干部筑牢思想防线提供了良好范式。

（二）强化正向激励机制

在实践中，基层工作任务繁重，但是正向激励并不多，尤其是普通的基层公务员晋升渠道十分有限，又由于职务职级的限制工资福利待遇相对较少，个别干部便开始串谋"微腐败"。概因"微腐败"往往不会被发掘，其带来的利益通常大于所付出的成本。因此，一方面，强化物质激励。适当提高基层干部的职位收入，降低通过权力寻租获取经济利益的欲求，在基层干部取得良好的绩效的基础上，给予奖金奖励，畅通晋升渠道。在这方面，山西省祁县城赵镇引进大学生到村任职，采取年轻干部包干到村制度，制定考核目标，为大学生干部创造良好的成长平台[13]。另一方面，强化精神激励。开展干部表彰活动，为廉明公正的干部颁发荣誉证书、授予荣誉称号，激发干部们克己奉公之心。近年来，宜宾市屏山县清平彝族乡对于在工作中敢于担当、勇于作为的干部加大表彰力度，对于县级以上的通报表扬、嘉奖等优先考虑表彰实干者，并将其列入后备干部培养范围[14]，创新了激励方式。

值得一提的是，应聚焦完善关心关爱机制。对于选派到偏远地区的一线基层公务员，除发放艰苦边远地区津贴和乡镇工作补贴外，还可组织基层公务员定期体检，并开展心理咨询，帮助工作压力大、家庭生活困难的基层工作者解决后顾之忧。对于基层公务员较为关注的休假制度，应做到"应休尽休"，对于确实因为工作原因无法休息的，应发放补贴，打好激励、关心、关爱的"组合拳"，这对于防范"微腐败"将大有裨益。2021年，甘肃省甘谷县探索基层干部正向激励机制，注重加强对驻村帮扶人员的关爱激励，多次选派调整工作队员，积极实施"温暖工程"，改善了乡镇干部的工作环境，温暖了干部们的心。

（三）健全基层多元监督机制

"微腐败"隐蔽性往往很强，为此，需完善基层监督管理机制，织密监督网。一是采取"巡视""常驻"相结合、定期和不定期共同下访的监督机制，利用好"巡视"这把利剑；将基层干部的作风和廉洁性纳入考核指标，形成制度压力。二是发挥人民群众的监督作用，畅通基层监督渠道，使人民发现"微腐败"行为及时反馈；定期开展听证会、议事会等活动，号召群众主动发现、积极举报，让权力在阳光下运行。三是创新监督方式。精准治理"微腐败"离不开现代科学技术的加持，如互联网、云计算、大数据等的适用，要依托科学技术建立信息化管理系统，充分发挥大数据的时效性、安全性和交互性的优点，打破信息壁垒，提升治理精准度[15]。2023年，天津市宝坻区纪委监委打造"阳光村居"平台，在平台上公开"三务"、民生资金、小微项目等小微权力清单，数据信息分门别类展现，使群众一目了然，随时监督。再如，四川省宜宾市南溪区近年持续对群众身边的腐败问题开展专项整治，针对不敢监督、放不下"情面"等问题优化整合协作区，并且实行联动监督机制，加大监督力度，同时依据大数据收集民意，征集群众意见，截至2022年，累计收集和解决问题482个[16]。

（四）完善基层"微腐败"法律规制体系

基层"微腐败"常常发生于法律的灰色地带和制度盲区，基层权力的行使得不到有效规制。

一方面，德治与法治相结合是基层治理不可或缺的手段。德治依靠内心约束，法治依靠国家强制力，应从立法源头筑牢廉政防线，杜绝"微腐败"行为。故而应衔接刑法和其他法律中的反腐规定，明确"微腐败"的界限和后果，将有关"微腐败"的法律文本具体化、精确化。对于"微腐败"要有案必查，绝不姑息。一盒烟、一瓶酒很容易被人忽略，要做到露头就打，对"微腐败"形成震慑力。2023 年 4 月，云南省纪委监委官方抖音号发布了一条视频，内容为玉溪市峨山县市场监督管理局双江管理所所长李某某在公务接待中明知县内公务接待一律禁止饮酒，仍违规提供白酒 5 瓶，共计 100 元，并参与饮酒，报销餐费 594 元，受到党内警告处分。有人认为因为 20 元一瓶的酒受到处分太过不近人情，然而本质问题不是价格多少，而是对纪律红线缺乏敬畏，存在侥幸。

另一方面，在制度体系上要契合现代社会的实际状况，完善、健全、创新现有的反腐倡廉体制机制。譬如，建立小微权力清单，规定每一项权利的具体名称、政策依据、办理条件、具体流程、适用情形、责任主体等，将其形成制度，要求各基层职能部门严格适用[17]。很多地方通过建立权力清单的方式助力基层治理，譬如，重庆市石桥苗族土家族乡人民政府出台《石桥乡深化"六张清单"助力乡村治理促进乡村振兴实施方案》，助力乡村腐败治理，促进乡村振兴。

五、结束语

《韩非子·喻老》中有文："千丈之堤，以蝼蚁之穴溃；百尺之室，以突隙之炽焚。"事实上，"微腐败"的轻微性并不代表其后果也轻微，其属于腐败，后果不言而喻。近年来，在党中央的领导下，基层腐败现象得到了有效遏制，但是在某些地区仍然难以杜绝。基层反腐是打赢反腐攻坚战中的"最后一公里"，是举足轻重的"一公里"，是决定能否赢得民心的一公里，必须"咬定青山不放松"，坚决杜绝品行不端、思想不纯的基层干部。因为只有迎着光，廉政为民的干部才能脱颖而出、勇挑重担。

参考文献

[1] 邹东升，姚靖. 改革开放以来党内反腐倡廉法规的建设与经验 [J]. 甘肃社会科学，2019（2）：35-43.

[2] 付子文. 全面从严治党视域下的"微腐败"治理 [J]. 党政干部论坛，2022（1）：18-21.

[3] 曹静. "微腐败"治理路径探微 [J]. 领导科学论坛，2023（8）：68-71.

[4] 赵成. 今年上半年全国纪检监察机关立案31.6万件其中立案中管干部36人 [N]. 人民日报，2023-07-23（4）.

[5] 刘帮成. "微腐败"的易发领域及诱因 [J]. 人民论坛，2023（8）：76-79.

[6] 邹东升，姚靖. 村干部"微腐败"的样态、成因与治理：基于中纪委2012—2017年通报典型案例 [J]. 国家治理，2018（Z1）：4-12.

[7] 朱晓东. 基层"微腐败"问题的表现、成因及防治 [J]. 领导科学，2022（4）：104-107.

［8］乡村振兴工作队小李头条号. 村干部收入调研报告［EB/OL］.（2021-08-07）［2023-09-20］. https://mp.weixin.qq.com/s/8MlchcxwZiesJyENg6gPkQ.

［9］沈均明. 民生领域 "微腐败" 的成因分析与对策建议［J］. 人民论坛·学术前沿，2020（19）：122-127.

［10］李海涛. 微腐败易发难治的原因及治理机制构建［J］. 领导科学，2020（10）：23-25.

［11］李晴，臧伟. 论习近平党风廉政建设和反腐败斗争思想的逻辑理路［J］. 中共济南市委党校学报，2022（6）：46-50.

［12］张淑珍. 村干部 "微腐败" 的实践表征、生成逻辑与治理路径［J］. 领导科学论坛，2021（3）：126-130.

［13］董毅. 祁县城赵镇：打好激励基层干部担当作为 "组合拳" ［EB/OL］.（2023-02-17）［2023-09-20］. http：//www. sxdygbjy. gov. cn/wzpz/ys/art/2023/art_ 09028ca327fe43799b800489abc38e77. html.

［14］屏山县清平彝族乡人民政府. 清平彝族乡："四心" 激励基层干部干事创业［EB/OL］.（2022-07-18）［2023-09-20］. http：//www. ybps. gov. cn/zwhd/xzdt/202207/t20220718_ 1749465. html.

［15］谢斌，杨晓军. 廉政建设视域下的基层 "微腐败"：表现、成因及治理［J］. 行政与法，2023（4）：86-96.

［16］戚瑛. 宜宾南溪区严查基层 "微腐败" ［N］. 四川日报，2023-03-26（2）.

［17］穆伯祥，王宇航. 农村基层腐败犯罪治理机制研究：以江苏省宿迁市为例［J］. 农村·农业·农民（B版），2023（1）：40-42.

二次创作短视频合理使用认定
路径探究

——基于 148 起二次创作短视频侵犯著作权案例

汤　晨　熊德禄

摘　要 ·······································

　　伴随互联网及数字技术的发展，二次创作短视频侵犯著作权问题频繁出现，关于二次创作短视频行为的定性争议也越来越多。其中，判断二次创作短视频使用他人作品的行为是否合法是最主要的争议之一，而该行为是否合法的关键又在于其是否构成对他人作品的合理使用。但目前，二次创作短视频定义不明、类型不定，导致其是否构成合理使用问题在司法认定中存在困境。而产生此困境的原因在于我国合理使用制度条款的解释空间过大、原有"三步检验法"适用失灵、引入美国"四要素法"的法源冲突。鉴于此，明确二次创作短视频的分类，从司法解释或指导案例层面明晰合理使用的内涵及外延就显得尤为重要。与此同时，运用技术手段构建多方共治体系进行事前预防亦是解决该问题的重要路径。

关键词 ·······································

　　短视频；二次创作；三步检验法；合理使用；著作权

【作者简介】汤晨，四川轻化工大学法学院 2023 级法律专业硕士研究生；熊德禄，四川轻化工大学法学院副教授。

一、问题的提出

近年来，伴随互联网及数字技术的普及，短视频因其内容精简、背景音乐动感而为大众青睐，逐渐成为新兴焦点，短视频创作者数量也因此急剧增加，短视频的受众范围更是随之急速扩张①。在短视频行业迅速发展的同时，由其引发的新冲突也随之而来。

从2017年"谷阿莫"因其"×分钟看完××电影"（对一些影片进行剪辑解说被起诉）引起争议，到2021年4月25日的联名倡议书，数百名影视行业人倡导短视频平台积极参与版权内容合规治理，抵制短视频的再创作。由此，二次创作短视频（以下简称"二创短视频"）的侵权问题被广泛关注[1]。简单来说，二创短视频之所以遭受抵制，是因为经二次创作后的短视频因传播广泛而价值迅速提升，逐渐形成了具有综合效益的群体性专业市场，对原作品著作权

---

① 据中国互联网络信息中心2022年8月发布的《第50次中国互联网络发展状况统计报告》统计，截至2022年6月，我国网络视频用户达9.95亿人，其中短视频用户9.62亿人，占网民整体数量的91.5%。

人的利益产生了"威胁"[2]。加之目前我国并未建立成熟的利益分配机制，原作品著作权人无法获得合理报酬，侵权争议频发。

目前，我国法律对二创短视频的定义、类型等均未做出明确回应，并且在司法实践中，原作品权利人往往会因二创短视频的利用行为而认为其侵权，而短视频创作者则高举"合理使用"的旗帜抗辩。由此，如何界定二创短视频构成侵权还是合理使用是难点所在[3]。

二、二创短视频合理使用认定的现状及其困境

（一）二创短视频合理使用的认定现状

从规范视角出发，二创短视频的确具有合理使用的可能①，因此，在二创短视频涉著作权纠纷案件中，被告通常有理由抗辩[4]。本文利用北大法宝数据库，以"合理使用""短视频"为关键词，限定文书类型为判决书，对全国近五年有关二创短视频侵犯著作权的案件进行搜索，后结合中国裁判文书网筛选出符合本文研究对象的案例共 148 件。通过整理归纳，发现如下特点。

1. 涉案的原作品客体具有多样性

二创短视频的分类标准虽多种多样，但笔者对案例样本进行分析后发现，并非所有的二创短视频都会被诉诸侵权，于是，依据使用素材的客体不同，笔者将案件进行了分类（如图 1 所示），以便从类型化视角切入，分析法院对不同类型二创短视频合理使用的认定情况。

---

① 新修订的《中华人民共和国著作权法》第二十四条明确了合理使用制度，其以列举方式规定了 12 种合理使用情形，并且在此基础上以"法律、行政法规规定的其他情形"为兜底条款，拓宽了我国合理使用制度的边界。

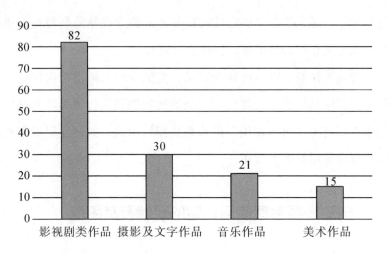

图 1　二创短视频涉侵犯著作权的原作品客体类型

（1）影视剧类二创短视频

此类短视频的行为人使用的素材是已发行的电影、电视剧、综艺类作品。依据其使用方式的不同，又可以将其具体划分为以下几类。

一是直接搬运类①，如优酷公司与聚力公司侵害作品信息网络传播权纠纷一案②。事实上，此种使用行为与盗版无异，只不过是以单个视频时长较短为"障眼法"来掩盖其侵权事实。法院在处理此类短视频侵权案件时，都认为其不构成合理使用。

二是剪辑加工类③。此类形式常见于粉丝为其追捧的明星而制作的影视作品集锦。这类视频在日常生活中出现频率较高，但相关的诉讼案例却很少，这

---

① "直接搬运类二创短视频"指的是行为人将原有作品切割成时长较短但不改变其原有内容的多个短视频，以提供类似于在线观看的服务。

② 参见北京互联网法院（2021）京 0491 民初 9980 号民事判决书。类似的案例还有：北京互联网法院（2021）京 0491 民初 19621–19623 号"优酷信息技术（北京）有限公司与上海东方网股份有限公司侵害作品信息网络传播权纠纷案"；江苏省无锡市中级人民法院（2022）苏 02 民终 4040 号、（2022）苏 02 民终 4041 号"北京爱奇艺科技有限公司、北京快手科技有限公司等著作权权属、侵权纠纷案"。

③ "剪辑加工类二创短视频"指的是行为人将一个或多个在先作品进行剪辑、拼接后形成的短视频。

主要是因为此类视频多为原影视作品做了宣传，原作品权利人通常不会追究其责任①。

三是简单处理类②。在此类视频中，被告多从其未全面再现原作品故事情节、不能让用户完整感受到原作品所表达的情感两方面进行辩解，以此来证实其属于合理使用，但法院更倾向于从量和质两方面的比较来综合判断。因此，此类行为的合理使用认定问题仍存在较大争议。

（2）摄影及文字作品类二创短视频

在此类短视频中，行为人使用他人全部或部分的摄影或文字作品，将其作为素材嵌入其制作的短视频中。摄影作品类二创短视频纠纷如唐亮与长沙广播电视台著作权侵权纠纷案③；文字作品类二创短视频纠纷如菲助公司与培生公司侵害作品信息网络传播权纠纷案④。在处理这两类短视频案件时，法院采取的做法通常相同，即均将行为人使用的部分与原作品进行比对，判断两者是否构成实质性相似，再认定该行为是否构成合理使用。

（3）音乐作品类二创短视频

与这类视频相关的案件，通常是行为人在未经权利人获权或许可的情况下，将音乐作品作为其短视频背景音乐的情形[5]。值得关注的是，此类二创短视频的侵权问题尤为显著。中国音像著作权集体管理协会曾委托第三方机构对某短视频平台上的部分作品进行了版权检测，结果显示，涉嫌侵权的视频数量约有

---

① 参见上海市杨浦区人民法院（2018）沪 0110 民初 3629 号"北京爱奇艺科技有限公司与上海宽娱数码科技有限公司侵害作品信息网络传播权纠纷案"。

② "简单处理类二创短视频"指的是行为人将影视剧作品切割成短视频并对其进行消音，之后再上传至相关平台进行储存，并为用户提供配音、娱乐等服务。典型案例参见浙江省杭州市中级人民法院（2020）浙 01 民终 5387 号"杭州秀秀科技有限公司、湖南快乐阳光互动娱乐传媒有限公司侵害作品信息网络传播权纠纷案"，北京知识产权法院（2020）京 73 民终 1775 号"上海箫明企业发展有限公司与西安佳韵社数字娱乐发行股份有限公司侵害作品信息网络传播权纠纷案"。

③ 参见湖南省高级人民法院（2020）湘知民终 179 号"唐亮、长沙广播电视集团著作权权属、侵权纠纷案"。

④ 参见北京知识产权法院（2019）京 73 民终 2549 号、3524 号、3531 号、3534 号、3572 号"杭州菲助科技有限公司与培生（北京）管理咨询有限公司侵害作品信息网络传播权纠纷案"。

8 265 万个，总计播放量超 2.98 亿次。因此，我们需尽快明确二创短视频的合理使用边界，为音乐作品的著作权人提供相应保护，维护音乐作品行业的稳定发展。

（4）美术作品类二创短视频

在此类视频中，行为人将他人的美术作品或经细微修改后的美术作品作为自己短视频创作的主角形象，或是设置新的故事情节、插入旁白并通过使用他人的美术作品形象来演绎。如在影石公司与上海新创华公司侵害作品信息网络传播权纠纷案①中，影石公司在其宣传视频中使用了与新创华公司的美术作品区别不大的美术作品形象，法院也因此认定影石公司不构成合理使用。可见，此类案件涉及的合理使用认定问题也聚焦于实质性相似之上。

2. 裁判理由不一，但审判结果趋同

通过对比研究发现，各法院在处理二创短视频涉侵犯著作权纠纷案件时，几乎都支持了原告的主张，认定二创短视频侵权，但其理由却不一致（如表 1 所示）：有的法院以"未经许可+未署名+使公众能够在个人选定时间内获得涉案作品"为认定构成侵权的理由；有的法院以"经二次创作后的短视频是否构成对原作品起到了实质性替代作用"来判断其是否违法；还有的法院以"是否指明原素材来源及著作权人"来判断其是否构成合理使用。除此之外，"对原作品是否造成利益损失"也是法官常用的判断理由。

表 1　法院关于二次创作短视频是否构成合理使用的裁判理由汇总表

裁判理由	相关案例
未经许可+未署名+使公众能够在个人选定时间内获得涉案作品	（2023）新 2301 民初 2081 号民事判决书；（2022）京 73 民终 3073 号民事判决书；　（2023）津 03 民终 2650 号、2651 号民事判决书；（2023）浙 0903 民初 257 号民事判决书；（2023）湘 1211 民初 124 号民事判决书；（2021）沪 0115 民初 106210 号民事判决书

① 参见上海知识产权法院（2021）沪 73 民终 768 号"影石创新科技股份有限公司与上海新创华文化发展有限公司侵害作品信息网络传播权纠纷案"。

表1(续)

裁判理由	相关案例
经二次创作后的短视频是否构成对原作品起到了实质性替代作用	(2023)津 0319 民初 4756 号民事判决书;(2021)京 0491 民初 19621—19623 号民事判决书;(2021)京 0491 民初 9980 号民事判决书
是否指明原素材来源及著作权人	(2022)辽 1202 民初 3720 号民事判决书;(2021)川 0193 民初 4206 号民事判决书;(2021)川 0193 民初 5346 号民事判决书
对原作品是否造成利益损失	(2021)渝 01 民终 3805 号号民事判决书

3. 合理使用的认定较为严格

在 148 份样本案例中,法院认定构成合理使用抗辩的案例仅有一个,这也反映出对二创短视频是否构成合理使用的认定极为严格。在乐海飞声公司与中国水利水电第四工程局著作权侵权纠纷案①中,法院认定水利水电第四工程局构成合理使用,主要是因为其发布的视频虽以涉案音乐作品为伴奏,但是由其员工翻唱并表演手势舞,加之该视频并不基于增加商业价值的目的,且其在使用过程中显示了原作品著作权人相关信息。由此可见,明示被使用作品著作权人相关信息也是判断其构成合理使用的重要因素。

(二)二创短视频合理使用的认定困境

现行立法对二创短视频相关问题并无直接规定,从而导致司法实务中对二创短视频涉侵犯著作权案件审理混乱。通过对 148 份案例的细致梳理,笔者总结出目前司法审判在此问题上所遭遇的困境。

1. 审判混乱:存在同案不同判现象

在整理的案例样本中存在着同案不同判的现象。例如,就西安佳韵公司和

---

① 参见青海省西宁市城东区人民法院(2022)青 0102 民初 3044 号"北京乐海飞声文化发展有限公司、中国水利水电第四工程局有限公司著作权权属、侵权纠纷案"。

上海萧明公司侵犯信息网络传播权纠纷案①而言，其先后经历了一审、二审、再审，判决结果也随着审理程序的变化而变化。一审法院认定萧明公司侵犯了西安佳韵公司的信息网络传播权；而二审法院则认为萧明公司使用的是碎片化段落，用户并不能感受到该作品想要传达的感情，故萧明公司的行为不构成对涉案作品的实质性利用，不会对其市场价值造成影响，属于合理使用的范畴。但是，再审法院却与一审法院持相同意见，认为萧明公司提供的涉案作品视频均能识别剧集内容，已超过合理使用的范围。同一案件却得出了不同的审理结果，这无疑会给法院公信力带来不利影响。

2. 说理不够：缺少必要的论证

细究法院的判决书可以发现，在此类案件中，面对当事人提出的合理使用抗辩，有不少法官并不进行说理论证，而仅以"对于被告提出的合理使用，我院不予采信"的类似说法予以驳回，更有部分法官选择直接忽略，不予答复，从而引发当事人的不满与质疑，最终致使当事人以此为由上诉。另外，即使有部分法官进行了说理，但也都是在"本院认为"部分进行了简单陈述，而不具体考量传统法定情形与新兴二创短视频侵权纠纷间适配与否，其并未从根本上解决问题，使得判断二创短视频是否构成合理使用的理由无处可寻。

三、二创短视频合理使用认定困境的诱因

（一）现行法律规范下的合理使用制度欠缺可操作性

现行立法对合理使用制度已有明确的描述，但这种描述过于抽象，欠缺可操作性。从表面看，合理使用的判断标准是明确的，但实际上，法定的合理使用情形还不足以作为二创短视频合理使用的依据[6]。这主要是由于法定合理使

---

① 参见北京互联网法院（2020）京0491民初2769号、北京知识产权法院（2020）京73民终1775号、北京市高级人民法院（2022）京民再62号民事判决书。

用情形的内涵、外延均不明确，如在"为介绍、评论某一作品或者说明某一问题，在作品中适当引用他人已经发表的作品构成合理使用"这一条款中，何为"适当引用"？何种程度为"适当"？到目前为止都没有统一标准。另外，《中华人民共和国著作权法实施条例》《中华人民共和国信息网络传播保护条例》中也有类似规定①，但这些规定都不够具体，其内涵与外延的主观性都过大，在司法审判中仍然难以准确把握。

目前，我国主要存在两种判断二创短视频是否构成合理使用的方法，一是"三步检验法"②，二是美国"四要素法"③，但二者的固有缺陷及不加区分地混用也导致了二创短视频的合理使用认定陷入困境[7]。

（二）"三步检验法"的缺陷

"三步检验法"并非本土产物，而是舶来品，其源于我国加入的《伯尔尼公约》《与贸易有关的知识产权协定》，最早在《中华人民共和国著作权法实施条例》第二十一条中确立，后又在新修订的《中华人民共和国著作权法》中被正式引入。三步检验法所显示的合理使用着眼于法律的明文规定，并且对行为人的使用目的、使用程度加以限制。从理论上说，这种以法定方式限制合理使用范围的方法可以有效限制司法机关的裁量自由及解释自由[8]。但在具体的司法实践中，却存在法官任意解释的情形，最终导致合理使用的适用被严重限制，

---

① 《中华人民共和国著作权法实施条例》第二十一条：依照著作权法有关规定，使用可以不经著作权人许可的已经发表的作品的，不得影响该作品的正常使用，也不得不合理地损害著作权人的合法利益。《信息网络传播权保护条例》第六条：通过信息网络提供他人作品，属于下列情形的，可以不经著作权人许可，不向其支付报酬：（一）为介绍、评论某一作品或者说明某一问题，在向公众提供的作品中适当引用已经发表的作品；（二）为报道时事新闻，在向公众提供的作品中不可避免地再现或者引用已经发表的作品。

② "三步检验法"：相关行为是否符合合理使用的法定情形；该行为不得影响该作品的正常使用；该行为不得不合理地损害权利人的合法利益。

③ 美国"四要素法"：一是作品性质要素，即二次创作所使用的作品必须是已经发表过的；二是使用目的要素，即所使用原作品的目的是非商业用途；三是市场要素，即再次创作者不能对原作品构成替代性；四是适度引用要素，即使用他人作品不能全盘照搬，而应当在合理必要的范围内使用原作品。

公众对二次创作的热情也大幅消减[9]。

究其根本，三步检验法中合理使用的法定情形本就具有较大的解释空间，对于其判断标准的把握亦具有强烈的主观性。首先，经常被被告用作抗辩理由的"为报道新闻而不可避免地再现或引用"这一条款，适用该条款的主体是否有限制？"不可避免"具体包括哪些行为？在没有司法解释或指导案例予以具体化时，这些问题最终都会归结于法官的自我判断[10]。其次，三步检验法的后两种限制情形亦存在类似问题，法院对于"正常使用""合理""合法利益"的范围判定都具有任意性。最后，三步检验法内在逻辑混乱致使法院审判路径混乱，司法实践中既存在仅以法定条文为准进行判定的情形，也存在以三步检验法后两部分内容为依据来扩张合理使用类型的情况。

（三）美国"四要素法"的混用①

囿于三步检验法的局限性，各地法院在司法实践中也出现了以美国"四要素法"替代合理使用法定情形的选择，甚至还有直接引入域外判例法概念的做法。虽然借鉴美国的审判经验在一定程度上有利于解决纠纷、提高司法审判效率，但长此以往，则会造成我国法源上的冲突，不利于我国法律体系的统一[11]。此外，法院适用四要素法的方法也各不相同：有的法院将四要素并列，必须满足每一个要素才能构成合理使用；有的法院在适用四要素之余还引入了"转换性使用"这一新概念[12]。各法院对四要素法的混用也导致二创短视频合理使用的司法认定陷入更深的困境。

综上，在判断创作者的创作是否构成合理使用时，仅依靠现有的三步检验法无法完全解决问题，但过度引入四要素法又会造成法源上的冲突。因此，厘

---

① 美国版权法的"四要素法"主要内容如下：一是作品性质要素，即二次创作所使用的作品必须是已经发表过的；二是使用目的要素，即所使用原作品的目的是非商业用途；三是市场要素，即再次创作者不能对原作品构成替代性；四是适度引用要素，即使用他人作品不能全盘照搬，而应当在合理必要的范围内使用原作品。

清二创短视频的合理使用认定标准是解决此类案件的重中之重。

四、完善二创短视频合理使用制度的路径探索

在信息网络技术迅速发展的情境下，妥善处理好二创短视频合理使用的认定纠纷，不仅需要从法律层面进行解释，还要求我们从事前预防层面积极探索二创短视频合理使用认定的路径，以便突破二创短视频的现实困境。

（一）明确二创短视频合理使用的认定标准

在我国目前的著作权体系下，关于二创短视频合理使用认定方式的选择，我们应该遵循制度的源头，继续使用三步检验法来对其予以认定[13]。同时通过司法政策来对其内容进行解释，以明确二创短视频合理使用的认定标准。

首先，关于"特定特殊情形"，也即合理使用制度的法定情形，司法实践中常见的抗辩理由是以下三种。

第一，是否属于"个人学习、研究、欣赏"，这是对二创短视频使用目的的限定，其要求该使用行为为个人使用、不盈利。但是基于二创短视频在互联网平台上的广泛传播，个人私有领域内的自我表达早已被突破，并且在当今流量变现、直播带货等多种商业模式下，二次创作者的创作目的难以界分，该创作行为亦不可避免地具有商业性质。在此基础上，二创短视频难以符合此种合理使用情形。

第二，是否属于"适当引用"，这是对二创短视频引用方式、引用程度及引用目的的限定，其要求行为人是出于介绍、评论某一作品或者说明某一问题的目的而使用他人作品，并且其创作的二创短视频须为作品。可见，此种情形为影评类短视频提供了合理使用的可能性。

第三，是否属于"为报道新闻而不可避免地再现或引用"，这是对二创短视频使用目的及使用程度的限定，其要求使用目的是报道新闻，但对进行新闻

报道的主体则不再限制。而不可避免的是对使用程度的限制，其要求该使用行为不应超出正常报道的范围。在此基础上，二创短视频是否构成合理使用存在较大争议，仍需要结合具体情形以论证。

第四，关于"不得影响该作品的正常使用"，这主要是从经济分析视角将正常使用的范围界定为原作品权利人行使权利所产生的可期待利益，该利益包括既有的和潜在的市场收益。但这并不意味着只要对原作品的经济利益产生了影响就被排除在合理使用的范畴之外[14]。在实践操作层面，可以从二创短视频对于原作品的替代作用加以认定，如预告类短视频就基本不会对原作品起到替代作用，而片段类、解说类短视频都可能因为具有较强的替代性而不构成合理使用。

第五，关于"不得不合理地损害著作权人合法利益"，其核心问题在于如何解释"不合理"及"合法利益"。就"不合理"而言，这意味着权利人需要容忍一定程度上的合理的损害[15]。就"合法利益"而言，其不应当仅仅指经济利益，而还应当包含人格利益等非经济利益，例如二次创作者在使用他人作品时应当指明作者姓名或者名称、作品名称。在实践操作层面，可以以社会的表达总量为衡量标准，在比对二创短视频的新增表达部分与使用的原作品部分后再评价，若二创短视频的独创表达部分高于其使用部分，则该二创短视频增加了社会表达总量，此时就可以认定权利人遭受的损害在合理范围内，该短视频就有构成合理使用的可能。

（二）构架多方共治的预防体系

前文对于二创短视频的合理使用认定问题的建议均属于事后的诉讼解决机制，要确保二创短视频的长远发展，仅仅依靠明确司法裁判规则是不够的[16]。因此，我们还需要从源头上减少诉累，探索构建多方共治的预防体系，推动二创短视频的使用更为合理。

1. 创新授权模式

我国著作权法定权利配置体系早已形成，且该种体系始终围绕在少数原作品权利人及传播者之间，无法同飞速发展的互联网技术适配。在我国原有的著作权许可授权模式下，二次创作者、原作品权利人、集体管理组织三者之间形成了巨大的信息差，二次创作者无法在合理成本内获取合法授权，因此自然会选择更为经济的方式来使用他人作品[17]。因此，我们需要创新授权模式，探索更为便捷可行的授权模式，这就需要借助短视频平台的资源优势。短视频平台作为权利人与使用者的中介组织，其可以通过与权利人合作的方式来获取合法的海量素材及相应授权①，并以有偿或无偿的方式提供给使用者；也可以借助数字技术为权利人与使用者之间架起沟通的桥梁，从而保证自身平台的活跃性，最终获取相应的商业利益。

2. 借助短视频平台进行利益分配

流量经济时代下，热门话题流量也是一笔可观的经济收益。正所谓"无利益便无纠纷"，二创短视频纠纷愈演愈烈的一个重要原因就是其背后的利益失衡，主要表现在原作品权利人与二次创作者间的利益失衡[18]。二次创作者很可能因为其制作的短视频而获取高额利润，而原作品权利人既未收到二次创作者支付的使用费，自己原本可获得的收益还可能因此减少，双方之间的利益失衡现象由此出现[19]。为解决这一利益失衡问题，权利人可以在与短视频平台合作时，向其收取相应的授权使用报酬，也可以通过短视频平台的技术手段，让使用者在使用前直接支付相应的费用，以此来减少权利人与使用者之间的利益冲突。

---

① 这种产业主体相互合作的模式已有先例，如抖音和爱奇艺达成合作。抖音方面表示，未来，抖音集团旗下抖音、西瓜视频、今日头条等平台的用户都可以对达成合作的作品进行二次创作。

五、结束语

保护知识产权的目的是激励创新，服务和推动知识内容高质量发展，满足人民美好生活需要。二创短视频在丰富人们精神世界的同时，也在某种程度上满足了人们对于美好生活的需要。近些年，短视频产业的飞速发展激发了全民创作的热潮，二创短视频涉侵犯著作权的现象也接踵而至，我国著作权法的合理使用制度在处理此类问题时也因其判断标准混乱而捉襟见肘。本文立足于我国现行著作权法框架，通过对 148 个案例进行梳理，分析二创短视频合理使用认定的现实困境，并通过对三步检验法的外延进行解释，以明确其判断的标准，旨在为解决短视频侵权案件中合理使用认定问题提供一种思考模式。此外，要从源头减少二创短视频侵权问题，就应当综合考虑更多因素，在探索产业合作模式的同时注重平衡权利人与使用者间的利益。要保证文化产业的繁荣发展，我们就不能一味地提倡著作权保护，而应该探索共赢路径，鼓励更多的用户合法合理地使用他人在先作品进行创作，为短视频赋予新价值。

参考文献

[1] 储翔，陈倚天. 影视二次创作短视频版权保护及协同治理 [J]. 中国出版，2022（6）：67-70.

[2] 董彪. 二次创作短视频合理使用规则的适用与完善 [J]. 政治与法律，2022（5）：141-149.

[3] 王紫婷. 二次创作短视频合理使用制度的适用与完善 [J]. 文化产业，

2023（24）：55-57.

[4] 熊琦."视频搬运"现象的著作权法应对 [J]. 知识产权，2021（7）：39-49.

[5] 朱双庆，张艺. 论二创短视频引发的权利冲突与救济 [J]. 重庆邮电大学学报（社会科学版），2021，33（2）：37-46.

[6] 朱文玉，姜彬彬. 转换性使用视角下二次创作短视频合法性探析 [J]. 学术交流，2022（3）：55-66.

[7] 汪佳琦. 互联网时代影视剪辑类短视频的侵权问题研究 [J]. 中阿科技论坛（中英文），2022（6）：196-200.

[8] 袁锋. 元宇宙空间著作权合理使用制度的困境与出路：以转换性使用的界定与适用为视角 [J]. 东方法学，2022（2）：44-57.

[9] 陈绍玲. 短视频版权纠纷解决的制度困境及突破 [J]. 知识产权，2021（9）：17-30.

[10] 倪朱亮. 自媒体短视频的著作权法治理路径研究：以公众参与文化为视角 [J]. 知识产权，2020（6）：70-80.

[11] 北京互联网法院课题组，张倩，李珂，等. 短视频著作权司法保护研究 [J]. 知识产权，2023（3）：3-29.

[12] 白书豪. 研究合理使用制度下的二次创作视频 [J]. 法制博览，2020（34）：129-130.

[13] 李佳妮. 论著作权合理使用中的"适当引用"：以谷阿莫二创短视频为例 [J]. 东南大学学报（哲学社会科学版），2019，21（S1）：53-57.

[14] 孙景蒙. 二创短视频的转化性使用与合理使用 [J]. 法制博览，2019（23）：37-39.

[15] 肖莹莹. 短视频二次创作的合理使用制度分析 [J]. 声屏世界，2021（10）：39-40.

［16］王凡. 二次创作的版权保护与利益平衡［J］. 法制博览，2021（15）：57-58.

［17］余友飞. 网络作品著作权法律保护问题研究［J］. 法制博览，2021（7）：37-38.

［18］张亚飞. 论"短视频模板"的可版权性：以全国首例"短视频模板"著作权侵权案为例［J］. 传播与版权，2021（8）：113-115.

［19］王婷. 版权视角下影视作品"二次创作"现象研究［D］. 重庆：西南政法大学，2023.

我国文书提出命令制度的
理论缺陷与完善

罗金平　宋　平

摘　要

在我国民事诉讼中，文书提出命令制度最早确立于 2015 年修订的《最高人民法院关于适用〈中华人民共和国民事诉讼法〉的解释》，在数年实践总结后，于 2019 年《最高人民法院关于民事诉讼证据的若干规定》中得到了进一步完善。然而根据近几年相关案件裁定结果，文书提出命令制度的应用还存在需要解决的问题。本文将从我国法律规范体系与秘密保护权利的角度，深入分析该制度的不足之处，并提出相应的完善路径。

关键词

文书提出命令；书证；证据协力；缺陷与完善

【作者简介】罗金平，四川化工大学法学院 2023 级法律专业硕士研究生；宋平，四川轻化工大学法学院副教授，主要从事民事诉讼法研究。

一、问题的提出

在我国当代民事诉讼案件中，行使诉讼权的当事人出于生活或职业的需要，往往使得对案件事实具有决定性意义的证据掌握在对方当事人或第三人手中，由此在该诉讼关系中便出现了证据偏在的情形。这一现象使得案件事实往往不够充分，从而缺乏裁判的实质正当性。为了解决这一困境，我国借鉴大陆法系国家的有益经验，在 2015 年出台的《最高人民法院关于适用〈中华人民共和国民事诉讼法〉的解释》（以下简称《民诉法司法解释》）中创设性规定了文书提出命令制度。在之后几年的司法实践中总结经验，于 2019 年出台的《最高人民法院关于民事诉讼证据的若干规定》（以下简称《民事证据规定》）中对文书提出命令制度进行补充，主要涉及对提出义务的当事人进行条件限定等，可谓极大完善了我国的文书提出命令制度。

但是，笔者通过对比近年来数个与书证提出命令制度相关的案件裁判后发现，该制度还存在许多问题与缺陷。比如，该制度仅存在于最高人民法院的司法解释中，这对其适用的普遍性与功能的真正发挥造成了一定的影响；再比如，我国文书提出命令制度框架下，对于被申请人所掌握的证据是否具有"秘密性"以及是否侵犯持有人秘密尚未进行完善规定。笔者将从实际诉讼案件与理论分析的角度，对我国文书命令制度进行细致的分析研究，以窥究竟。

二、文书提出命令制度规范分析

（一）文书提出命令制度概念

文书提出命令制度是指，有关书证由对方当事人或者第三人持有时，负举证责任的一方当事人可以申请法院向持有人发布命令，责令其提交书证。文书具有表达思想、记录事实的功能，其往往对于案件走向具有决定性意义，由此书证在案件诉讼中被称为"证据之王"，而文书则是证据中的"王中王"，由此可知文书在具体诉讼案件定夺中的关键性角色[1]。我国司法解释将该制度描述为书证提出义务，而张卫平教授在其著作与论文中均称之为"文书提出命令"，本文采用张卫平教授说法。

（二）文书提出命令制度的要件

从《民诉法司法解释》的规定来看，文书提出义务的成立需要满足下述条件。

首先，由负有证明责任的一方当事人提出申请。在我国司法解释规定中，文书提出命令需要负有证明责任的一方当事人提出申请，意味着该书证为证明案件所需要。如果不存在该书证，申请的当事人将因此承担相应的不利后果，通常情形为败诉。

其次，对方当事人控制该书证的根据。持有指该书证为当事人所实际控制，并不要求为该当事人占有或所有。德国、日本文书提出命令与我国有所不同，其"对方当事人"不仅包括诉讼参与人，还包括当事人以外的第三人。

最后，获取该书证的正当理由。《民诉法司法解释》并没有对书证提出义务的具体原因做出规定。因此，该制度的理由或原因是否成立，只能由法官在具体案件中加以判断，由此可能会在司法实践中带来职权主义的进一步扩大。

三、文书提出命令制度法理基础

（一）武器平等原则

民事诉讼犹如一场战役："原告武装以诉讼形式，仿佛配上了刀剑，因此，被告要用抗辩装备起来，作为盾牌加以抵抗。"而这场战役最重要的武器便是当事人所掌握或主张的证据，这些证据甚至能够决定这场战役的胜负。为了最大化探清案件事实、保障当事人正当权益从而进一步做出合理公正的判决，需要当事人双方所持有的武器能够公正与真实。然而在诉讼现实中，主张诉权的当事人常常由于生活与职业的限制而不具有一把"锋利的武器"，相反，对方当事人则具有一块"坚固无比的盾牌"，由此在这场诉讼的战役中，持剑者便处于下风。这时候，便需要一项原则来对处于弱势地位的一方当事人予以适当保护，以保障实质意义上的诉讼平等。武器平等原则便应运而生[2]。

现代意义上的武器平等原则起源于德国，对于我国而言则是贯彻宪法上平等原则的深刻体现。武器平等原则是指：在诉讼中的当事人，诉讼地位一律平等，不因是原告或被告抑或是处于不同阶层而进行区别对待；且法官在处理案件时应平等对待双方当事人，依据客观公正程序，对双方当事人的观点与主张做出中肯的评价，毫无偏私地履行其义务并保障当事人地位的平等。现代诉讼在武器平等原则的框架下，进一步产生了文书提出命令制度：法院协助弱势方当事人向对方当事人主张收集证据，若对方当事人无正当理由拒绝提供则将招致不利后果，比如认可该主张成立。这种通过法院强制力来推动双方收集证据能力趋近于同一水平的方法，在实质意义上保障了双方"武器"的平等。

（二）诚实信用原则

诚实信用原则直接起源于民法中诚信原则的确立和适用，法国、德国、日本等大陆法系国家都在其《民法典》中规定了诚信原则。诚实信用原则是指当事人以及其他诉讼参与人在民事诉讼的全过程中应当在诚实信用原则的指导和统摄下诚实不欺、守信无诈。在传统认知中，民事诉讼法仅仅作为双方当事人对抗、斗争的规则，从而强调所谓的"斗争"形态。然而，随着社会的发展，人们逐渐认识到民事诉讼中的双方当事人并非完全是斗争与对立的关系，反而更多的是一种协助关系，即双方当事人尽力展现与案件事实相关的证据，促进案件的进行，最终实现对真实、公正、迅速解决纠纷的价值追求。作为民事诉讼法的基本原则之一，诚实信用原则应当贯穿诉讼过程的始终，真实义务通常被认为是诚信原则的主要内容，该义务仅要求诉讼参与人根据本意作真实陈述，不得与内心确信相违背，不要求该陈述与客观事实相一致。

在《民事诉讼证据》的相关规定中不难看出，对于文书提出命令制度中双方主张的真实性提出的要求恰好与诚实信用原则相契合。在文书提出命令程序之中，申请文书提出命令的当事人，不得作虚假陈述，其申请理由应当同时具备真实性与正当性，并证明对方当事人确实持有该文书，以防止法官被虚假陈述所误导而做出不当决定。同时，被申请文书提出命令的当事人也应当遵守诚实信用原则，不得作虚假陈述，不得否认持有该文书的事实，更不能提交虚假文书来使自己处于一个更加有利的诉讼地位。

（三）证据协力义务

证据协力义务一词，在我国仅民事诉讼法及其司法解释中有部分直接或间接的相关内容规定，通常指不负有举证责任的当事人以及当事人之外的第三人协助法院进行证据调查的义务。在民事诉讼活动中，法官依据客观证据证明案件事实的前提是发现真实的证据，这需要法官根据客观情况结合实践经验进行推敲而不是主观臆断，而当事人为使案件裁判走向偏向于自身，势必会积极提供对自己有利的证据，这种情形下对于证据的调查通常不会有太多阻碍。然而，当裁判所需的证据为不负举证责任的当事人或第三人所掌握时，负有举证责任的当事人便不能够提供相应证据，此时证据协力义务的重要性便凸显出来[3]。

单从含义解析来看，证据协力义务可谓是文书提出命令制度的源头。不负有举证责任的当事人及第三人协助法院调查而履行证据协力义务在客观上保护了相对方的诉讼权益，能够尽可能还原案件事实，使裁判结果无限靠近于当事人所做出的主张。大陆法系中证据协力义务划定为依当事人申请，即法院具有一个审查与决断的权力；而英美法系国家则不同，当事人能够绕过法院直接向对方当事人提出证据开示的要求。我国虽然没有对为违反该义务的后果直接做出规定，但在《民事诉讼法》与《民事诉讼证据》中均出现了体现证据协力义务的条文，这也表现出我国在法理层面仍然承认证据协力义务的性质。

四、文书命令制度的实证分析

（一）我国司法实践情况

自 2015 年我国正式将文书提出命令规范化至今，应用该制度的案件不断增多。在陈昕、李卡波民间借贷纠纷案件中，陈昕对涉案借条向一审法院申请文书提出命令，一审法院在判决中未对该申请进行实际回应①；在谷小溪、孙涛民间借贷纠纷案件中，原告向一审法院申请文书提出命令，请求被告提交相关书证，但一审法院在最后的判决中并未对该请求进行回应②。以上案件说明了一个司法实践中应用文书提出命令的共性问题：法院在面对文书提出命令的申

---

① 参见湖南省湘西土家族苗族自治州中级人民法院（2020）湘 31 民终 1279 号"陈昕、李卡波民间借贷纠纷案"。

② 参见湖北省襄阳市中级人民法院（2019）鄂 06 民终 4277 号"谷小溪、孙涛民间借贷纠纷案"。

请时，很可能会由于该制度的适用度与规范化不够充分而进行回避。在出现这种情况时，无论对法院的判决公信力还是案件当事人的信赖度都会造成一定程度的削弱。

文书提出命令制度侧重于对不具备举证能力的当事人的对抗能力进行保护，但却往往忽略了一个同样重要的道理：在地位平等的诉讼案件中，当事人对自身所掌握的书证也应当具备一个保护其合法秘密权益的拒绝权。但在司法实践中，法院却往往以"无拒绝提出的正当理由"而拒绝其对书证秘密的保护。此时，持有文书的当事人是否又处在了诉讼天平的下方？由此，法院当然应该采取相应的保护措施来保护该持有人的秘密事项[4]。

（二）域外制度比较分析

1. 德国

德国的文书提出命令制度规定较为完善。在法律规范体系方面，德国民事诉讼法处于法律这一层面，其效力与认可度不言而喻。在审查程序方面，基于德国《民事诉讼法》第四百二十四条及其相关规定，法院依照一定的步骤对文书提出申请先后进行形式性与实质性的审查，先审查申请人提出的请求是否具有确定性以及可以证明的事实是否明确，然后审查文书与案件事实的关联性、重要性等。在审查的过程中具有文书秘密审查机制，会专门对该文书的秘密性是否符合规定所排除的情形进行确定，并做出是否支持该申请的决定[5]。

2. 日本

日本的文书提出命令制度经过了数次修正，为适应本国诉讼事务需要，采取了限定主义+概括主义的原则。在修正过后，不仅文书提出命令的客体得到了合理的扩张，程序方面也得到了极大完善。在提出的程序上，日本《民诉法》在 1996 年规定了"如果申请人描述证据标示的内容或者主旨具有很大的难处时，可以采用其他的方式来提出申请，但是至少要做到能让持有文书的人识别到该文书证据"。当事人认为其持有的文书存在秘密性，主张拒绝提交文书时，日本设定的秘密审查制度应运而生。该制度采用非公开审查程序来确定该证据是否可以提出以及提出的范围。在这一程度上，日本的文书提出命令可谓兼顾了保障申请人举证能力与被申请人秘密保护权[6]。

五、我国文书提出命令制度缺陷

（一）未形成完备的法律规范体系

在我国现有的法律规范体系中，司法解释的效力位阶处于法律之后，而我国关于文书提出命令制度的规定却仅仅零星分布于数个司法解释之中。虽然在我国的司法实务中，法院可以直接援引司法解释中的相关条款作为裁判的依据，但其适用性还是不如法律，从而造成文书提出命令制度的普遍适用性及功能的发挥会受到影响。一是法官对文书提出命令制度规定与背后法理会产生认知差异，由于该规定的内容模糊且效力层级不够使得法官在理解上难免出现偏差；二是案件当事人对该规定可能也不甚了解，符合申请文书提出命令条件的当事人可能并不知晓该制度的存在，或是对该制度的具体适用不甚了解，而被申请文书提出命令的当事人可能会将其简单理解为减损自身权利、增加自身义务，从而产生对该制度的疑惑甚至是抵触的情绪，对诉讼进程的进行和法官做出公正裁决造成了一定影响。

笔者通过以"文书提出命令"为关键词检索相关案件，发现了许多由于该制度认可度与知名度较低而导致司法适用中出现缺陷的案件。在唐美兰与深圳市泰牛健康管理有限公司劳动合同纠纷案件中，上诉人向法院提交了文书提出命令申请书，一审法院没有要求被告出示相应的原件，也没有对此事做出任何回复①。这明显直接导致了双方在诉讼中的证据不对等，使得上诉人庭审中处

---

① 参见广东省深圳市中级人民法院（2020）粤03民终4555-4564号"唐美兰与深圳市泰牛健康管理有限公司劳动合同纠纷案"。

于被动弱势地位。在汤铭源、马飞武委托合同纠纷案件中，针对上诉人申请的
文书提出命令请求，二审法院并未直接进行回应，而是仅以承担举证责任的上
诉人主张缺乏证据支持而裁定其承担举证不能的不利后果而驳回上诉①。以上
案件仅为近几年司法实践中的一个缩影，即在当事人提出文书提出命令的申请
时，法院可能会由于对该制度的适用度或理解度不够而轻易略过，对当事人的
申请不做回应。由此可能会带来该制度"理论上不完善、实践中不应用"的
状况。

（二）秘密利益保护薄弱

在信息化社会发展日新月异的今天，诉讼案件中涉及秘密的证据层出不穷，
包括国家秘密、商业秘密、个人秘密等。涉及秘密的证据一旦公开或泄露，可
能会给当事人造成无法挽回的不利后果。而我国文书提出命令制度规定中并未
涉及对被申请人所提交文书的秘密进行保护，仅规定涉及秘密的文书提交到法
院后，在审理案件的过程中不得公开质证。虽然在此规定下，文书并不会经手
于除法院以外的主体，但其秘密已经遭受了公开与暴露。若涉及秘密的文书丧
失了其独有性与秘密性，则可能导致不正当的商业竞争，从而破坏公民生活的
安全自由，并进一步降低公民对于法律规范的认同感。文书提出命令制度的适
用本身便是被申请人依据申请人的请求并经法院责令，对当事人的举证责任提
供支持，该行为可能会在一定程度上对被申请人造成诉讼上的不利后果，若是
再对其秘密保护的权利进行过多的扩张，则这个过程难免与诉讼法上的公平原
则产生冲突。

在文书范围上，我国《民事诉讼证据》第四十七条第二款规定：涉及国家
秘密、商业秘密、当事人或第三人的隐私，或者存在法律规定应当保密的情形
的，提交后不得公开质证。由此可见，只要申请人符合法定条件并经过法院审

---

① 参见浙江省金华市中级人民法院（2018）浙07民终724号"汤铭源、马飞武委托合同纠纷案"。

查，被申请人即负担一个提交该文书的义务，即使该文书涉及秘密也需提交，这其中缺少了一个"除外"规定。在文书审查程序上，我国文书提出名命令制度中并没有相关的秘密审查机制，是否属于制度所概括的秘密仅凭持有人主观臆断。如果申请人与被申请人对该文书是否属于秘密存在分歧，便缺少了一个合理的审查程序。而在司法实践中，如果出现文书涉及秘密或对文书是否涉及秘密存在分歧，法院的处理通常为驳回该申请或直接认定该文书属于秘密性文书，而这样的一个现状势必会对诉讼案件的程序性、公正性造成一定影响。

六、文书提出命令制度的完善

我国文书提出命令制度由于起步较晚，存在规定不完善与经验不够的现状，而大陆法系国家中的日本与德国则在这方面较为成熟，因此笔者认为可以采纳部分日本与德国的理论观点，同时结合我国实际情况，对该制度进行完善。

（一）文书提出命令规范之完善与建构

目前，我国文书提出命令制度仅零散分布于数个司法解释中，且部分司法解释对该制度的描述更是少之又少。例如，2015年《民诉法司法解释》中第一百一十二条、2019年《民事诉讼证据》第四十五条及之后，篇幅较小，规定较笼统，所以应当从法律位阶与规范角度加以完善。

笔者建议，我国可以借鉴日本与德国的模式，先将文书提出命令制度写进民事诉讼法中赋予其更高的效力，然后再根据司法实践总结的经验在司法解释中对其加以补充规定，从而赋予文书提出命令制度更加完整的立法体系。这不仅弥补了文书证据收集相关规定分散的缺陷，而且更是提高了该制度的知名度、认可度，也能在司法实践中被更多引用。

（二）文书提出命令程序之完善与建构

在文书提出命令制度框架下，被申请人常常由于提交文书而使自己处于诉讼中的不利地位，而其提交的文书是否具有秘密性也没有一个完整的审查程序。对于一个诉讼案件而言，既要保护一方当事人的证据收集能力，也要保护另一方当事人对于其涉及秘密的文书的保护权利。由此，设定一个秘密审查程序即为妥善的解决方案。在该程序的影响下，文书持有人对于文书的秘密有异议时，法院应当具有一个专门的审查程序，对该文书的秘密隐私等进行审查。在这方面，我国可以借鉴日本的秘密审查制度经验，即书证持有人认为其持有的文书涉及秘密时，由法官对其文书的秘密性进行审查，并不像其他人进行公示，法官根据审查的结果来判定当事人是否提出文书以及提出的范围，最终进行裁判[7]。

七、结束语

证据制度是民事诉讼的基石，是法官得以公正判决的重要保障，而文书提出命令制度作为其中重要的一环，对于证据制度补充与保障具有很大的价值。无论是在学界还是在日常生活中，人们对于民事诉讼所追求的最重要价值无非就是"公正"与"效率"。那么，如何实现民事诉讼意义上完全的"公正"与"效率"呢？各项诉讼制度的不断完善为其提供了可能。文书提出命令制度的诞生便是突出了"公正"与"效率"的主题，任何制度想要取得预期的目标与大众的认同感都不是一蹴而就的，而是在不断的实践探索与总结经验中升华。笔者相信，在法律体系日益完备、大众法律认同感不断增加的今天，我国能够在不断的追求中完善以文书提出命令为代表的法律制度，以期实现更大的"公正"与"效率"。

参考文献

[1] 王硕. 文书提出命令制度研究［D］. 保定：河北大学，2022.

[2] 杜英凯. 文书提出命令制度本土化及完善［D］. 上海：华东政法大学，2022.

[3] 王旭. 新证据规则视野下文书提出命令制度研究［D］. 南宁：广西大学，2022.

[4] 包冰锋，陶婷. 论文书提出命令中的秘密保护［J］. 西南民族大学学报（人文社科版），2010，31（8）：126-129.

[5] 丁启明. 德国民事诉讼法［M］. 厦门：厦门大学出版社，2015.

[6] 孙祥壮. 日本民事诉讼法：变迁及其修订［J］. 中国审判，2008（3）：88-91.

[7] 唐江环. 我国民事诉讼文书提出命令制度的完善路径：以秘密利益保护为视角［J］. 法制博览，2022（9）：124-126.

论破产债务人个别清偿行为的
无效判定

——以（2020）豫 17 民初 26 号民事判决为例

宋 平 陈 洁

摘 要..

摘 要：起诉请求法院撤销个别清偿行为，法院可以释明破产管理人将修改诉讼请求，债务人被法院受理破产申请后，债务人对被告债权人的债务清偿无效。破产管理人将诉讼请求更改为确认个别清偿行为无效。法院依职权对破产管理人进行释明，不违反中立原则，且能够实现实体公正与程序公正。

关键词..

破产；个别清偿；释明；无效

【作者简介】宋平，四川轻化工大学副教授，四川拓宇律师事务所律师；陈洁，四川轻化工大学法学院 2022 级法律专业硕士研究生。

一、案情介绍

（一）基本案情①

原告：A 有限公司管理人（以下简称"A 公司管理人"）

被告：B 商贸有限公司（以下简称"B 商贸公司"）

A 公司管理人诉称：法院根据 A 公司的申请，裁定受理 A 公司破产清算一案。尔后，B 商贸公司向 A 公司出具发票 15 张，发票显示购买方均为 A 公司，购买产品名称为烟酒，金额共计 146 000 元。A 公司向 B 商贸公司清偿 146 000 元的行为发生在 A 公司进入破产程序后，请求撤销 A 公司于 2019 年 9 月 10 日及 11 日的个别清偿行为，由 B 商贸公司返还。

B 商贸公司辩称：一、A 公司管理人仅提交一组 B 商贸公司开具的发票，并未提交相应的支付凭证，不能形成完整的证据链证实 A 公司于 2019 年 9 月 10 日、11 日向 B 商贸公司支付了酒水款 146 000 元。二、B 商贸公司向 A 公司

---

① 参见（2020）豫 17 民初 26 号民事判决书。

开具的系普通发票，普通发票的开具与是否付款并无直接关系。三、2019 年 9 月 10 日、11 日 B 商贸公司与 A 公司并没有酒水交易，B 商贸公司未收到 A 公司支付的款项。四、A 公司管理人应当举证证明 A 公司将款项实际支付给了 B 商贸公司。五、开票行为发生在进入破产清算程序之后，A 公司的财务均由 A 公司管理人代为管理，应该被认定为 A 公司管理人的行为。

（二）争议焦点

1. A 公司是否在被法院裁定进入破产程序后向 B 商贸公司个别清偿 146 000 元货款。

2. B 商贸公司向 A 公司出具 146 000 元发票行为是否能够被推定为 A 公司向 B 商贸公司支付了 146 000 元货款。

3. 本案属于形成之诉还是确认之诉。

二、法院审判

A 公司管理人请求撤销 A 公司于 2019 年 9 月 10 日及 11 日的个别清偿行为。因 A 公司管理人主张的民事行为效力与法院根据案件事实做出的认定不一致，法院根据司法解释的规定，将该民事行为效力作为焦点问题进行审理。A 公司管理人在第二次庭审中将诉讼请求从"撤销个别清偿行为"变更为"确认该行为无效"，因其基础的诉讼标的并未发生变化，双方当事人亦无新的证据提交，故法院依据司法解释的规定，予以准许，本案应定性为请求确认债务人行为无效纠纷。A 公司在 2019 年 8 月 27 日已被法院裁定进入破产清算程序，按照破产法的相关规定，该公司已由管理人代为管理，其对财产处分受到明确的限制，A 公司在法院裁定受理破产清算之后的 2019 年 9 月 10 日及 11 日向 B 商贸公司清偿相应款项，依据《中华人民共和国企业破产法》第十六条的规定，该清偿行为应认定为无效。法院判决如下：一、确认 A 公司 2019 年 9 月 10 日及 11 日向 B 商贸公司清偿 146 000 元的行为无效；二、B 商贸公司于判决发生法律效力之日起十日内返还 A 公司管理人 146 000 元。

三、法理分析

（一）破产管理人担当破产企业成为正当当事人

1. 企业法人具有实体上的破产主体资格

《中华人民共和国民事诉讼法》规定，当事人为公民、法人和其他组织①。法人是指在私法上具有权利能力并且能够依法独立享有权利并承担义务的团体或者财产集合体[1]。法人在民事诉讼中是重要的当事人，同时也是民事法律关系重要的民事主体②。《中华人民共和国民法典》将法人分为营利法人、非营利法人、特别法人。营利法人指通过生产经营，以取得利润并分配给股东等出资人为目的成立的法人，包括有限责任公司、股份有限公司和其他企业法人等③。从民事实体法的角度看，我国规定了《中华人民共和国企业破产法》，适用于企业法人④。企业法人属于独立的拟制人格，其财产独立于投资者，因此《中华人民共和国企业破产法》规定具有营利性质的有限责任公司、股份有限公司和其他企业法人，在资不抵债或者陷入经营困境时，可以被宣告破产。

2. 破产管理人对破产企业即债务人具有诉讼担当资格

《中华人民共和国民事诉讼法》规定的正当当事人范围是：原告必须与本

---

① 参见《中华人民共和国民事诉讼法》第三条："人民法院受理公民之间、法人之间、其他组织之间以及他们相互之间因财产关系和人身关系提起的民事诉讼，适用本法的规定。"

② 参见《中华人民共和国民法典》第五十七条："法人是具有民事权利能力和民事行为能力，依法独立享有民事权利和承担民事义务的组织。"

③ 参见《中华人民共和国民法典》第七十六条："以取得利润并分配给股东等出资人为目的成立的法人，为营利法人。营利法人包括有限责任公司、股份有限公司和其他企业法人等。"

④ 参见《中华人民共和国企业破产法》第二条："企业法人不能清偿到期债务，并且资产不足以清偿全部债务或者明显缺乏清偿能力的，依照本法规定清理债务。企业法人有钱款规定情形，或者有明显丧失清偿能力可能的，可以依照本法规定进行重整。"

案有直接利害关系，被告的身份明确，即被告是公民、法人或者其他组织①。在民事诉讼法学理上，这就称为当事人适格，"又称为正当当事人，是指对于具体的诉讼，有作为本案当事人实施诉讼，要求本案判决的资格。当事人适格不能等同于当事人起诉和应诉的资格，因为具有起诉资格的当事人不一定具有实施诉讼要求本案判决的资格"[2]。原则上，企业法人被法院受理进入破产、和解、重整程序后，被法院裁定宣告破产前，仍然具有法人资格，且与案件有直接利害关系，依然能够参加诉讼，是适格的当事人。

《中华人民共和国企业破产法》规定，管理人能够代表债务人参加诉讼、仲裁或者其他法律程序②。破产管理人依法获得的这种当事人适格能力，在民事诉讼学理上被称之为"诉讼担当"。"在特殊的情况下，有时由第三人代替，通常情况下的实质性利益归属人或与他们并列对请求具有适格。从成为当事人的角度来说，就是承认具有为他人的利益作为当事人进行诉讼的权能，这称为第三人诉讼担当。"[3]因此，我国在学理上和实质上都确认了第三人法定诉讼担当制度。因此根据上述逻辑，A 公司的破产管理人有权代表 A 公司提起诉讼，具备诉讼担当资格，法院对 A 公司诉讼担当资格的确认符合法律规定。

（二）破产管理人应当提起确认债务人个别清偿行为无效之诉

在本案中，A 公司管理人请求撤销 A 公司于 2019 年 9 月 10 日及 11 日的个别清偿行为，向法院提起的是形成之诉。形成之诉的诉讼标的是现存法律关系，A 公司管理人请求撤销 B 商贸公司"个别清偿行为"并不是现存的法律关系，而是一项具有民事实体法意义的法律行为。形成之诉的对象不包括法律行为，因此，A 公司管理人的诉讼请求不适当。

---

① 参见《中华人民共和国民事诉讼法》第一百二十二条："起诉必须符合下列条件：（一）原告是与本案有直接利害关系的公民、法人和其他组织；（二）有明确的被告；（三）有具体的诉讼请求和事实、理由；（四）属于人民法院受理民事诉讼的范围和受诉人民法院管辖。"

② 参见《中华人民共和国企业破产法》第二十五条，管理人履行下列职责："（七）代表债务人参加诉讼、仲裁或者其他法律程序。"

A 公司管理人应当提起的是确认之诉，确认个别清偿 146 000 元货款行为无效，并返还此货款。"原告请求以对权利关系存在与否进行确认的权利保护形式做出本案判决的诉讼为确认之诉。在解释上于一定的情形中，有时也认可关于事实的确认之诉。"[4]确认的对象原则上是现存的法律关系或者权利，在特别情况下，确认之诉的对象可以包括过去法律行为的效力。《中华人民共和国民法典》规定，双方当事人对于合同解除发生争议时，一方当事人可以起诉请求法院确认过去已经发生的解除合同法律行为的效力①。

在本案中，原告 A 公司管理人应当请求法院确认其对 B 商贸公司的个别清偿行为无效。法院确认无效后，被告获得的货款就成了不当得利，应当返还给 A 公司管理人。综上所述，民事诉讼法学理采纳确认之诉范围是包含过去法律行为效力的，《中华人民共和国企业破产法》规定债务人在法院受理破产申请后，对个别债务人清偿无效，因此本案 A 公司管理人应当提起确认清偿行为无效之诉。

（三）法院应当释明破产管理人改变诉讼请求

在本案中，原告 A 公司管理人提起的诉讼请求为形成之诉，存在不当之处，但是如果法院直接判决驳回诉讼请求，是有违程序公正与实体公正的。本文认为，法院在民事诉讼中在保持中立的前提下，应当行使释明权，辅助处于弱势的一方当事人，维护实体公正。"通过适切和及时的指示，法院可以帮助真理获胜，并证明自己是双方当事人中立的帮助力。在这里，经常会遇到自己实施诉讼而又不熟知法律的当事人。他们在一定程度上需要法官的支持；因为在诉讼

---

① 参见《中华人民共和国民法典》第五百六十五条："当事人一方依法主张解除合同的，应当通知对方。合同自通知到达对方时解除；通知载明债务人在一定期限内不履行债务则合同自动解除，债务人在该期限内未履行债务的，合同自通知载明的期限届满时解除。对方对解除合同有异议的，任何一方当事人均可以请求人民法院或者仲裁机构确认解除行为的效力。当事人一方未通知对方，直接以提起诉讼或者申请仲裁的方式依法主张解除合同，人民法院或者仲裁机构确认该主张的，合同自起诉状副本或者仲裁申请书副本送达对方时解除。

中不允许——并且永远不应忘记——那些更灵活、更聪明的当事人获胜，而应
是有理的一方获胜。"[5]《德国民事诉讼法》第一百三十九条明确规定了法官的
释明义务①。立法者认为，为提高法院判决结果的实体公正性，法院应当对缺
乏法律知识的当事人进行指导，分别从诉讼请求、事实主张、举证等方面引导
当事人提出适当的攻击防御方法。我国最高人民法院发布的《全国法院民商事
审判工作会议纪要》② 第三十六条也规定了法官具备一定的释明权③。

综上所述，本文认为，法院在 A 公司管理人的诉讼请求为不适当时，应当
积极进行释明改变其诉讼请求，这样才能达到实体公正和程序公正。

（四）法院推定 B 商贸公司出具发票行为为收到货款

双方当事人在本案中的另一重要争点在于，B 商贸公司向 A 公司出具
146 000 元发票行为是否能够被推定为收到货款。法院认为，根据国家税务总局
颁布的《中华人民共和国发票管理办法实施细则》第二十六条，应视为 B 商贸
公司于 2019 年 9 月 10 日及 11 日收到 A 公司相关款项。B 商贸公司虽否认收到
A 公司相关款项，但未提供相反证据否定上述事实，理由不足，不予采纳。法
院在此部分采取民事诉讼推定规则，基本符合证据规则。

本文认为，依据《最高人民法院关于审理买卖合同纠纷案件适用法律问题
的解释》第五条④，法院判决认定债务人向 B 商贸公司付款的事实推定不够完
善，应当查明 B 商贸公司向债务人出具的是增值税发票还是普通发票，再做出
合法合理的推定。

---

① 《德国民事诉讼法》第一百三十九条规定："在必要时，法院应与当事人共同从事实上和法律上
两方面对事实关系和法律关系进行释明并且提问。"

② 学术界和司法实务界称之为"九民会议纪要"。

③ 在双务合同中，原告起诉请求确认合同有效并请求继续履行合同，被告主张合同无效的，法院
都要防止机械适用"不告不理"原则，仅就当事人的诉讼请求进行审理，而应向原告释明变更或者增加
诉讼请求，或者向被告释明提出同时履行抗辩，尽可能一次性解决纠纷。

④ 《最高人民法院关于审理买卖合同纠纷案件适用法律问题的解释》第五条规定："出卖人仅以增
值税专用发票及税款抵扣资料证明其已履行交付标的物义务，买受人不认可的，出卖人应当提供其他证
据证明交付标的物的事实。"

四、破产债务人个别清偿行为诉讼规则完善

为了充分保护破产债权人、债务人、第三人合法权益，本文对破产债务人个别清偿行为确认之诉提出以下完善建议。

（一）破产债务人个别清偿行为无效之诉属于确认之诉

破产债务人在法院受理破产申请后，单独向债权人进行的个别清偿，法律规定为无效。法律规定个别清偿行为无效，并不是法律关系不成立或者权利不存在。民事诉讼法学理上确定这种诉，属于确认之诉，属于法院确认债务人个别清偿行为没有法律效力。

（二）法院应当适时释明当事人调整诉讼行为

当事人认为破产债务人个别清偿行为无效，由于不熟悉法律规定，提起了撤销之诉即形成之诉。在诉讼请求基础事实保持不变的情况下，法院在保持中立的情况下，应和当事人讨论法律关系的性质、民事法律行为的效力等，引导当事人更正不适当的诉讼请求。

（三）破产管理人应当证明债务人向第三人进行了个别清偿

法律规定破产债务人向第三人个别清偿，属于无效行为。个别清偿行为就是这类案件的要件事实，法院查清要件事实后才能够做出判决确认个别清偿行为无效。依据《最高人民法院关于适用〈中华人民共和国民事诉讼法〉的解释》第九十一条①，如果破产管理人主张个别清偿行为存在，即民事法律关系

---

① 《最高人民法院关于适用〈中华人民共和国民事诉讼法〉的解释》第九十一条：人民法院应当依照下列原则确定举证证明责任的承担，但法律另有规定的除外：（一）主张法律关系存在的当事人，应当对产生该法律关系的基本事实承担举证证明责任；（二）主张法律关系变更、消灭或者权利受到妨害的当事人，应当对该法律关系变更、消灭或者权利受到妨害的基本事实承担举证证明责任。

存在，那么其就应当证明债务人对第三人的个别清偿行为成立。

五、结束语

企业法人被申请破产，法院受理破产后，企业法人就成了"行为能力受限制"的法人，为了保护破产企业法人众多债权人的合法权益，法律规定破产企业法人不能像单独的第三债权人个别清偿。法院审理这种由破产管理人提起的确认之诉，除了遵循一般民事诉讼规则外，还需要适用积极释明权，包含所有债权人、债务人的合法权利。

参 考 文 献

[1] 李永军. 民法学教程 [M]. 北京：中国政法大学出版社，2021.

[2] 张卫平. 民事诉讼法 [M]. 6版. 北京：法律出版社，2023.

[3] 兼子一、竹下守夫. 民事诉讼法 [M]. 白绿铉，译. 北京：法律出版社，1995.

[4] 伊藤真. 民事诉讼法：第四版补订版 [M]. 曹云吉，译. 北京：北京大学出版社，2019.

[5] 尧厄尼希. 民事诉讼法 [M]. 27版. 周翠，译. 北京：法律出版社，2003.

个人信息保护的民事举证问题探析

单悦溪　邓中文

摘　要 ···

传统私法中依靠隐私权保护个人信息的救济模式已经不适应现下的形势，个人信息保护侵权的举证问题关乎权利人的权利保障和责任人是否应承担责任。当下信息主体在个人信息保护纠纷中遇到了十分严峻的举证问题，主要包括个人信息侵权后难以确定侵权者，信息主体处于弱势地位。为此，有必要统一个人信息侵权行为的认定标准，增强当事人证据调查收集权利，使用过错推定原则，助力信息主体在信息保护纠纷中的民事举证顺利实现。

关键词 ···

个人信息保护；民事侵权；举证责任

【作者简介】单悦溪，四川轻化工大学法学院 2023 级法律专业硕士研究生，主要研究方向为司法制度；邓中文，法学博士，四川轻化工大学法学院教授，主要研究方向为刑法学、司法制度。

个人信息就是个人的身份信息、联系方式、财产信息、社会信息等，用来辨别和认证个人身份，以及支持和实施各种社会活动。明确个人信息的具体含义，有利于自然人更加灵活运用个人信息，更加明晰个人信息的法律属性，从而推进社会活动的顺利开展。个人信息的界定是为了保护个人隐私，防止个人信息被滥用。个人信息的界定应该根据个人信息的性质和用途、可见性、安全性和有效性来进行，以确保个人信息在法律允许的范围内使用[1]。

一、个人信息侵权的民事责任构成

个人信息侵权的民事责任构成要件主要有四个，具体包括：侵害个人信息行为，侵害个人信息行为已造成损害，侵害个人信息行为与造成损害之间有因果关系，以及个人信息处理者有主观过错。

（一）侵害个人信息行为

侵害个人信息行为的方式包括作为和不作为两种方式。前者多指个人信息处理者对信息主体负有某种积极义务而没有作为，给信息主体权益造成了损害，就是不履行义务的行为。后者多指个人信息处理者对信息主体负有某种不作为义务，但却违反义务实施了侵害信息主体的行为，主要包括不正当收集、泄露、毁损、丢失以及不正当使用个人信息的行为。

（二）侵害个人信息行为已造成损害

信息处理者的侵权行为，即对信息主体的人格权益或财产权益造成损害，这些损害包括财产损害、精神损害以及财产性权益的损害赔偿[2]。信息处理者的侵权行为确实造成损害后，并且在符合其他要件的情况下，应当承担损害赔偿责任。侵害个人信息的损害赔偿责任，根据个案的特殊情况，可以包括财产性和精神性损害赔偿，具体损害赔偿数量由法官根据具体案件裁量[3]。而对于精神性权益的损害赔偿，这是一个有争议性的问题，精神具有无形性，受到侵害时，不能像财产损失一样按照某种标准去判定，但其仍然具有损害性。

（三）侵害个人信息行为与造成损害之间有因果关系

在个人信息保护纠纷中，信息主体往往对因果关系证明能力不足，导致自己的权益未得到应有的保护[4]。在互联网与信息化时代，信息传播的途径越来越多，媒体网站、自媒体平台等都是各种信息的聚集地，一些网络技术的应用在为人们的生产生活带来便利的同时，也侵害了个人信息权益。一方面，信息传播速度快、传播范围广，分散的信息不利于信息主体的取证。另一方面，信息共享的应用导致因果关系的不确定性。信息技术的发展使得侵害个人信息权益的行为越来越复杂和隐蔽，信息主体常常因为证明能力不足导致败诉。只有当侵害行为与损害结果之间具有因果关系时，行为人才能承担侵权责任。

（四）个人信息处理者有主观过错

信息处理者在处理个人信息的过程中，主观上具有一定的过错。过错是指个人信息处理者主观上故意或过失实施了侵害个人信息权益行为。故意实施侵害个人信息权益的行为，包括泄露个人信息、将个人信息出售给第三人等。过失实施侵害个人信息权益的行为，包括工作人员因保管不当，将信息主体的个人信息丢失等。不管主观上是过错还是过失，信息处理者的处理行为都侵害了信息主体的权益，信息处理者都应当承担侵权损害赔偿责任[5]。

二、个人信息权利人的举证难题及困境

通过对有关个人信息保护纠纷裁判进行归纳分析可以看出，个人信息保护纠纷中，信息主体一方举证对案件裁判结果存在较大影响。举证问题直接决定当事人主张的诉讼请求能否被法院支持以及案件走向。现有的法律规范对举证责任的分配并没有充分考虑信息主体取证所面临的现实难题，裁判人员对于纠纷发生后的举证问题也未加以考量。因此，目前个人信息保护纠纷举证制度还需进一步完善[6]。通过对真实裁判文书的数据进行分析，归纳出信息主体易面临的举证难题主要包括以下几个方面。

（一）个人信息侵权后难以确定侵权者

个人信息泄露、不正当使用等侵权行为发生后，权利者难以确定侵权者。在个人信息侵权案件中，个人信息侵权行为人利用一些专业技术对个人信息进行处理时难以预测。个人信息侵权的特殊性主要表现为侵权加害行为具有隐蔽性、侵权主体具有多样性等[7]。这些问题直接导致在侵权过程中侵权受害人很难知悉自己的权益于何时遭到侵犯，也无法在短时间内确定具体侵权人，更无法就自己的主张提出相应的证据。

（二）大数据背景下信息主体的弱势地位明显

在个人信息保护纠纷中，信息主体承担着举证责任，因此要进行证据收集。如果信息主体的证据调查收集手段匮乏，无法向法院提供详细、真实、充分的

证据，自然无法保障自身诉求。个人信息侵权案件不同于一般的侵权案件，无论是个人信息侵权行为还是侵权对象，证据往往以数据为载体呈现，而电子证据却处于信息处理者的掌握范围内[8]。这就导致信息主体在维护个人权益时，缺乏有效且有力的证据，反而使个人信息处理者在诉讼过程中占据优势和掌握主动权。信息主体的证据收集手段匮乏，导致信息主体能够获得的证据有限，而当信息主体无法提供证据举证或证据证明力不足时，则可能承担败诉风险[9]。

（三）个人信息保护纠纷中举证责任分配不合理

"谁主张、谁举证"已成为我国民事举证责任分配的基本规则，并且在司法实践中获得认可[10]。在个人信息侵权纠纷案件中，如果适用一般举证规则，将导致一个事实，即信息主体需对自身的主张举证证明，在待证事实得到证明之前，个人信息处理者即便只是一味地否认，而不提出证据予以驳斥，也不会有败诉风险。如果被告占据优势地位，其举证能力远超原告，则无法体现平等原则，此时若适用"谁主张、谁举证"一般规则，使原告承担举证责任，无异于直接判定原告败诉，这违背了实质意义上的平等原则，有失公正[11]，使得社会中的弱势群体的权利得不到有效的救济和维护。

三、个人信息保护民事举证的完善思考

要解决个人信息权利者面临的举证难题，就需要进一步完善民事举证规则。通过统一个人信息侵权行为的认定标准，增强信息主体的证据调查收集权利，合理分配举证责任，适用过错推定原则，以此缓解个人信息保护的民事举证难题。

（一）统一个人信息侵权行为的认定标准

明确侵权主体是信息主体保障个人信息权益的前提，而明确侵权主体的侵

权行为则是确定侵权主体的关键。由于个人信息侵权加害行为具有隐蔽性、侵权主体具有多样性等原因，个人信息侵权行为发生后难以确定侵权者，而如何确定侵权者，是信息主体进行举证的关键。

可以从以下两个方面来确定个人信息侵权者。一方面，明确个人信息侵权行为，明确某种行为是信息处理行为，这是由个人信息权益保护的保护理念和保护方式决定的[12]。另一方面，信息处理者应该对信息主体公开个人信息的使用规则和途径等，并且严格遵守相关的法律法规，对收集的个人信息尽到安全保障义务；在信息主体的个人信息发生侵权后，积极配合信息主体的取证工作，提供相应的技术支持。通过明确侵权行为和明确信息处理者的义务，可以缓解个人信息侵权行为发生后难以确定侵权者的难题，有利于信息主体进行下一步的举证活动，有效保障个人信息权益。

（二）增强信息主体的证据调查收集权利

信息主体的证据收集是保障信息主体承担举证责任的前提和基础，而证据收集手段的匮乏，将导致信息主体承担因证据证明力不足带来的不利诉讼结果。因此，确保信息主体的举证责任，必须增强当事人的证据调查收集权利。信息主体证据调查收集手段的匮乏，也是造成信息主体和举证能力差异的重要原因。个人信息侵权案件中，信息主体若证据收集手段匮乏、经济成本高昂、技术能力欠缺，就无法充分进行证据调查收集。增强当事人信息主体的证据调查收集权利，并为其提供有力保障，有利于信息主体缩短证据距离，平衡举证能力，维护自身合法的个人信息权益[13]。

（三）适用过错推定原则

适用过错推定原则，由信息处理者举证自己在个人信息侵权行为中不存在过错。这样的归责原则既保障了个人信息权益，又能够平衡信息化社会对于个人信息资源利用的有效性[14]。

适用过错推定原则的现实意义主要表现在以下几个方面。第一，解决了信息主体对过错要件的证明难题。第二，实现了司法的最高价值理念。证明程度的难易分配最终体现了司法适用的公正价值，与过错责任相比，过错推定责任使受害人在诉讼中处于相对有利的地位，由于其本身与侵权主体双方地位的不平等，这样的制度更有利于保护受害人的权益，体现了法的公正价值。第三，平衡信息主体与信息处理者之间的利益冲突。过错推定责任是在过错责任原则与无过错原则之间的一条折中的道路，既能兼顾个人信息的保障，又能促进我国数字经济的长远发展。

四、结束语

个人信息保护是民事法律领域的热点问题，个人信息侵权纠纷案件中举证问题更是关乎实质公平正义的法律问题。本文通过对个人信息进行界定和分类，明确了个人信息的法律属性，分析了个人信息民事法律责任的构成。信息主体在个人信息保护纠纷中的举证问题，以及司法实践中举证责任分配不明确和证明标准不一等问题，使信息主体权益难以得到保障。今后应明确统一个人信息侵权行为的认定标准，增强当事人证据调查收集权利，使用过错推定原则，构建一套较为完整科学的举证体系，以此解决个人信息保护的民事举证难题。

参考文献

［1］程啸. 论我国民法典中个人信息权益的性质［J］. 政治与法律，2020
（8）：2-14.

［2］向秦，高富平. 论个人信息权益的财产属性［J］. 南京社会科学，2022
（2）：92-101.

[3] 杨立新. 个人信息处理者侵害个人信息权益的民事责任 [J]. 国家检察官学院学报, 2021 (5): 38-54.

[4] 王利明. 敏感个人信息保护的基本问题: 以《民法典》和《个人信息保护法》的解释为背景 [J]. 当代法学, 2022 (1): 3-14.

[5] 王利明, 丁晓东. 论《个人信息保护法》的亮点、特色与适用 [J]. 法学家, 2021 (6): 1-16, 191.

[6] 程啸. 侵害个人信息权益的侵权责任 [J]. 中国法律评论, 2021 (5): 59-69.

[7] 张一凡. 论知情同意规则的适用困境与应对路径 [D]. 西安: 西北政法大学法学院, 2021.

[8] 李晓倩. 个人信息保护民事公益诉讼的原告适格: 以《个人信息保护法》第70条的解释论为中心 [J] 吉林大学社会科学学报, 2022 (7): 20-29, 235.

[9] 张建文, 时诚. 个人信息的新型侵权形态及其救济 [J]. 法学杂志, 2021 (4): 39-52.

[10] 申卫星. 大数据时代个人信息保护的中国路径 [J]. 探索与争鸣, 2020 (11): 5-8.

[11] 陈挺. 正确理解"举证责任": "谁主张, 谁举证"与举证责任倒置原则 [J]. 山东税务纵横, 2000 (2): 55.

[12] 李春丹. 我国规定民事诉讼特殊证明标准的多维反思 [J]. 学术探索, 2019 (5): 55-61.

[13] 沈红雨. 大数据流动背景下个人信息保护法律制度的挑战与对策: 基于比较法的视角 [J]. 中国应用法学, 2021 (2): 1-13.

[14] 凌霞. 安全价值优先: 大数据时代个人信息保护的法律路径 [J]. 湖南社会科学, 2021 (6): 83-91.

网约配送员权益保障研究

——以四川省100份裁判案例为样本

廖俊宇　史　黎

摘　要 ··

　　2023年，我国新就业形态劳动者规模超过了8 400万人，其重要组成部分之一是网约配送员。然而，就业机会增加的同时伴随着一系列权益保障问题。笔者以四川省2020年至2022年期间的100份网约配送案件判决书为研究样本，发现四川省网约配送案件的司法裁判现状呈现出案由情况复杂化、争议或纠纷内容多样化、责任主体类型化、用工性质模糊化的特点。原因在于法律法规建设未针对新就业形态下新型劳动关系与配送员的新特点进行细化规定。因此，需要严格劳务关系责任、完善配送员管理标准与配套法律制度、关怀配送员中的弱势群体，以保障网约配送员的合法权益。

关键词 ··

　　网约配送员；劳动权益保障；新就业形态

　　【作者简介】廖俊宇，四川轻化工大学法学院2022级法律专业硕士研究生；史黎，四川轻化工大学法学院副教授。
　　【基金项目】四川省基层司法能力研究中心一般项目"四川省新就业形态劳动者权利保障研究"（JCSF2023-06）。

　　新就业形态促进了全社会就业，也赋予了劳动者更多的工作自主性，提升了劳动者的劳动收入，为其带来平等的发展机会。截至 2023 年 3 月，新就业形态劳动者的规模约为 8 400 万人[1]，收入水平也高于劳动力市场的平均水平。以外卖骑手的收入为例，根据《2022 年美团骑手权益保障社会责任报告》可知，2022 年有 624 万骑手通过美团获得收入；《2022 年农民工监测调查报告》数据显示，全国农民工月均收入为 4 615 元，而外卖骑手的收入普遍高于他们[2]。然而，在为网约配送员带来就业机会的同时，新就业形态伴生的问题也随之而来。新就业形态下的网约配送员面临工作环境复杂、缺乏社会保障、工作时间不稳定等问题。笔者通过关键词搜索在中国裁判文书网上共收集到四川省管辖权以内的 100 份网约配送行业民事判决书，并以此为样本分析出四川省 2020 年至 2022 年新就业形态网约配送员权益保障的现状与成因，进而提出相应的完善建议。

一、四川省网约配送案件司法裁判现状

（一）案由情况复杂化

经过对 100 份判决书进行案由分析，数量位居前三位的案由分别是侵权责任纠纷（63 件）、劳动争议与人事争议（26 件）、人格权纠纷（6 件）。此外，还有保险纠纷 4 件与合同纠纷 1 件（见图 1）。

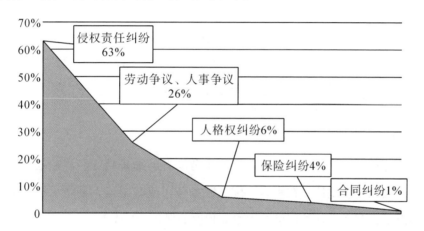

图 1　案由情况

（二）争议或纠纷内容多样化

争议或纠纷内容包括：确认劳动关系纠纷（22 件），加班费劳动争议（1 件），经济赔偿金劳动争议（1 件），工伤保险待遇纠纷（2 件），机动车交通事故责任纠纷（61 件），生命权、健康权、身体权纠纷（6 件）。其中，既包含配送员对第三人造成人身财产伤害，导致第三人向配送员或平台企业、配送服务公司索赔的争议或纠纷，又包含配送员在工作过程中被第三人侵权导致的争议或纠纷（见图 2）。

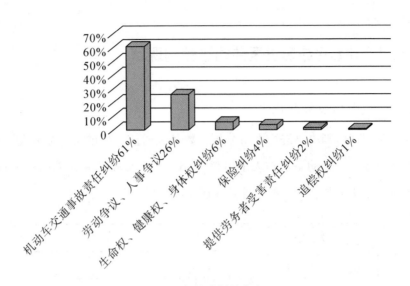

图2 争议或纠纷内容

（三）责任主体类型化

对于劳务类争议，其焦点是确定承担劳动者的加班费、经济赔偿金、工伤保险等问题的责任主体。在平台、配送服务公司或者第三人最终承担了不利后果的情况下，配送员往往能够获得更大程度的保障。

对于交通事故争议，其焦点是承担不利后果的责任主体。此类争议发生后，侵权责任通常需要在平台企业、外包商、配送员之间分担。但是相关主体的关系状态决定了责任分配结果[3]。在63件侵权责任争议中，机动车交通事故责任纠纷61件，提供劳务者受害责任纠纷2件，另有6件被定性为生命权、健康权、身体权纠纷。按照最终承担不利后果的主体进行区分，可以分为三类。第一类是不利后果由保险公司或第三人全部承担：不利后果均由保险公司负担的有5件，侵害网约配送员人身权的第三人承担不利后果的有9件。第二类是不利后果均由配送服务公司承担：不利后果均由配送服务公司承担的有26件，其中仅15件因配送服务公司为网约配送员购买了机动车强制保险及商业保险而获得保险先行赔偿。另有11件因配送服务公司为网约配送员购买的不是交强险或机动车商业三者险，其保险条款的内容与传统意义上的机动车商业三者险的条款有较大差别，所以需赔偿义务人在承担相应赔偿责任后，另行办理相应理赔手续，也可依据内部服务合作协议的约定向具有故意或重大过失的网约配送员部分追偿。第三类是不利后果由配送员承担：有 23 件需要配送员承担不利后果，其中配送员与公司负连带责任的有 20 件，配送员独自承担不利后果的有 3 件（见图 3）。

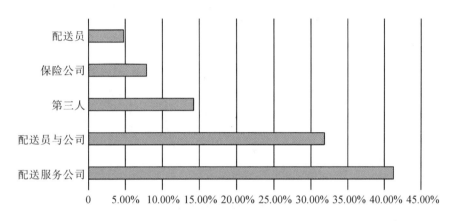

图 3　责任承担主体

（四）用工性质模糊化

用工性质分为劳动关系和劳务关系（见图 4）。在 22 件确认劳动关系纠纷中，仅 9 件认定劳动关系的存在，剩余 13 件均认定网约配送员与配送服务公司之间是劳务关系。目前的司法实务中，法院对于网约配送员与配送服务公司之间劳动关系的认定持一种审慎的态度，其背后的法理考量可以参考"绵阳山禾速达服务有限公司、林红确认劳动关系纠纷案"①：被告提供的劳动虽然是原告业务的组成部分，但不能据此就认定双方事实劳动关系成立。原因在于单位作为法律拟制的人，其业务必然通过自然人的工作来完成，故仅凭这一点当然地

---

① 参见四川省绵阳市安州区人民法院（2022）川 0724 民初 2306 号判决书。

反推劳动关系存在是错误的。问题的关键在于被告在送餐工作过程中是否受到了原告的劳动管理。被告在从事配送工作的具体过程中具有相当的自主性，报酬虽然按月支付，但实际上完全按完成的配送任务计算，双方虽然对配送服务质量进行管理考核，但并非是劳动合同法意义上的用人单位对劳动者的隶属性管理。另外，被告提出原告给被告购买了雇主责任险，说明双方存在劳动关系，而雇主责任险不属于工伤保险，不能证明双方存在劳务关系。如果以此就认定双方存在劳动关系，将形成不良的社会导向。

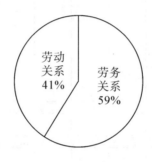

图4　用工性质认定

二、四川省网约配送员权益保障不足的成因

（一）新就业形态劳动关系的识别与界定困难

网约配送行业是新就业形态下的产物，新就业形态下的新型劳动关系难以被识别与界定。随着新就业形态群体规模的持续扩大，快递员、网约送餐员等非全日制、季节性、临时性的灵活就业群体大量涌现，平台企业在雇佣上述劳动者时往往明确劳务关系，或是在诉讼过程中极力证明双方属于劳务关系而非劳动关系。一方面，网约配送员这类新就业形态劳动者的工作表现形式特殊，具有自主接单、工时灵活等特点，其与雇主的关系天然倾向于临时性的劳务关系，因此需要在司法实务中把握好平台企业与劳动者之间是否存在管理与被管

理的隶属关系。另一方面，现行《中华人民共和国劳动合同法》未涉及劳务关系的规制，为了降低用工成本，平台企业通过众包等形式雇佣网约配送员并确立劳务关系，降低员工福利的开支并规避劳动关系的相应责任。这不仅使部分劳动者无法获得社会保险和最低工资的保障，而且在劳动纠纷发生时，他们的劳动权益也无法得到充分的保障[4]。

（二）平台忽视配送员权利保护

平台对网约配送员权利的忽视贯穿于其职业生涯全过程，比如上岗前缺乏安全培训、未购买基本保险，工作过程中没有适时监管配送员是否符合安全驾驶风险防控条件。以"赵锋国、曹磊追偿权纠纷案"①为例，由于原告开设的公司提供外卖送餐服务，对骑手在送餐过程中可能发生的风险应当预见。原告在被告从事平台外卖骑手工作时，对被告管理松散、缺乏安全培训。在未督促被告购买或者没有为被告购买交强险及商业险的情况下，放任被告从事外卖骑手工作，未尽到适时监管义务，存在选任、监管不力的过错，应当承担安全管理、风险管控责任，同时应当规范安全与效率并重的考核机制。一方面，原告的公司有监督管理过错的情况。另一方面，由于被告驾驶未购买交强险及商业险的摩托车上路，增加了对外承担责任的风险，且被告在追求及时送单时未尽到谨慎驾驶义务，存在重大过失，双方的过错按同等比例分担。

网约配送员的薪资通常取决于工作量，因此其具有天然的追求效率的倾向。在这一过程中，配送员普遍存在不规范驾驶的行为。以"绵阳速联网络科技有限公司、余祯礼提供劳务者受害责任纠纷安"②为例，配送员作为具有完全民事行为能力的人，应知晓雨天驾驶电动摩托车具有较大的危险性。但其却为了追求短期经济效益而忽视安全风险，自身未尽到足够的注意义务，对造成车辆侧滑自身受伤的损害后果具有一定过错，最终在自己作为提供劳务者的受害责

---

① 参见四川省苍溪县人民法院（2021）川 0824 民初 1600 号判决书。
② 参见四川省内江市中级人民法院（2020）川 10 民终 501 号判决书。

任纠纷中自行承担百分之二十的民事责任。

在配送员的安全培训和基本保险尚未得到满足的情况下，职业技能培训更加难以保障。从传统行业里面分离出来的劳动力需要通过学习、接受培训等方式获得新的技能，否则就会面临被排斥在新就业岗位之外的风险[5]。

（三）地方法律法规建设有待细化落实

为维护网约配送员等新就业形态劳动者的权益，四川省于 2021 年 12 月印发了《关于维护新就业形态劳动者劳动保障权益的实施意见》。但是受新就业形态劳动群体复杂性以及《中华人民共和国劳动合同法》未明确劳务关系等因素的限制，具体的执行细则还较为缺乏。

以普遍存在的平台通过算法来对配送员的劳动过程进行技术监管的现象为例，这类算法通常基于成年男性的平均身体机能数据，而对网约配送员中的中年群体或女性群体的差异化特征缺乏相应考虑。而这一算法的不公却鲜为人知，因此有必要实行以增加透明度为目标的监管，让平台协议和算法得到更多公开监督，这将有助于限制算法霸权[6]。

同时，由于新就业形态下的网约配送员普遍与平台企业和配送服务公司之间形成了一种"不完全符合确定劳动关系"，目前亟待地方政府出台相应的职业伤害保障试点政策。

三、四川省网约配送员权益保障的完善建议

（一）严格化劳务关系责任

《中华人民共和国劳动合同法》对劳动关系与劳务关系设置了不同的管制标准。在劳务关系的管理和重塑方面，存在两种可能的途径：一种是放宽对劳动关系的限制，以减少企业规避劳务关系的可能性；另一种是增强对劳务关系的管理和控制，确保其与劳动关系达到基本平衡。第一条路径的实施可能性较

低，虽然在短期内降低了企业运营成本，但它并不有利于保护劳动者的合法权益，也不有利于企业的长期稳健发展。第二条途径有两个方案：其一是通过修订《中华人民共和国劳动合同法》来增强劳务关系监管的严格性；其二是针对劳务关系制定专门的法律。最终通过严格化劳务关系责任，避免平台企业和配送服务公司在雇佣网约配送员时刻意规避劳动关系，根据实际的工种需求建立劳动关系或劳务关系，并分配好自己的权利义务与责任。

（二）完善配送员管理标准与配套法律制度

基于不同的交通情况与天气情况，网约配送公司与平台企业应当设立可变通的计薪方式。在交通拥堵且配送需求旺盛的情况下，应延长配送员的配送时效并补偿配送员为此付出的时间成本与劳动付出。在面对恶劣天气条件或突发交通事故等不可抗力时，应设置反馈渠道，便利配送员与平台和消费者之间的沟通，可按照既有的风险应急方案处理，或通过即时线上沟通协调出相应的解决方案。

为了从根本上避免配送员的危险交通行为，平台企业和配送服务公司可以从软性规则和硬性设备两个层面进行规制。在软性规则层面，负责为配送员发放薪资的单位可以通过设定弹性的工作量范围以及合理的接单上限，防止配送员对订单完成量盲目追逐，并通过调整相应的计薪方式，提升低订单量配送员的薪酬，适当下降过高订单量配送员的薪酬，将配送员的薪酬与订单量的相关性减弱。在硬性设备层面，平台企业和配送服务公司首先应在配送员入职初期与入职工作期间，建立对配送员交通工具的安全性检查制度，既让配送员从一开始就树立安全意识，又能避免配送员对交通工具安全维护工作的忽略。

人力资源和社会保障部等 8 部门于 2021 年 7 月联合印发的《关于维护新就业形态劳动者劳动保障权益的指导意见》提出，强化职业伤害保障，以出行、外卖、即时配送、同城货运等行业的平台企业为重点，组织开展平台灵活就业人员职业伤害保障试点[7]。平台企业和配送服务公司不仅可以在管理标准与硬件辅助上保障配送员的权利，还应积极响应国家对配送员的职业伤害保障政策。

（三）发挥工会作用关怀配送员中的弱势群体

网约配送员存在年龄、性别、身体条件、知识水平等各方面的差异。然而对其进行评判的算法技术却缺乏个性化关怀。新就业形态下算法技术的设计和应用应当将算法平等原则贯彻始终，关怀配送员中的弱势群体。

督促算法改进，还需要发挥工会联合作用，以人文关怀弥补技术缺失，提高新就业形态中配送员在行业内的话语权。一些配送员由于自身文化水平较低、身体条件较差，缺乏归属感和凝聚力，而工会组织能够解决配送员当前面临的难题。第一，工会组织可以提供相应的培训和资源，以帮助配送员提升职业技能、了解自身的权益。第二，工会可以加强信息传达和宣传工作，鼓励配送员积极参与工会活动。多元化的媒体和沟通渠道，能够满足新就业形态下配送员对市场竞争、行业动态、个人发展的信息获取需求，鼓励他们充分表达自己的意见。第三，通过工会可以实现多方合作，形成全覆盖的新业态配送员权益保障体系。在完善新就业形态配送员劳动权益保障机制的过程中，工会组织应与政府、企业等多方密切合作，建立良好的合作协调机制[8]。

四、结束语

新就业形态下，网约配送行业规模日益壮大，网约配送员的合法权益受侵犯所造成的社会影响不可忽视。首先，需要明确网约配送员权利保障的直接义务主体，即对配送员进行薪资发放和工作管理的平台企业和配送服务公司。其次，相应的义务主体需要从算法技术、管理章程、工会制度等方面为配送员提供基本权利的保障。最后，地方政府应出台详细的配送员管理制度，助力网约配送行业和谐发展。

参考文献

［1］第九次全国职工队伍状况调查综述［N］.工人日报，2023-03-01（2）.

［2］祁媛媛，李保民.数字经济背景下新就业形态劳动者权益保障研究［J］.河南社会科学，2023，31（8）：89-94.

［3］李强，李一鸣.嵌入式治理：地方政府维护新业态劳动者权益的务实策略研究［J］.中国人力资源开发，2022，39（10）：76-88.

［4］李光红，高海虹.新就业形态劳动者劳动权益保障规制体系的构建研究基于山东省的分析研究［J］.济南大学学报（社会科学版），2022，32（6）：124-134.

［5］方长春.去技能化与再技能化：新就业形态与青年职业发展［J］.人民论坛·学术前沿，2023（16）：16-25.

［6］董志强.新就业形态：就业的新特征与新问题［J］.学术界，2023（8）：46-55.

［7］杨思斌.新就业形态劳动者职业伤害保障制度研究：从地方自行试点到国家统一试点的探索［J］.人民论坛·学术前沿，2023（16）：36-49.

［8］叶静漪.新就业形态女性劳动者权益保障研究［J］.人民论坛·学术前沿，2023（16）：50-59.

网络主播经纪合同纠纷实证研究

——以四川省 105 个裁判文书为样本

李 倩 史 黎

摘 要 ··

　　网红经济和直播行业是互联网和通信技术不断发展的产物，但也伴生经纪公司利用优势地位设定不对等权利义务、主播随意违约等乱象。本文检视四川省网络主播合同纠纷案件的判决，分析网络主播与经纪公司合同纠纷案件裁判现状及困境，建议法院通过对合同的法律性质进行实质考察、统一违约金的认定标准、增强裁判文书释法说理等措施，更好地裁判此类案件，促进直播业良性发展。

关键词 ··

　　网络主播；经纪合同；违约金

　　【作者简介】李倩，四川轻化工大学法学院 2022 级法律专业硕士研究生；史黎，四川轻化工大学法学院副教授。

　　【基金项目】四川省基层司法能力研究中心一般项目"四川省新就业形态劳动者权益保障研究"（JCSF2023-06）。

近年来，网络直播行业发展迅速，网络主播与经纪公司或直播平台之间的契约关系呈现出多方面的不稳定因素，影响了行业的良性发展：一方面，网络主播的跳槽、停播等行为多有违反合同之嫌，譬如在合同到期前擅自跳槽、随意停播走人、利用影响力直接或间接对平台造成负面影响等；另一方面，经纪公司为了防止主播违约也制定了一些难言完全合理的条款，如天价赔偿条款、过度的竞业限制条款等。同时，不同公司之间互相"挖墙脚"的现象也没有得到法律法规的合理限制。笔者以"主播+违约"为关键词，在中国裁判文书网进行检索，选取四川省网络主播与经纪公司民事诉讼案件共 167 件，其中 2016 年 2 件、2017 年 4 件、2018 年 12 件、2019 年 25 件、2020 年 42 件、2021 年 67 件、2022 年 15 件（见图 1）。虽然有部分案件并不直接相关，但上述检索结果总体反映了近年来二者之间的纠纷逐年大幅增加的趋势。笔者最终从前述案件统计中筛选出 105 件涉经纪公司与网络主播经纪合同纠纷的判决书，通过逐一检视其法律文书的事实认定、裁判要旨、裁判结果等裁判内容，分析出四川省网络主播与经纪公司合同纠纷案件审理的特点与不足，为审理此类案件提出自己的建议与意见，以期引导网络直播行业规范有序、持续健康的发展。

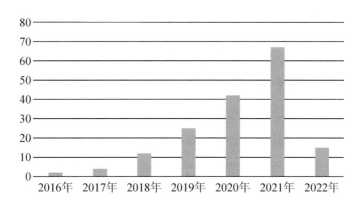

图1 四川省网络主播与经纪公司民事诉讼案件数量

一、四川省网络主播经纪合同纠纷司法裁判现状

（一）争议焦点较为集中

笔者从上述 105 件案件中整理出网络直播业纠纷涉及的争议焦点，绝大多数案件都围绕着这几个争议焦点展开：主播是否存在违约行为、主播是否应当向公司承担违约责任、违约金金额如何认定等[1]。此类案件还有一个特点是较少涉及劳动关系的认定。在笔者整理的 105 例案件的判决书中，仅有 23 例案件涉及劳务关系或者劳动关系的认定，并且最终只有 1 例被法院认定为具有包括劳动合同在内的综合性合同。

（二）审判以简易程序为主

从案件的诉讼程序来看，其中有 7 例案件法院适用普通程序进行审理，而余下 98 例案件则适用简易程序进行审理。此类案件争议焦点明确且常见，法院适用简易程序虽然在程序上有所简化，却并不必然导致公正性的降低。民事诉讼程序高成本、长周期、低效率造成的司法"堵塞"和"迟延"问题，使平台和主播都加快将精力投入新的生产生活。

（三）违约金趋于合理

在经纪公司起诉要求主播赔偿违约金的案件中，法院完全支持经纪公司主张的违约金的有 28 例案件，部分支持经纪公司主张的违约金的有 63 例案件，完全不支持经纪公司主张的违约金的有 14 例案件。经纪公司在订立合同时处于优势地位，所以往往使用格式合同设置不对等的权利义务，最为醒目的便是合同中的天价违约金条款，违约金数额为一百万元、二百万元的占大多数（见图 2）。考虑到天价违约金的不合理性，超过半数的经纪公司往往在起诉时会出于对自己的考虑对违约金酌减，法院在大多数情况下也会根据实际情况对违约金酌减。

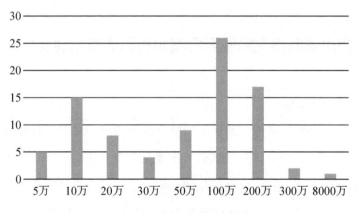

图 2　约定的违约金金额

（四）案件上诉率较高

在 105 份判决书中，有 23 例案件的当事人进行了上诉，上诉率高达约 22%，其中主播一方上诉的较多，涉及 13 例案件，其余 9 例案件是经纪公司不服判决而上诉。但是上诉的 23 例案件中，仅有 3 例在二审中得以改判，其中 2 例是一审法院存在事实认定错误，主播不构成违约，另外 1 例是经纪公司在二审中补交了新证据，证明主播确实在合同有效期内擅自与其他平台进行合作。

二、四川省网络主播经纪合同纠纷司法裁判困境及成因分析

（一）网络主播经纪合同定性不准确

如何定性网络主播和经纪公司之间的法律关系，是考量主播和经纪公司之间的许多法律问题的前提[2]。若认定网络主播和经纪公司之间存在劳动关系，则主播只要在违反服务期和竞业禁止约定且双方对违约金存在约定的情况下才会承担违约金，并且主播此时也具有劳动者的提前三十天通知经纪公司的单方解约权，此时离职可能不需要承担违约金。笔者分析了四川省网络主播与经纪公司的纠纷案件105件之后，发现法院在不同案件中对于双方法律关系的判别存在较大的差异。但是总体看来，在涉及法律关系争议的案件中，法院大多数情况下以"从属性"作为判定的标准，若网络主播对经纪公司具有人格、经济从属性，则双方构成劳动关系，但是实际上被法院认定为劳动关系的案例却很少，法院通常会认定双方签订的合同是合作合同、网络服务合同、娱乐合同、无名合同等，在司法裁判上存在凌乱的状态，这显然不利于法律统一秩序的形成与维护，不利于公平正义的实现[3]。

（二）违约金判定标准模糊

《中华人民共和国民法典》规定了两种对违约金约定的方式，即双方可以约定违约金的金额或违约金的计算方法①。实践中，经纪公司对主播违约责任约定有如下几种方式：第一种，有55例案件主播和经纪公司直接约定了固定的违约金数额；第二种，有32例案件双方约定了有选择方式的违约责任承担方

---

① 《中华人民共和国民法典》第五百八十五条第一款："当事人可以约定一方违约时应当根据违约情况向对方支付一定数额的违约金，也可以约定因违约产生的损失赔偿额的计算方法。"

式，如"杨雨晗、成都华星兄弟文化传媒有限公司合同纠纷案"① 中对违约责任的约定为"违约金甲方可选择按以下方式进行计算的结果中最高的数额进行主张：①与乙方在本合同期内获得的全部收入等额的违约金；②违约金一百万元；③乙方在本合同期内正常履约而获得的月平均收入的十二倍的违约金"；第三种，有 18 例案件仅约定以主播收益的倍数作为违约金的计算方式，如"李晓颜、绵阳艺乐文化传播有限公司合同纠纷案"② 中对违约责任的约定为"双方一致同意乙方应承担的违约金为乙方与甲方合作期间月均收益乘以二十四的总和，乙方对此不得提出异议并不得以任何理由向人民法院或仲裁机构要求调低违约金"。

通过对四川省 105 件案件进行整理，笔者发现在不同的案件中法官在对违约金的数额进行酌减时采取的标准不一样，所以酌减的幅度也存在一定差异，在违约金的判定标准上较为混乱和模糊。如有的案件依据主播的违约情节和主播的报酬③等要素调整违约金的金额，而有的案件以公司前期对主播直播人气提升的培养投入、宣传力度，主播自身的影响力、知名度、发展前景，以及可能给公司带来的收益、公司在履行合同中亦有过错等④衡量违约金[4]。

（三）裁判文书释法说理性不强

最高人民法院在 2018 年印发《最高人民法院关于加强和规范裁判文书释法说理的指导意见》，旨在进一步加强和规范法院裁判文书的释法说理工作，提高裁判文书的释法说理水平和质量。但是笔者研究了 105 份判决书之后，发现有些裁判文书对应当说的理不说或者是简单带过，较为常见的是对原被告的诉求

---

① 参见四川省成都市中级人民法院（2021）川 01 民终 22746 号"杨雨晗、成都华星兄弟文化传媒有限公司合同纠纷案"。
② 参见四川省绵阳市中级人民法院（2021）川 07 民终 3771 号"李晓颜、绵阳艺乐文化传播有限公司合同纠纷案"。
③ 参见四川省成都市中级人民法院（2020）川 01 民终 1865 号"唐贤、成都五蕴灵境信息科技有限公司合同纠纷案"。
④ 参见四川省达州市达川区人民法院（2021）川 1703 民初 4552 号"四川新煌科技孵化有限公司、唐小茵合同纠纷案"。

简单驳回、对争议焦点回答和阐释的理由不够充分，对做出裁判的依据缺乏论证。如判决文书说理部分写道："根据主播在直播平台期间的所得收益结合公司的实际损失情况，一审法院酌情将违约金调整为二十五万元。"① 该案中原告起诉要求被告承担五十万元的违约金责任，法院予以酌减一半的数额。但是该判决书却存在一些问题，原告要求被告赔偿金钱事关重大利益，但在判决书中仅说明根据主播的收益及公司的实际损失情况将违约金酌减，而对于具体考虑的因素、计算方法等细节却缺乏详细的说明。该案在一审判决宣告后引起了当事人的上诉。

裁判文书释法说理性不强是司法实践中一个应当引起重视的问题，有些法官可能因为案件数量太多而没有时间和精力来细细阐述裁判的理由，而有些法官则是说理能力有限，或者是思想上对释法说理工作不够重视，且对违约金的认定标准模糊。当事人对于一份说理不清楚的判决书不免会不服，这也是上诉率较高的一个原因[5]。

三、四川省网络主播经纪合同纠纷司法裁判完善建议

（一）对合同的法律性质进行实质考察

司法实践中应坚持实质性审查的原则，要认定网络主播和经纪公司之间的法律关系，不应以双方签订了名为《演艺经纪合同》或《合作协议》的文件即认定双方之间不存在劳动关系。要认定网络主播与网络直播平台或经纪公司之间是否存在劳动关系，可根据相关规定和法律法规，并结合以下要件综合判断[6]。

第一，在工作时间上，要看公司是否对主播的工作时间有严格的要求。大

---

① 参见四川省成都市中级人民法院（2020）川 0108 民初 6076 号"刘美琴、成都逐光文化传播有限公司合同纠纷案"。

多数公司严格限制主播的月直播时长、日直播时长，如"成都逐光互娱文化传媒有限公司、王玉婷民事纠纷案"① 中，主播与公司签订的合同中规定"每月直播有效天不少于 27 天，每月时长不低于 162 小时"。一些公司还规定主播如果有特殊情况不能进行直播还要遵守请假规则，还有的公司会对主播进行考勤、排班等，这些措施都变相地对主播的工作时间进行了控制。第二，在工作内容上，要看公司对主播的工作内容是否有强制的要求。有的公司会控制主播直播的内容，如规定主播的工作地点、直播流程、直播话术、直播商品、直播订单等，甚至会对主播的衣着穿搭和妆容打扮有所要求，在工作过程中公司也会实时控制和监管，对主播予以指导和规制。第三，在工作规则上，要看公司是否会要求主播遵守公司类似劳动规章制度的规则，或是定期接受平台的工作培训，是否对主播的工作自由度予以大幅度限制。第四，在工作报酬上，需要考虑双方是否约定了固定的工作报酬，主播是否可以自主决定工资的数额。

（二）统一违约金的认定标准

法院在衡量违约金是否过高时，可以依据《中华人民共和国民法典》第五百八十五条第二款②规定的"造成的损失"，但该条规定较为笼统，在实践中存在较大的操作空间。更为具体地衡量违约金的规定是最高人民法院在 2019 年颁布的《审理民商事合同纠纷案件若干问题的指导意见》中第七条规定："人民法院调整过高违约金时，应当根据案件的具体情形，以违约造成的损失为基准，综合衡量合同履行程度、当事人的过错、预期利益、当事人缔约地位强弱、是否适用格式合同或条款等多项因素，根据公平原则和诚实信用原则予以综合权衡，避免简单地采用固定比例等一刀切的做法，防止机械司法而可能造成的实质不公平。"具体而言，"合同履行程度"可以考量合同已经履行期限和剩余期

---

① 参见成都铁路运输第一法院（2021）川 7101 民初 1940 号"成都逐光互娱文化传媒有限公司、王玉婷合同纠纷案"。

② 《中华人民共和国民法典》第五百八十五条第二款："约定的违约金低于造成的损失的，人民法院或者仲裁机构可以根据当事人的请求予以增加；约定的违约金过分高于造成的损失的，人民法院或者仲裁机构可以根据当事人的请求予以适当减少。"

限。"当事人过错"须以合同双方主体为角度，考察各自是否存在过错。若经纪公司按照合同约定向主播支付了签约金、提供了资源推广等开展直播活动所必要的条件，但是主播却恶意违反约定，在这种情况下，法院要审慎判定是否需要酌减违约金，否则会助长主播随意违约的风气，不利于营造网络直播行业诚实守信的氛围[7]。

另外，预期利益可以按照主播在合同履行期之内的月平均收入乘以剩余的与未履行期限相等的倍数来计算，再综合考虑公司对主播的投入成本、双方受益分配比例等因素。对于"格式条款"，首先审查其是否属于无效的格式条款，即使格式条款有效也可以基于双方缔约地位等考虑将此作为酌减违约金的因素。同时，要注意结合"公平和诚实信用原则"，具体情况具体分析，如可以参考主播跳槽后在新公司的收入情况、当地的生活水平等，在当事人的可承受范围之内调整违约金的数额。

（三）加强裁判文书释法说理

裁判文书释法说理是一种用人民群众看得见、感受得到的方式来传达司法的公平正义，是司法活动的最终呈现。如何书写一份好的裁判文书是法官工作的重点和难点，需要严格遵循特定的原则。第一，要以法律为底线、以事实为根据、以法律为准绳，对事实的认定、法律的适用要在法律制度之内进行，兼顾实体正义和程序正义，在裁判文书之中进行恰当的说明。第二，司法裁判在一定程度上肩负着引领社会价值观的责任，在司法裁判中得以肯定的价值，在社会中也会被宣扬。第三，裁判文书说理中的"理"指的是一份优秀的裁判文书应当说清楚事理、法理、情理，即为什么这样认定事实、为何适用此法条、如何做出价值判断和利益衡量，以及做出裁判结果的原因。第四，裁判文书的格式应当符合最高人民法院发布的标准制作模板格式，做到内容和形式兼具。

四、结束语

伴随着互联网的快速发展，网络主播与经纪公司纠纷案件接连不断，给法院的审判工作带来了巨大的挑战。本文以案例作为切入视角，研究了四川省网络主播与经纪公司纠纷案件司法裁判中反映的问题，为法院的审判工作提供了实际可行的建议。但直播行业良性市场秩序的建立不能仅依赖司法，网络主播和经纪公司或直播平台之间还应紧密互助：双方在签订合同时，应当具备共负盈亏的意识，公司应当摒弃利用优势地位约定天价违约金的做法，要注重保障主播的相应权益，主播也应当树立契约意识，加强行业自律性，从而共同促进网络直播行业持续健康发展。

参考文献

［1］刁倩. 直播带货主播法律地位与责任辨析［J］. 上海法学研究，2021：154-163.

［2］郭旨龙，李文慧. 主题：直播竞争平台是否构成不正当竞争［J］. 中国检察官，2021（10）：70-74.

［3］廖正. 网络直播平台与网络主播的合同争议及法律规范［J］. 山东科技大学学报，2019，21（3）：56-63.

［4］李姣婷. 网络主播与经纪公司间的法律关系认定［J］. 财富时代，2023（1）：96-98.

［5］王金利，盛雯. 网络主播与直播平台之间关系的判定［J］. 人民司法，2022（29）：66-67.

［6］张厚东. 论违约金的履约担保功能：兼论违约金酌减规则［J］. 财经法学，2023（3）：144-160.

［7］李文玲. 试析网络直播经纪合同纠纷的两大焦点［J］. 西部学刊，2023（7）：73-75.

我国居住权制度的缺陷与完善

刘秀明　谢逸涵

摘　要

居住权制度的设立是《中华人民共和国民法典》的重大突破，它的设立深入贯彻了民法物尽其用的立法原则。这一制度的设立不仅有利于促进住房形式多元化，保障人们的居住权益，实现"住有所居"的目标，而且也为今后相关案件的审理提供了法律依据，有利于解决社会矛盾纠纷。然而，《中华人民共和国民法典》中有关居住权的规定还存在着一些不足，比如设置方式单一、主体范围模糊、权利救济等方面有缺陷等。本文从居住权的属性与作用入手，对居住权存在的问题进行了探讨，并就增加法定居住权、明确居住权主体范围以及权利人的救济等几个方面提出了完善建议，为居住权制度的完善提供参考。

关键词

居住权制度；《民法典》；人役权；法定居住权；同住人

【作者简介】刘秀明，四川轻化工大学法学院教授；谢逸涵，四川轻化大学2022级法律专业硕士研究生。

一、问题的提出

　　居住权制度最早产生于罗马法，主要是为了解决婚姻家庭中丧偶妇女以及被解放的奴隶的居住问题[1]，而后大陆法系中法国、德国、瑞士和意大利等国家，以及英美等国均在不同程度上继承并发展了这一制度[2]。随着社会经济的发展，我国的住房保障制度不断完善，居住权制度在这一背景下得以建立。居住权被纳入《中华人民共和国民法典》（以下简称《民法典》），一定程度上为缓解人口与住房的供需矛盾、解决住房紧张、老人无房养老等问题提供了坚实的法律支撑，这与中央出台的系列"房住不炒"政策是一致的，有利于维护社会稳定和保障民生。

　　在《民法典》出台前，也有不少学者在理论上对居住权制度进行研究，但立法上却没有明确规定这一制度。如今，《民法典》设立了这一制度，弥补了法律空白。但居住权作为一项全新的制度，《民法典》对其的规定较为宏观，在权利客体、设立方式以及权益保障等方面略显抽象。居住权在实际的司法实践中，还需要不断完善，这样才能最终达到立法的目的。

二、我国居住权制度存在的问题

我国居住权制度的设立，其目的是满足现实社会的需要，促进社会矛盾纠纷的解决。但就当下的立法现状来看，其设立途径、主体的范围、权利的救济以及是否可以适用法定居住权等方面并不明确。单一的设立方式，使得居住权在某种程度上与民法的意思自治相违背。以增加判决书形式取得居住权的方式在实践中也存在争议，很难落实于司法实践中。目前，我国居住权制度存在的问题主要集中在以下几个方面。

（一）居住权设立途径较为单一

《民法典》规定，居住权的设立仅限于合同和遗嘱两种形式，而忽略了法定居住权和司法实践中由法院做出判决为个别当事人设定居所权的情况，仅仅两种设立方式对现实生活中实际需求的反映不够。在离婚案件中，夫妻双方的情感基础已被破坏，双方当事人大多存在较大矛盾纠纷[3]。在这种情况下，双方对居住权合同的约定的可能性很低[4]。夫妻双方可能无法通过正常的交流来订立居住权合同，合同前置会给居住权的设立带来很大难度。在"张玲等与齐桂才等返还原物纠纷一案"中①，法院认为居住权作为物权以登记设立为准，而非以法律文书的设立为准。在案件的审理过程中，只承认以合同方式和遗嘱方式设立居住权，明确否认了法律文书方式设立居住权，这一规定不利于对居住权人权利的保护。

（二）居住权主体界定不清

居住权的主体也就是居住权人，其范围具体应该包括哪些人，《民法典》

---

① 参见北京市高级人民法院民事判决书（2022）京 03 民终 16128 号"张玲等与齐桂才等返还原物纠纷一案"。

并没有明确规定。法人、非法人以及与居住权人有关的同住人是否能成为居住权的主体？这一直以来都是一个存在争议的焦点问题。

1. 居住权人是否包括法人、非法人组织

居住权是否可以包括法人、非法人组织，尚不明确，学术界对此也持不同观点①。根据《民法典》的规定，居住权的客体仅限于"住宅"，其设立目的是满足权利人的居住利益。由于法人、非法人组织不存在居住利益，表明了法人和非法人无法成为居住权的主体。在"云南红山经贸有限公司、昆明千益丰房地产开发经营有限公司房屋买卖合同纠纷一案"中②，红山公司系法人而非自然人，案涉房屋性质为商业用房，红山公司购买案涉房屋系基于生产经营而非生活居住的原因，在破产中无法以居住利益对抗破产中的其他债权人，由此可以推出法人、非法人组织不能作为居住权的主体。

2. 同住人是否享有居住的权利

居住权的主体是自然人，但对于与居住权人共同生活的同住人能否获得居住的权利这个问题，一直存在争议。在"章敏与刘桂英、徐芙蓉等排除妨害纠纷"中③，法院以章敏享有涉案房屋同住人权利为由，主张其获得对居住权的补偿，同时法院还做出了认定同住人并不仅以户籍为判断标准，还应考虑是否实际居住、有无居住需求等因素的综合考虑。由此，我们可以得知在具体的司法实践中，一些法院是承认同住人也同样享有居住权人利益的。并且从各国的立法实践来看，除居住权人以外，居住权人的其他必要家庭成员也可一同入住设有居住权的房屋。

---

① 有学者认为居住权人应当包括自然人、法人和非法人组织。参见申卫星、杨旭：《中国民法典应如何规定居住权》，载《比较法研究》2019 年第 6 期，第 81 页。有学者认为居住权人只包括一般然人。参见王利明：《论民法典物权编中居住权的若干问题》，载《学术月刊》2019 年第 7 期，第 94 页。

② 参见最高人民法院（2023）最高法民申 53 号"云南红山经贸有限公司、昆明千益丰房地产开发经营有限公司房屋买卖合同纠纷一案"。

③ 参见上海普陀区人民法院民事判决书（2019）沪 0107 民初 6005 号"章敏与刘桂英、徐芙蓉等排除妨害纠纷一案"。

（三）缺乏法定居住权

我国《民法典》所规定的居住权制度属于意定居住权①，即根据双方当事人的约定，以合同方式订立，或者通过当事人单方以遗嘱形式来订立[5]。有学者将居住权区分为人役性居住权和用益性居住权，然而结合国内外立法经验和我国实际情况，仍可对其继续细分来区分居住权适用的不同领域，即家庭保障性居住权和社会保障性居住权[6]。实际上，这些类型的居住权在很大程度上已被法院的判决所确认，但一些法院仍然会以双方当事人没有达成意定居住权为由，驳回当事人的诉讼请求。在"谢某与谢雄举用益物权纠纷再审一案"② 中，再审法官仅仅以当事人之间没有达成居住权协议，以对涉案房屋享有居住权缺乏事实依据为由，驳回了当事人请求确认居住权利益的请求。这在一定程度上违背了居住权制度保护弱势群体的初衷。

（四）居住权的救济缺失

"无救济则无权利"，目前我国法律对居住权人权利救济的方式存在缺失。在司法实践中，对房屋土地征收，没有对用益物权设立单独的补偿范畴[7]。《国有土地上房屋征收与补偿条例》仅对房屋征收做出了相关补偿规定③。但是，当设有居住权的住宅被征收时，其保障的是居住权人还是房屋所有权人？在征收时如何保障居住权人的居住权益，法律并没有做出明文规定。

---

① 意定居住权，是指根据房屋所有权人的意愿而设定的居住权，设定人必须是房屋所有权人，其他人不得在他人所有的房屋之上设定居住权。

② 参见北京市高级人民法院民事判决书（2022）京民申 7499 号"谢某与谢雄举用益物权纠纷再审一案"。

③ 《中华人民共和国民法典》第二百四十三条第二款："征收组织、个人的房屋以及其他不动产，应当依法给予征收补偿，维护被征收人的合法权益；征收个人住宅的，还应当保障被征收人的居住条件。"

三、完善居住权制度的建议

居住权制度的设立是《民法典》的一大创新，在一定程度上保障了居住权人的合法利益，同时也完善了我国住房保障制度。但这一制度在一定程度还存在"法律留白"，因此现行法律需要对这一制度进行完善，这样才能更好满足社会的需求，促进立法目的的实现。本文从如下几个方面对居住权制度的完善进行分析。

（一）增加居住权的设立途径

我国现行的居住权都是以意定居住权为基础的，且居住权的设立应采取要式行为，以合同方式订立的居住权还需经登记才能产生效力，这在一定程度上降低了居住权被设立的可能性。有学者认为，为了更好发挥居住权在特定领域的制度功效，可以通过法官判决的方式设立居住权，这种设立方式主要体现在离婚诉讼中，用于分割共同财产等[8]。法官在审理案件的过程中，若当事人提出了设立居住权的诉求，法官可根据案件的性质，以裁判的方式设立居住权。根据《民法典》① 规定，法院的判决文书可以直接导致物权设立、变更、转让或者消灭。可知，人民法院做出的判决是物权变更的一种形式，而居住权属于物权，也应同样适用。

（二）明确居住权的权利主体

1. 应明确居住权的主体为自然人

德国学者罗尔夫·旺克指出，一项法律生效不久可依主观理论考察立法资

---

① 《中华人民共和国民法典》第二百二十九条："因人民法院、仲裁机构的法律文书或者人民政府的征收决定等，导致物权设立、变更、转让或者消灭的，自法律文书或者征收决定等生效时发生效力。"

料，辨识出立法者所追求的目的。尽管法律没有规定居住权的主体为自然人，但它规定了居住权的设立是"以满足生活的需要"为目的，这从侧面表达了我国居住权的主体只能是自然人。再者，居住权的形成以婚姻、家庭关系为基础，以限定在近亲属和由房屋所有权人扶养的其他家庭成员之内的人员为主体，其权利的来源以双方的抚养、赡养和扶养等义务为基础，具有人身的特殊性，是居住权作为人役权的体现[9]。因此，应明确成为居住权的主体只能为自然人。

2. 应明确同住人具有居住权利

居住权具有社会保障功能，自然不能将其权利限制于居住权人之上[10]。虽然它具有人身属性，但其设立目的是满足更多弱势人群的住房需求。因此，增设同住人具有居住权益，是为了减轻某些特殊群体的居住困难[11]。尽管《民法典》规定居住权的主体只能是居住权人。与居住权人相关的其他必要人员，如护理员、保姆等，与居住权人有着密切联系。若对这类同住人进行过于严格的限制，可能会削弱居住权制度的立法宗旨。因此，居住权的主体应该扩展到与居住者一同居住的人。

（三）增设法定居住权

法定居住权的设立，一方面可以直接以法律规定确立居住权，为他人使用房屋提供合法依据；另一方面，在居住权人未通过合同或遗嘱形式设立的情况下，可以为法官提供判案的依据。相比之下，国外大多数国家都设立了法定居住权。例如，德国《民法典》规定了居住权人的家庭成员共同居住人拥有法定居住权。法国《民法典》也规定了配偶具有法定居住权，夫妻中一方死亡时，配偶自动取得对方遗产中的用益物权，其中包括居住权[12]。因此，法定居住权在我国是必不可少的，仅仅通过意定形式来设定居住权较为机械，无法很好地保护弱势群体的利益。

（四）完善居住权的救济措施

1. 房屋征收时居住权人权利的救济

根据《民法典》相关规定，居住权届满或者居住权人死亡的，居住权消灭。可知，房屋被征收，不属于居住权消灭的情形，居住权人仍然可以享受有关居住权的权益。但由于征收导致居住权的客体消灭，在此情况下，居住权人如何维护自己的合法权益？可以分两种方式来维护居住权人的权益：一是居住权人对征收后补偿的住房，继续享有居住权；二是居住权人可以获得一部分征收补偿款，以弥补居住权所遭受的损失。

2. 所有权人与居住权人权利冲突的救济

居住权实际上就是将住宅的所有权与使用权分开，而当这两种紧密相连的权利又分别归属于不同的人时，必然会导致两者的冲突。因此，协调所有权与居住权的关系是很有必要的。房屋所有权人单方违反居住权合同的，应当承担违约责任，人民法院对居住权人提出继续履行合同的请求应该予以支持。尽管居住权主要是保障人们的住房权益，但民法倡导的是自由平等的原则，在保护一方的利益的同时，也应该注意对权利的另一方进行保护[13]。虽然居住权制度的设立目的主要是保障弱势群体的利益，但在保障居住权人权利的同时，法律也应该强制居住权人去履行义务，这样居住权制度才会真正促进社会的发展。

四、结束语

我国把居住权制度纳入《民法典》，是经济发展与社会进步的结果。本文通过对居住权制度进行研究分析，认为应该明确居住权的权利主体为自然人，同时主体的范围应当适当扩展到与居住权人的家庭成员及必要同住人员；在设立方式上，应该增加居住权的设立途径，增设法定居住权和以法院判决方式设立居住权，从而更好地适应司法实践的需要；在救济方面，应该完善居住权人的救济措施，使得居住权人在享受权利的同时也获得权利的救济，应制定一整套既严密又完善的居住权制度。本文通过对居住权法律制度的研究，希望能为以后居住权制度的完善提供可行性建议。同时，随着居住权制度的不断发展和完善，它必定会在社会的建设过程中发挥着重要作用，不断满足人民日益增长的住房需求。

参考文献

［1］邹龙妹，宿云达.《民法典》视域下居住权设立实证研究［J］. 哈尔滨工业大学学报（社会科学版），2022，24（5）：52-58.

［2］蒋懿. 对我国居住权立法的思考［J］. 时代法学，2006（5）：81-84.

［3］肖业忠. 居者有其屋语境下的居住权研究［J］. 理论学刊，2022（4）：125-131.

［4］贺文羽.《民法典》视域下居住权价值取向与适用问题：意定与法定的抉择［J］. 上海房地，2023（3）：52-55.

［5］汪洋. 民法典意定居住权与居住权合同解释论［J］. 比较法研究，2020（6）：105-119.

［6］曾大鹏. 居住权的司法困境、功能嬗变与立法重构［J］. 法学，2019（12）：51-65.

［7］陆剑，胡梦杰.《民法典》视域下居住权征收补偿问题研究［J］. 中国土地科学，2020，34（12）：44-50，77.

［8］付一耀. 论裁判方式设立居住权［J］. 社会科学研究，2022（6）：55-65.

［9］王者洁. 论居住权的权利建构［J］. 北京行政学院学报，2016（4）：25-31.

［10］林洋，唐万钰. 我国居住权制度的解构模式及其规则重释［J］. 学术探索，2021（7）：98-112.

［11］付子堂，付承为.《民法典》居住权制度的社会功能研究［J］. 甘肃政法大学学报，2022（1）：1-12.

［12］谭启平，付一耀.《民法典》居住权制度体系及其实现路径［J］. 江西社会科学，2020，40（12）：148-159.

［13］何丽新，朱欣蕾.《民法典》视域下居住权的养老功能与实现路径［J］. 厦门大学学报（哲学社会科学版），2022，72（2）：129-140.